삶이 평안한
천안학

삶이 평안한 천안학

초판 1쇄 인쇄   2014년 3월 31일
초판 1쇄 발행   2014년 4월 3일

지은이   심재권·김선명

펴낸이   사단법인 천안발전연구원
펴낸곳   도서출판 살림터

기획   정광일
편집   조현주

인쇄 제본   (주)현문
종이   월드페이퍼(주)

주소   서울시 마포구 서교동 395-27번지
전화   02-3141-6553
팩스   02-3141-6555
출판등록   2008년 3월 18일 제313-1990-12호
이메일   gwang80@hanmail.net

ISBN   978-89-94445-61-8(93900)

삶이 평안한

천안학

심재권·김선명 지음

天安學

천안의 역사, 문화, 정치, 경제, 지리 이야기

살림터

오늘날 지역의 정치, 경제, 사회, 문화, 역사, 산업, 주민 생활 등 광범위
한 영역에 걸쳐 더욱 과학적이고 체계적으로 연구 발전시키고자, 인문학
과 사회과학적 접근을 통한 통섭을 지향하는 지역학이 붐을 이루고 있
다. 지역의 자연 자원과 문화 콘텐츠, 지역경제를 어떻게 발전시키는가
에 따라 그 지역의 가치가 달라지고, 주민의 삶 또한 변화된다. 한 지역
의 경쟁력 확보는 다른 지역과의 비교우위를 통해서 이루어지는 것이 아
니라 그 지역만의 것, 가장 그 지역적인 것, 그 지역에 와야만 볼 수 있고,
그 지역에 와야만 먹을 수 있으며, 그 지역에 와야만 즐길 수 있는 것들
이 있을 때 비로소 가능하다. 이에 따라 지역의 정체성과 발전상을 찾고
자 하는 지역학이 국내외적으로 활발히 전개되고 있다.

우리가 지금까지 살아온 천안! 지금 우리가 살고 있는 천안! 앞으로 살
아가야 할 천안! 이 책은 이처럼 우리나라하고도 충청남도 천안에 관한
내용을 담고자 하였다. 천안은 구석기시대부터 사람이 살기 시작하였고

청동기시대의 대규모 유적이 남아 있는 곳이다. 삼국시대와 고려시대에는 왕과 관련이 있는 유서 깊은 지역이다. 백제 시조인 온조의 숨결이 서려 있고, 고려 태조 왕건이 후삼국 통일을 위한 전진기지로 삼았던 곳이며, 고려 현종이 아버지 안종의 뜻을 기리기 위해 세운 봉선 홍경사 등이 있다. 조선시대에는 삼남이 만나고 갈라지는 분기점으로 서민들의 숱한 애환이 천안 삼거리를 중심으로 녹아 있으며 박현수와 능소의 사랑 이야기와 민요 「흥타령」의 발상지이기도 하다. 임진왜란과 일제강점기에는 나라를 지키기 위해 앞장선 충절의 위인 김시민, 유관순, 이동녕 등 숱한 애국 열사들이 태어난 충절의 고향이기도 하다. 오늘날에는 모든 교통수단이 연결된 교통의 도시이며, IT를 중심으로 한 최첨단 산업이 위치한 산업도시이고, 대학이 무려 12개나 위치해 있는 배움의 도시이며, 거봉포도, 성환 배, 호두과자, 병천 순대 등 대한민국의 대표적인 특산품이 있는 도시이다. 미래에는 천안은 과거와 현재의 특성들이 한데 어우러져 대한민국에서 가장 평안한 천하대안의 도시를 꿈꾸는 역동의 도시이다.

이러한 천안을 담기 위해서 이 책은 크게 세 부분으로 구성되었다. 제1부 '지역학으로서의 천안학'에서는, 지역학의 의의, 목적, 동향 등을 개관하고, 지역학으로서 천안학의 학문적 정립을 시도하였다. 제2부에는 '천안의 시간, 흔적 그리고 평안한 삶'을 담아 보았다. '시간 속의 천안'에서는 선사시대부터 현재에 이르는 천안의 역사를 소개하였고, '천안 속의 흔적'에서는 천안에 남아 있는 역사적 흔적들을, '삶이 평안한 천안'에서는 이 시대를 살아가는 우리들의 삶의 이야기를 담아 보았다. 제3부 '천안과 천안 사람들'에는 천안과 관련되거나 천안 출신 인물들의 이야기가 담겨 있다.

그동안 천안에 대한 수많은 홍보 자료와 관련 책자들이 출판되었지만 천안학이란 관점에서 천안의 모든 것을 담아 보고자 한 시도는 이 책이 처음이 아닐까 싶다. 그래서 설레고 흥분된 마음보다는 부끄러우면서도 두려운 마음을 금할 길 없다. 지역학으로서의 천안학을 이야기하면서 천안의 모든 것을 담고자 하였던 바람은 결코 쉽지는 않았다. 과거, 현재, 미래를 담아야 한다면서도 어느 특정 시기에 치우친 것은 아닌지 의구스럽고, 천안의 모든 것을 다루어야 한다면서 특정 분야에만 치우친 것은 아닌지 아쉽기만 할 뿐이다. 그러나 이렇듯 부족함을 느끼기에 다음을 기약할 수 있다고 애써 스스로 위안을 찾으며 독자들의 넓은 아량을 바랄 뿐이다. 아무쪼록 부족하나마 이 책을 통해 천안 사람들이 천안에 대해 더욱 긍지와 자부심을 느끼고, 나아가 발전을 모색해 볼 수 있는 기회가 되기 바라며 또한 천안학을 수강하는 학생들이 천안에 대해 더 많이 이해할 수 있는 계기가 되었으면 하는 바람이다.

끝으로 그동안 열악한 환경 속에서도 천안의 정체성을 찾기 위해 노력해 오신 천안에 관심을 가져 준 모든 분들과 향토사학자들께 감사드리며, 이 세상의 빛을 보도록 초고 작성에 애써 주신 천안아산역사교사모임 권혜경, 김윤경, 김종민, 노희철, 오연수, 윤지영, 윤혜정, 이명희, 이수원, 이원근, 이주연, 최영 선생님께 감사드린다. 또한 보다 나은 원고가 되도록 감수에 수고해 주신 나사렛대 김준연, 남서울대 안기수, 단국대 이종수, 백석대 이정기, 상명대 권석환, 한기대 홍선표, 호서대 신건권, 천안학 주관 교수님들께도 이 자리를 빌려 감사드리며, 출판을 허락해 주신 도서출판 살림터 관계자 분들께도 깊은 감사를 전하는 바이다.

2014년 3월
심재권 · 김선명

차례

제3부 천안과 천안 사람들

제1부

지역학으로서의
천안학

1
지역학의 의의와 동향

오늘날 지역의 주체들은 지역의 사회, 문화, 정치, 경제, 행정, 환경, 건축 등 주민의 생활과 직간접적으로 관련된 모든 영역에서 시민들에게 보다 나은 삶의 질을 제공하기 위해 끊임없이 노력해야 한다.

강력한 중앙집권체제하의 개발시대에는 천편일률적인 개발과 발전을 추진한 나머지 지역의 고유하고 특성화된 모습을 찾아보기 어려웠다. 그러나 지방자치제의 부활은 지역의 고유성에 대한 관심을 낳았고, 지역을 차별화된 모습으로 발전시켜야 한다는 인식을 확산시키는 계기가 되었다. 이러한 인식의 확산과 부단한 노력으로 인해 지역들은 이제 서서히 자신들만의 특색 있는 모습으로 자리매김해 가고 있다. 지방자치와 민주화의 성장은 우리 사회 전반에 걸쳐 새로운 변화의 물결을 낳았고, 학문 분야에서도 지역학에 대한 관심을 낳게 하였다.

자신이 속한 지역의 자연 자원과 인문 자원을 어떻게 변화 발전시킬 것인가에 따라 그 지역의 가치는 달라지고, 주민의 삶도 달라진다. 한 지역의 경쟁력은 다른 지역과의 비교 우위를 통해서 확보되는 것이 아니라 가장 그 지역적인 것, 해당 지역에 와야만 볼 수 있고 먹을 수 있으며 즐길 수 있는 것들이 있을 때 비로소 가능해진다. 이렇듯 자기 지역만의 독특한 정체성과 발전상을 찾고자 하는 노력, 이것이 바로 지역학이 관심을 받는 이유이다.

지역과 지역학

1990년대 지방자치제가 본격적으로 시행되면서 민주화와 지역화, 세계화라는 담론이 우리 사회 전반에 확산되었다. 그로 인해 지역에 대한 관심이 크게 제고되었고 나아가 학문적인 차원까지 지역학을 발전시키는 계기가 되었다.

지역에 대한 연구의 학문적 흐름은 크게 두 가지 방향에서 살펴볼 수 있는데, 하나는 국제 지역에 대한 외향적 관심이고 다른 하나는 국가 내의 지역에 대한 내향적 관심이다. 전자는 대학, 기업, 연구소 등과 같은 공식 영역에서 주도된 미국학, 중국학, 일본학, 유럽학, 동남아시아학 등이고, 후자는 향토사학자, 지역의 대학교수, 지역의 주민 등에 의해 주도되고 있는 서울학, 인천학, 부산학, 제주학, 천안학 등이다.

국내외적 흐름 변화에 따라 사용되기 시작한 '지역학'이란 용어에서 '지역'이란 개념의 범위는 사실상 매우 광범위하다. 지금까지 지역에 관해 많은 개념들이 제시되었지만 그중 어느 것도 객관적으로 합의될 만한 수준까지 도달하지는 못하였다. 지역이라는 개념은 지역학에서 매우 중요하다. 따라서 많은 학자들이 여전히 지역의 개념 정의에 관심을 나타내고 있으며 이에 대한 연구도 꾸준히 진행되고 있다.

지역에 대한 관심과 연구가 본격적으로 진행되기 시작한 것은 20세기 이후이다. 특히 지역에 대한 관심은 1920년대가 중요한 분기점이었다. 그 이전에는 주변국과의 관계, 식민지 개척 등 강대국들의 현실적 필요성에 기인한 자연지리학적 관점이었으나, 이후에는 전통적인 자연지리학적 관점에서 벗어나 인문지리학적 내용을 강화하면서 새로운 방향으로 전개되었다. 이러한 관점 변화는 지역에 대한 개념 정의에도 상당한 변화를 가져왔다.

지역의 개념을 정립하는 데 선두 주자 격은 분명히 지리학이다. 지리학자들은 "지역은 공간적 단위를 형성하는 장소의 기능적 통합체 또는 유사한 장소의 집단화"라고 정의하고 있다. 그리고 '통합체'와 '집단화'는 해당 지역이 주체가 되어 스스로 이루어 가는 것이라기보다는 연구자의 의도에 따라 이루어진다고 본다(Jordon etal., 1997). 따라서 동질 지역의 설정은 지역을 정의하는 기준에 따라 달라지기 때문에 연구자의 관점이 매우 중요하다. 이처럼 인간과 환경 사이의 복잡한 관계를 배경으로 하는 지역을 이해한다는 것은 매우 복잡한 현상 속에서 고도의 질서 체계를 이해하는 것이므로 결코 용이하지가 않다(Haggett, 1977).

지역은 공간적·물리적 차원에서 설정할 수도 있고, 내용적·기능적 차원에서도 설정할 수 있다. 공간적 차원의 지역은 시각적 관점에서 일정한 공간을 차지하는 것인 데 반해, 내용적·기능적 차원의 지역은 물리적 공간이 아닌 경우가 많다. 그러나 이들 모두는 지역의 연구 설정에 일반적으로서 활용되고 있다. 따라서 지역은 정치적·경제적·문화적 성격이나 지리적 공간을 모두 지칭하는 개념이다.

공간적 차원에서의 지역은 대륙 단위에서부터 국가는 물론, 국가 내부의 일정한 요인에 의해 구분된 공간까지를 모두 포함한다. 그래서 지역은 국가일 수도 있고, 문화 단위일 수도 있고, 생태 단위일 수도 있고, 혹은 이러한 것들의 각 부분적 조합의 구획일 수도 있다(Wagley, 1948). 또한 국내적 차원에서도 서울, 부산, 인천, 대전, 경기, 충남 등과 같은 광역자치단체나 천안, 전주, 안동, 수원, 용인 등과 같은 기초자치단체도 지역의 범주에 속한다. 그러므로 지역은 ① 지지(地誌), ② 생태적 단위, ③ 문화, 문명권(민족), ④ 종교권, ⑤ 언어권, ⑥ 역사적 배경, ⑦ 국민국가, ⑧ 정치적 연합체 등에 의해 구분이 된다(황달기, 2003). 지역은 이처럼 연구자의 연구 의도에 따라 다양하게 설정이 될 수 있다.

지역학에서 지칭하는 지역이란 지방이나 지역사회의 의미도 포함하지만, 일반적으로 한국, 미국, 중국, 일본, 러시아, 인도 등 국경선에 의해 구획된 지역이나, 또는 아시아-태평양경제공동체(APEC), 동남아국가연합(ASEAN), 유럽연합(EU), 북미자유무역지대(NAFTA) 등 정치·경제적 목적이 일치되어 조직된 지역, 유교권, 기독교권, 이슬람권, 불교권 등 동일한 종교나 문화를 공유하여 구분된 지역을 의미하기도 한다. 또한 아시아(동북아시아, 동남아시아, 남아시아, 서아시아), 중동, 아프리카, 북미, 중남미, 유럽(북유럽, 서유럽, 동유럽, 남유럽, 중유럽), 대양주 등 지리적 위치에 의해 구분된 지역이 역사적 흐름 속에서 유사성을 공유하게 된 경우도 있다(지역학연구회, 2000).

지역에 대한 연구는 이미 지리학, 문화학, 인류학, 정치학, 언어학, 역사학, 지역개발학 등 다양한 영역에서 이루어지고 있다. 그렇다면 지역을 연구하는 새로운 영역인 지역학(Area Studies)을 어떻게 정의할 것인가이다.

우선 일반적 의미에서 지역학은 일정한 지역의 지리나 역사, 문화 등을 종합적으로 연구하는 학문으로 정의할 수 있다. 즉 지역학은 "한 지역 또는 국가의 언어, 문학, 역사, 사회, 정치, 경제, 국제관계 등을 종합적으로 연구하는 학문"으로 정의된다(지역학연구회, 2000). 이처럼 지역학은 종합적 연구를 통해 대상 지역을 시간과 공간의 틀 속에서 총체적으로 파악하는 것을 목표로 한다. 다른 말로 특정 지역에 대한 총체적이고 객관적이며 종합적인 이해를 위한 학문이라는 것이다.

지역학의 특성은 우선 지역을 연구한다는 것이다. 여기서 지역이란 연구자의 관점에서 설정된 특정한 지역을 의미하는데, 국제적 단위일 수도 있고, 국가 단위일 수도 있고, 국가 내의 단위일 수도 있고, 마을 단위일 수도 있으며 심지어는 문화 단위, 언어 단위, 민족 단위, 생태 단위일 수도 있다. 이렇듯 특정 지역의 설정은 공간적 차원에서나 내용적 차원에서 모두 가능하다.

다음은 총체성이다. 지리학은 특정 지역의 자연지리나 인문지리적 측면을 연구하고, 언어학자는 그 지역의 언어를, 역사학자는 그 지역의 역사를 연구한다. 이렇듯 해당 학문 분과별로 분명한 연구 영역이 존재한다. 그러나 지역학에서는 이러한 영역적 경계가 분명하지 않다. 그 지역과 관련한 언어, 문화, 역사, 문학, 정치, 경제, 건축, 행정 등 지역과 관련된 모든 것을 연구한다. 그것이 인문과학 분야이든 사회과학 분야이든 자연과학 분야이든 간에 불문한다. 또한 지역에 대한 총체적 이해를 위해서는 지역이라는 공간성에 시간성도 추가하여 시간과 공간 사이의 유의미한 존재인 인간을 둘러싸고 있는 환경의 이해도 필요하다(김경수, 2006). 이처럼 지역학은 지역에 대한 총체적 이해가 궁극적인 목적이므로, 서로 다른 학문 영역에서 출발했다 하더라도 각 학문 간의 교류, 즉 학제적 연구가 반드시 필요하다.

마지막으로 객관성이다. 지역을 연구하는 학자가 추구해야 할 것은 객관적 시각이다. 지역에 대한 객관적 이해를 위해서는 지역학은 과학성이 확보된 보편성을 지닌 연구가 되어야 한다. 인문과학과 자연과학의 가장 커다란 차이 중 하나는 객관성의 차이이다. 과학이 성립하기 위해서는 지역학이 실증주의 측면에서 일반적 법칙 확립이 매우 중요한데, 객관성을 확보하지 못하면 학문성은 저하될 수밖에 없다. 지역학의 학문성 논쟁은 바로 이러한 객관성의 확보이자 일반 법칙의 확립 여하에 달려 있다.

지역학의 흐름은 크게 국제 지역에 대한 외향적 관심에 따라 진행된 국가 단위의 지역학인 미국학, 중국학, 일본학, 러시아학 등과 국내 지역에 대한 내향적 관심에 따라 진행된 국가 내부의 지역 단위의 지역학, 즉 서울학, 부산학, 인천학, 천안학 등으로 나누어 볼 수 있다. 이 중 전자는 국제 지역학(International Area Studies), 후자는 국가 지역학(National Area Studies)이라 할 수 있다. 국제 지역학과 구별하자는 의미에서 국가 지역학을 지방학(Local Studies)이란 용어로 사용할 것을 제안하는 주장(이규태, 2007)도 있으나 지방과 지역이 내포하는 의미는 결코 같은 개념이라고 할 수가 없다. 사실 지방은 중앙과의 관계 속에서 존재하지만, 지역은 그 자체로서 존재하는 개념이므로 양자는 인식 차원에서 근본적으로 차이가 있다. 정체성 차원에서도 지방은 중앙과의 관계 속에서 중앙에 의해서 부여되지만, 지역은 중앙에 투영된 모습이 아니라 지역 그 자체로서, 다른 지역과의 관계 속에서 형성된다(김창민, 2007). 오늘날 많은 학자들이 지방학이라 하지 않고 지역학이라고 부르는 이유는 중앙으로부터 탈피하여 지역의 독자성을 확보하고자 하는 취지에서이다. 중국에서는 돈황학, 휘주학 등을 지역학(地域學)이라 하지 않고 지명학(地名學)이라 부르기도 한다.

하지만 지역학 연구를 시작할 때, 지역의 권역을 어떻게 설정할 것인가는 그리 쉬운 문제가 아니다. 왜냐하면 국내의 도시를 중심으로 한 '지역'은 행정구역 단위로는 분명하지만, 언어나 음악 등 특정 문화적 현상과 관련하여 지역의 권역을 설정할 경우에는 행정구역과 문화적 현상이 동일하게 겹치는 경우라면 몰라도, 그렇지 않은 경우에는 권역의 설정이 결코 쉽지 않기 때문이다. 특히 오늘날처럼 교통 통신 등의 발달로 지역적 색채가 점차 모호해지는 경우는 더욱더 그러하다.

지역학의 학문성 논쟁

지역을 연구 대상으로 할 경우 가장 먼저 제기되는 점은 과연 이러한 유형의 연구가 독자적인 하나의 학문(discipline)으로 성립될 수 있느냐 하는 문제이다. 하나의 학문이 독자적인 분과 학문이 되기 위해서는 고유한 연구 대상이 있어야 하고, 그 대상을 체계적으로 정리 해석할 수 있는 정형적 이론 틀(framework)이 있어야 한다. 그러나 지역에 대한 연구는 그동안 고유한 방법론과 이론을 정립하지 못하였다. 이에 따라 여전히 자신의 학문적 정체성을 정립하는 데 성공하지 못했다는 주장이 있는 반면에 지역학이란 명칭을 사용하여 학문적 입장을 지향하자는 주장도 있다.

지역학이 학문적 · 이론적 이유보다는 실천적 · 정책적 연유에서 출발하다 보니 지역 연구의 학문성과 그 결과의 사실성에 대한 논란이 있다. 또한 연구 결과를 직접적으로 현실 정책에 응용할 때 그 성낭성과 효과에 대해서도 회의가 생길 수 있다. 학문적 연구란 연구 대상 그 자체의 사실적 모습에 대한 파악을 목적으로 이루어지는데, 지역에 대한 연구처럼 특정 지역의 현실적 · 정책적 목적을 전제로 할 때는 사실적 · 객관적 인식은 쉽지가 않다. 왜냐하면 지역 연구에서는 취급 대상과 영역이 미리 설정된 연구 목적의 가치 기준에 따라 파악되기 때문에 본질적 · 사실적 모습을 제대로 파악하기가 어렵다(이상신, 1998).

일반적으로 지역에 대한 연구는 지역이라는 보편적 현상을 중심 주제로 삼아 성립되는 연구와 특정한 하나의 지역을 대상으로 하는 연구로 구분된다. 전자가 어느 지역에나 통용되는 일반 법칙 정립을 목표로 하는 법칙정립적(nomothetic) 연구라면, 후자는 지역 특유의 문화와 세계관의 이해를 목적으로 하거나 지역 간 차이 또는 지역의 특징을 찾기 위해 특정 지역 자체를 연구 대상으로 하는 개별기술적(idiographic) 연구라 할 수 있다(김경수, 2006). 그러나 지역학은 일반 사회과학과 마찬가지로 특정 시간과 공간의 제약을 뛰어넘어 적용될 수 있는 보편적 법칙을 추구해야 하기 때문에 개별기술적 연구보다는 법칙정립적 연구가 되어야 한다.

하나의 학문이 성립되기 위해서는 그것을 형성하는 중심 주제가 보편성을 지니고 있어야 한다. 또한 독립된 분과 학문이 되기 위해서는 연구의 경계가 분명하고, 일반적 법칙이 있어야 한다. 그러나 지역학은 총체

구분	지역학(Area Study)	지역과학(Regional Science)
대상	문화권/자연권 지역 내부가 중심 (외부로부터의 영향이 문제가 될 수 있지만)	목적에 따른 각종 차원의 지역 지역 간 문제/지역 내 문제
방법	개성발견적, 개성기술적	과학적, 법칙정립적
목적	지역 특유의 문화 이해 지역 간 차이/특징 규명	어느 지역에도 통용되는 일반 법칙 및 일반성의 발견
특징	언어 이해가 불가결 개별적 가치의 철저한 기술 구체성 중시	수학적 모델의 정식화 이용 추상화가 중요함
관련 학문	문화인류학, 사회학, 인문지리학, 언어학, 생물학, 역사학	지리학, 경제학, 정치학, 계획공학(사회과학)

출처) 야마다 히로유키(1993), 김석준(2005)에서 재인용.

성을 연구하기 때문에 학문 간 독자적인 경계가 없고, 일반 법칙성 확립도 타 학문에 비해 어렵기 때문에 독립된 분과 학문이 되기는 어렵다는 주장이다. 특히 국가 지역학처럼 하나의 특수한 현상으로서 지역을 주제로 하는 지역 연구는 엄밀한 의미에서 학문으로 성립되기 어렵다는 것이다.

지역학의 영문 표기는 'Area Studies'이다. 이 용어는 1943년 12월 미국의 컬럼비아(Columbia) 대학교에서 처음 사용되었다. 'Area Studies'를 어떻게 변역할 것인가인데 이는 '지역학'으로도 또는 '지역 연구'로도 번역될 수 있다.

> 우리말의 '지역학'에 해당하는 영문 표기는 Area Studies인데, 이는 지역학이라는 말 이외에 '지역 연구'로도 번역되고 있다. 그러나 엄밀하게 평가하면 전자의 단계는 '-ology'로, 후자의 단계는 '-studies'로 구분할 수 있기 때문에 'Area Studies'를 한국어로 정의하는 과정에서 연구회 회원들 사이에 많은 논란이 있었고, 작업을 마친 지금도 합의가 이루어지지 않고 있다. 우리나라 지역학계에서는 양자를 구분하지 않고 '-학'으로 사용하기도 하는데, 이 경우 지역학의 발전 단계나 특성이 무시됨으로써 개념의 모호함에 부딪힌다. 다음으로 양자를 구분하여 전자를 '-학'으로, 후자를 '-연구'로 사용하는 경우도 있다(지역학연구회, 2000).

여기서 짚고 넘어가야 할 두 가지가 있다. 우선 'Area'에 대한 정의이다. '지역(area)'을 국가 내 지역의 범위까지 포함할 것인가 아니면 국가 밖의 지역으로 한정할 것인가의 문제이다. 우리나라의 경우 종전에는 국제 지역 또는 한국 이외의 지역을 의미하는 것으로 한정시켰다. 그래서 'Area Studies'를 우리나라의 인문사회과학계에서는 미국학, 중국학, 일본학 등과 같은 국가 단위의 지역학을 지칭하는 경우로 많이 사용하였다. 국가 단위 내에서 지명의 명칭을 사용하는 서울, 부산, 천안 등과 혼동하기 쉽기 때문에 해외 지역 연구로 한정하였다(이전, 1998). 그래서 국내 단위의 지명을 붙인 서울학, 천안학, 부산학 등을 지역학의 범주에 포함시키지 않으려는 경향이 나타나게 되었다.

다음으로는 'Studies'이다. 연구의 주제에 비중을 두면 '연구'로 번역해야 할 것이고, 학문적 지향성에 중심을 두면 '학'으로 번역해야 할 것이다. 그러나 '학'을 사용하는 것에 대해 부정적 입장의 근거는 인류학, 사회학, 문학, 역사학, 지리학, 정치학, 경제학, 행정학 등처럼 지역학은 독특한 이론과 방법론이 존재하기 어려우며 또한 지역에 대한 통합적 연구는 현실적으로 불가능하다는 것이다. 그래서 아직까지도 'Area Studies'에 대한 용어 정립에 완전한 합의가 이루어지지 않은 채 '지역학' 또는 '지역 연구'로 번역되어 혼용되고 있다.

우리나라에서 이러한 논쟁의 중심에 있었던 지역은 제주이다. 제주도 연구회가 1995년 제주학회로 명칭을 변경할 당시, '연구회'로 할 것인가 '학회'로 할 것인가에 대해 첨예한 논쟁이 제기되었다.

연구회를 주장하는 측에서는 제주도가 연구의 대상이지 분과 학문이 될 수 없다는 입장에서 학회로 명칭을 변경하는 것에 반대하였다. 학문은 고유한 개념과 이론 그리고 방법론이 있어야 하는데, 지금까지 제주에 대한 연구는 개별 분과 학문에서 학제적으로 연구하기는 하였어도 제주도만을 대상으로 한 개념이나 이론 그리고 방법론을 개발하지 못하였고 앞으로도 그렇게 하기 어려울 것이라는 게 이들의 견해이다. 반면, 학회로 할 것을 주장하는 사람들은 제주도가 단순히 연구의 대상이 아니라 통합 학문으로서 지역학의 성격을 가져야 한다는 입장이다. 이러한 논쟁은 제주도에 대한 연구

가 지역학의 위상을 갖는 것이 미래 지향적이란 점을 인정하는 쪽으로 수렴
되었다. 결국 학회 총회에서 명칭을 제주학회로 변경하기로 결정하였고, 이
듬해 '제주학의 과제와 방법'이라는 주제로 전국학술대회가 개최되었다(김
창민, 2007).

제주학회의 명칭 논쟁은 제주학이 과연 지역학인가 아니면 지역 연구
인가라는 논쟁과도 맥락을 같이한다. 지역학을 기존의 분과 학문의 연장
선상에서 보면 지역 연구로 정의될 것이고, 새로운 영역의 학문으로 보
면 지역학으로 규정될 것이다.

특정 지역에 대한 연구에 지역의 이름을 붙인 '학'이라는 명칭을 쓰는
이유는, 특정 지역의 사람들이 그들의 사회와 환경에서 생활하면서 학
문적 관심을 위한 적합한 단위를 제공할 것이라는 믿음에 기초하기 때
문이다. 더 나아가 특정 지역은 지식의 체계적 축적을 위한 하나의 맥락
(context)으로서 유용성을 가지며, 개별 지역의 연구들이 지역이라는 공통
분모를 발견할 때 비로소 생산적인 결과를 기대할 수 있다는 점을 반영
한 결과이기도 하다.

이런 맥락에서 볼 때, 지역학은 지역이라는 보편적인 현상을 하나의
학문이라는 입장으로 천명할 수 있다고 생각된다. 나아가 어떤 지역에
대한 연구를 하나의 학(學)으로 정립할 경우 지역의 명칭에 '학'이라는 단
어를 첨부하는 것도 바람직할 것으로 보인다. 현재는 지명에 학(學)을 붙
여 명명하는 것이 증가하는 추세이다. 이는 제주의 경우와 같이 미래 지
향적 의미를 반영한 결과로 해석될 수 있다.

지역학의 태동과 발생 원인

지역학은 학문적으로는 인간의 본질을 탐구하는 철학과 삶의 여정을 탐구하는 역사학에 기반을 두고 있으며, 현실적으로는 근대국가를 배경으로 하는 식민지 지배의 확장 및 정당성 부여와 밀접한 관련이 있다. 특히 18세기 후반 이후부터 성립하고 발전한 근대 지리학은 지역 연구에 대한 기반을 제공하였고, 연구자들은 식민지 지역을 연구하여 식민지 모국에 효과적인 정책 수행이라는 현실적인 필요성을 제공해 주었다(지역학연구회, 2000). 이처럼 지역학은 타 문화에 대한 이해에서 시작된 것이지만 그 본래의 의도는 타 지역의 식민지 지배를 확장하고 강화하기 위한 연구에 토대를 두고 있다.

근대적 의미에서 지역 연구에 새로운 틀을 제공한 것은 역시 제2차 세계대전이다. 제2차 세계대전을 전후하여 학문적 차원에서 국가 단위의 지역을 총체적으로 이해하기 위한 노력은 새로운 전환점을 맞이하였다. 제2차 세계대전 이전에는 주로 해당 지역의 언어 습득을 매개로 한 이국적 호기심 차원에서 지역학이 연구되었다. 따라서 연구 분야도 문헌학, 고대사, 종교학, 민속학 등이 주종을 이루었다. 그러나 제2차 세계대전을 거치면서 지역에 대한 총체적 이해의 필요성이 제기되기 시작했고, 이러한 필요에 따라 역사학, 정치학, 경제학, 사회학 등 다양한 전통적 학문 분야에서 지역에 대한 연구의 필요성을 공감한 많은 학자들이 나타나기 시작했다. 그리고 이들은 자신의 전공 분야에서 출발하여 지역을 종합적이고 총체적으로 파악하고 이해하고자 하는 학제적 연구 방법을 채택하게 되었고, 연구의 시기 또한 근대 및 현대까지 확장시켰다(지역학연구회, 2000). 이로써 지역 연구에 새로운 흐름이 형성되었다.

지역학 연구에서 기념비적인 작품이 되고 있는 루스 베네딕트(Ruth

Benedict)의 『국화와 칼(The Chrysanthemum and the Sword: Patterns of Japanese Culture)』도 사실은 미국의 교전 상대국에 대한 총체적 이해를 통해 적의 내면적 특성을 파악하여 승리를 거두기 위한 의도에서 출발한 산물이다.

태평양 전쟁이 한창이던 1944년 6월 미국 국무부는 전쟁에서 결코 유리한 상황이 아닌데도 불구하고 결사 항전하는 일본을 도저히 이해할 수 없게 되자, 당시의 컬럼비아 대학의 문화인류학자인 루스 베네딕트 교수에게 일본에 대해서 연구해 줄 것을 의뢰하였다. 그녀의 연구 분야는 원래 아메리칸 인디언 종족이었다. 일본에 대한 연구 의뢰를 받은 그녀는 일본에 가 본 적도 없었고 일본에 대한 전문가도 아니었다. 더더욱 전쟁 중이라 일본에 갈 수도 없는 상황이었다. 그녀는 미국에 거주 중이던 일본인 이민자와의 인터뷰, 미국 내의 일본학 연구자들의 협조, 영화·도서 등의 자료 조사연구 등을 바탕으로 일본과 일본인에 대한 총체적이고 객관적인 평가를 도출하게 된다. 베네딕트 여사가 강조한 것은 일본인들의 이중성, 집단문화이다. 그리고 일본인의 중심에 일본의 왕이 있다는 결론을 내리게 되고 이는 결국 미국으로 하여금 일본 본토에 대한 공격과 원자폭탄 투하의 결정적 단서를 제공해 주었다(김선호, 2012). 그리고 베네딕트 여사는 미국 국방부에 제출한 보고서를 기초로 하여 1946년 문화인류학 나아가 지역학의 기념비석 작품인 『국화와 칼』이란 저서를 발간하였다.

세계대전 이후에도 지역에 대한 연구는 더욱 조직화되고 체계화되었다. 전쟁 종식 후 아시아와 아프리카의 많은 신생 국가들이 독립하였고, 강대국들은 이들에 대해서 효과적인 외교정책을 수립하기 위해 해당 지역을 연구하기 시작했다. 사실 강대국들은 신흥 독립국의 경제적 자립을 위한 효율적인 원조를 위한다는 명분을 내세웠지만, 그 내면에는 이들 지역에 대한 정치적 간섭이나 군사적 행동을 통해 자기 세력을 확대하려는 정치적 목적이 더 강했다고 할 수 있다. 이후 미국과 소련을 중심으로 한 동서의 대립과 제3세계의 출현도 지역학 연구에 활기를 불어넣는 중요한 촉매제 역할을 하게 되었다.

오늘날 교통 통신의 발달로 인해 세계화와 국제화라는 담론이 지배적인 현실에서 국가 단위의 지역학 연구는 선진국들만의 점유물이 아니다. 선진국이든 신흥국이든 간에 자국의 정치적·경제적 이익을 위해서 타국을 대상으로 정하고 그 타자성(他自性)을 해명하고 이해하려는 노력이 늘어나고 있다.

국가 단위의 지역학 연구의 축적과 발달은 자연히 국내 차원의 지역에 대한 연구로 관심이 이어졌다. 국내 차원의 지역에 대한 연구는 1940년대 후반 미국에서 생겨나서 세계적으로 퍼져 나갔으며, 일본에서는 1961년에 처음으로 국제지역학회 지부가 설립된 이후로 1980년대부터는 도쿄학, 오사카학, 요코하마학, 교토학, 야마가타학, 나가사키학 등이 연이어 생겨났다(이춘근, 2005). 중국에서도 1980년대 이후, 개혁개방의 물결에 따라 돈황학, 휘주학, 장학, 상하이학, 온주학, 북경학 등이 활성화되었다.

우리나라에서 국가 단위의 지역학에 관심을 갖기 시작한 것은 매우 최근의 일이다. 1990년대 이후 이른바 세계화·국제화라는 전반적인 추세에 맞춰 한국의 정치적 생존뿐만 아니라 경제적 이해관계의 극대화라는 현실적이고 정책적인 이유에 따라 지역학에 대한 관심도 높아졌다. 특히 1988년 올림픽의 성공적 개최로 국가의 위상이 높아졌고, 1990년대 이후 우리나라의 경제는 크게 성장하였다. 경제력의 향상은 더 넓은 해외 시장 개척의 필요성을 낳게 하였고 때마침 불어닥친 국제화 및 세계화라는 정치적 구호는 해외 지역에 대한 연구의 필요성을 가중시켰다. 이처럼 우리나라의 해외 지역에 대한 연구는 한국 경제력의 성장과 결코 무관하지 않다. 지역학의 활성화 배경에 이와 같이 정치적·경제적 동기가 맞아떨어졌던 것이다(최협, 1998).

국내적으로도, 1990년대 이후 부활된 지방자치제는 자연히 국가 내의 지역에 대한 관심과 연구를 촉진하는 계기가 되었다.

우리나라에서 지명에 학(學)을 본격적으로 사용하기 시작한 것은 1993년 서울 정도 600주년 기념사업으로 서울시립대학 내 서울학연구소에서 '서울학'이란 명칭을 사용하면서부터이다. 국내의 지명을 붙인 특정 지역에 대한 학문으로서 서울학은 지역의 문제의식을 전국으로 확산하는 데 커다란 기여를 하였다. 그리고 2000년대에 들어와 인천학, 부산학, 울산학, 전주학, 전북학, 제주학, 충북학, 강원학, 대덕학, 천안학, 아산학, 용인학, 수원학, 화성학, 안성학, 홍성학 등 여러 지역의 명칭을 사용한 연구가 붐을 이루고 있다. 하지만 특정 지역을 대상으로 한 연구가 학(學)의 명칭을 달고 출현하고 있으나 그것이 도대체 무엇을 의미하며 무엇을 담아야 하는지에 대한 자기 모색은 아직도 계속 진행 중이다.

우리나라에서 국내 지역학이 발전하게 된 데에는 두 가지 중요한 요인을 들 수 있다.

첫 번째는 지방자치제의 부활과 본격적 실시이다. 지방자치제 실시로 인해 지역에 대한 새로운 인식이 학문적으로 요구된 것이다. 국내 지역에 대한 연구는 1990년대 들어서 지방자치제가 실시되고 이것이 지방자치 단위의 발전 전략 수립과 연계되면서 뚜렷한 흐름을 형성하기 시작했다. 지방자치제의 실시로 지역은 자신의 이미지를 형성해야 하고, 지역 발전과 활성화를 적극적으로 모색해야만 하는 상황에 직면하였다. 지역을 재조명하고 지역에 새로운 지위를 부여하는 작업은 정치적 목적과 함께 지역 문화 재원을 개발하여 관광산업을 촉진하려는 경제적 동기가 함께 반영된 결과이다. 지금까지 국가 중심 혹은 중앙 중심의 역사, 문화, 정치, 경제 등을 서술하려는 관점에서 벗어나 지역의 역사, 문화, 정치, 경제는 물론 지역이 당면한 문제들을 새로운 시각으로 조명하려는 시도가 국내 지역에 대한 연구를 가속화시킨 원인이다.

국내 지역 차원의 지역학은 진정한 의미의 지방자치를 실현하기 위한 기반 조성과도 관련이 있다. 지방자치 시대에 고유한 지역성을 바탕으로 하지 않는 지역의 경쟁력은 결국에는 사상누각에 불과하기 때문에, 그 지역만의 차별성을 부각시키지 않으면 다른 지역과의 경쟁에서 뒤처질 수밖에 없다는 위기의식이 반영된 결과이기도 하다. 지역을 재조명하고 발굴함으로써 지역에 새로운 지위를 부여하려는 지방정부의 발전 전략과 맞물려 지역에 대한 연구는 더욱 탄력을 받고 계속 확대되고 있다. 이처럼 지역의 연구는 정치적 목적뿐만 아니라 경제적 목적도 동시에 반영하고 있다. 따라서 지역에 대한 관심은 비단 역사뿐만 아니라 정치, 경제, 문화, 산업 등 지역사회를 재해석하려는 학문공동체의 근본적이고 새로운 시도인 것이다.

또 다른 하나의 중요한 요인은 1990년대 들어와 본격화된 세계화 및 국제화 담론이다(김석준, 2005). 지역은 세계화가 진전되면서 중앙정부의 매개 없이도 세계와 직접 소통할 수 있는 구도를 맞이하였다. 지방자치단체들이 세계의 각 지역과 자매도시, 우호도시 등을 체결한 것도 세계화의 영향이라 할 수 있다. 지역은 특히 세계화가 진전되면서 자신의 정체성과 이미지 그리고 범위를 규정할 필요성이 대두되었다. 특히 세계화와 동반되는 지역화, 즉 글로컬(Glocal) 시대에는 더더욱 지역의 정체성이 요구되었다. 세계화가 진전될수록 지역의 정체성이 더욱 절실해지기 때문에 세계화와 지역화는 동전의 양면과도 같은 존재가 되었다.

지역학의 현황과 동향

우리나라

우리나라에서 국내 지역에 대한 학문적 관심은 그리 오래되지 않았다. 한국에서 지역 연구가 가장 오래된 지역은 제주이다. 제주에 대한 연구는 1975년도까지 거슬러 올라간다. 특히 1980년대 이후 인문사회과학 분야에서 지역사회에 대한 관심이 젊은 학자들 중심으로 높아졌고 이러한 인식의 제고로 말미암아 호남권과 영남권에서 대구지방사회연구회, 부산지역사회연구회, 광주전남사회연구회, 전주호남사회연구회 등 소규모 연구회가 형성되었다. 그러나 이 시기의 지역 연구는 총체적 분석틀이나 학제적 접근의 필요성을 공감하면서도 이에 대한 조건 등이 제대로 성숙되지 못했기 때문에, 대부분의 지역 연구는 자신들의 학문 영역적 관점에서 개별적으로 진행되었다. 그런 까닭에 연구자의 전공이나 관심 영역에 따라 연구 내용이나 접근 방식 등에서 많은 편차를 보였다(김석준, 2005). 그리고 당시의 지배적 인식 또한 연구 내용이나 방법에서 나름대로의 정체성을 갖는 지역학을 정립해야 한다는 것보다는 그동안 상대적으로 미흡했던 지역에 대한 다양한 연구 성과들을 양적으로라도 풍부하게 축적해 나가자는 분위기였다.

이러한 지배적 인식에서 벗어나 지역학을 학문적 차원에서 논의하게 된 계기를 마련해 준 것이 바로 서울학이다. 이후 인천학, 부산학, 안동학, 전주학, 충청학, 천안학, 아산학, 용인학, 수원학, 홍성학 등 해당 지역의 지명을 딴 지역학이 생겨났다. 이들은 전통적 학문 분과 체제에서 세분화되고 파편화되어 가는 지식을 비판하고, 학제적 연구와 통합 과학 정립의 필요성을 공감하면서도 아직까지 독자적 연구 분석을 위한 이론을 구축하지 못하고 있는 것 또한 현실이다.

서울학

서울이 수도가 된 지 600주년을 계기로 1993년 서울특별시의 지원 아래 서울시립대학교에 서울학연구소가 설립되면서 본격적으로 서울학 연구가 시작되었다. 서울학연구소 홈페이지(http://iss.uos.ac.kr)를 보면 서울학의 성격, 연구 대상, 연구 방법 그리고 연구 목적과 연구 과제 등을 잘 제시해 주고 있다.

서울학의 연구 대상은 도시 서울입니다. 서울학은 서울의 장소·사람·일·문화를 만들어 내고 변화시키는 과정과 힘을 탐구하여 서울이 지닌 도시적 보편성과 특수성을 밝히는 것을 목적으로 합니다. 서울학은 종합적 관점을 견지하면서 학제적 연구를 지향합니다. 서울에 대한 여러 기성 학문 분야(역사학·지리학·사회학·인류학·경제학·건축 및 도시계획학 등)의 연구 관심과 성과가 상호 조명되고 교차되는 데에 서울학의 영역이 있습니다. 서울학의 학문적 관심은 오늘의 서울을 만들어 낸 역사적 과정을 이해하는 데에 있지만, 그 실천적 관심은 현재의 서울에 대한 심화된 성찰을 통해 보다 나은 서울의 미래를 그리는 데에 있습니다(서울학연구소).

서울학이라는 용어를 정할 당시 그 무렵 일본에서는 '에도도쿄학'이 논의되고 있었다. 에도도쿄학이라는 말 속에는 경제 성장을 기반으로 한 일본인들의 자신감이 스며들어 있었다. 일본의 성공 신화를 상징하는 도쿄 속에 살아 있는 역사적인 에도를 찾아본다는 다분히 전통적인 자신감이 자리 잡고 있었다. 이러한 분위기는 바로 서울학의 제창으로 연결되었다(이우태, 2010). 따라서 서울학이란 학문은 다분히 의도되고 정책적

동궐도 조선 후기 순조 연간에 도화서 화원들이 동궐인 창덕궁과 창경궁의 전각과 궁궐 전경을 조감도식으로 그린 궁궐 그림이다.

으로 탄생한 학문이다. 그래서 서울학이 추구하는 목표도 처음부터 분명한 색깔을 갖고 있었다. 그것은 첫째, 서울의 정체성을 확립하기 위한 것으로 서울의 역사적·문화적 개성을 발굴하여 널리 알리는 것이었다. 둘째는 이를 통하여 시민의 삶의 질을 향상시킬 수 있는 구체적인 방안을 마련하는 것이었다. 그리고 마지막 셋째로는 세계 속의 한국을 상징하는 서울의 이미지를 그 자체로서 마케팅의 대상으로 삼을 수 있도록 하는 것이었다(전우용, 2002).

서울학연구소의 주요 사업을 보면 서울학의 방향성을 짐작해 볼 수 있다. 서울학연구소가 추진하는 사업들로는 ① 서울 관련 자료의 수집, 정리, 공개, ② 서울에 관한 기초 연구 및 연구 지원, ③ 심포지엄, 세미나 등의 제반 학술 행

『서울학연구』 40호 표지

사, ④ 서울학 논문집 및 총서 발행, ⑤ 서울시 및 외부 기관의 위탁 연구
와 용역 사업, ⑥ 서울에 관한 국내외 홍보 활동, ⑦ 기타 목적에 맞는 사
업 등이 있다.

인천학

인천학은 2002년 인천의 역사 · 문화 · 사회 등을 학술적 차원에서 체
계적으로 연구하여 인천의 정체성과 지역사회의 현실적인 역동성을 규
명하기 위하여 설립된 인천대학교 부설 인천학연구원을 중심으로 시작
되었다. 이후 인천학연구원은 현재까지 지역의 역사, 사회, 문화에 대한
체계적인 연구, 연구 지원, 각종 학술발표회 개최, 국제 교류 등 설립 목
적에 충실한 연구 사업을 진행해 오고 있다.

인천학연구원의 주요 연구 분야는 ① 인천 지역의 역사 · 문화 · 예
술 · 교육 · 환경 및 지정학적 특수성에 대한 연구, ② 인천시민대학 인천
학 과정 등 관련 과정의 학술 지원, ③ 지역 정체성 정립과 특성화에 관
한 연구, ④ 지역 문제에 대한 조사 · 평가 · 분석, ⑤ 학술 발표 및 과제별
토론회 개최, ⑥ 학술지 및 분야별 전문 간행물의 발간, ⑦ 국내외 연구
기관과의 교류, ⑧ 인천광역시 및 지역 소재 기관 · 단체의 자문, ⑨ 특수
연구 계획에 의한 연구비 지급 및 연구 의뢰 수
탁, ⑩ 기타 연구원의 목적 수행에 필요한 부대
사업 등이다. 이러한 인천학은 인천의 역사, 문
화, 사회적 정체성에 대해 체계적으로 연구하는
동시에 인천 사회의 현실적인 역동성을 인문학
적으로 규명하여 도시 발전의 미래상을 제시하
는 것을 목적으로 하고 있다.

『인천학의 탐구』

부산학

1991년 지방자치제의 부활에 따른 지방화 시대를 맞이하여 지역학에 대한 관심이 높아지면서 부산에서도 1993년 11월 처음으로 부산학 연구의 필요성이 제기되었다. 부산발전연구원에서는 1996년 1월 13일 '부산학 정립, 어떻게 할 것인가?'라는 주제로 워크숍을 개최하였다.

『부산학, 길 위에서 만나다』

> 부산학이란 부산의 역사적 형성 과정 및 현재적 과제를 분석하여 부산의 특성과 정체성을 발굴하며, 나아가 미래의 부산 발전 방향을 제시함으로써 부산이 당면한 시대적 상황에 대처할 수 있는 이론적 · 실천적 논리를 제공하는 것이다(김성국, 1995).

부산학을 시작할 당시에 부산은 독자적인 부산학연구소의 설립이 불가능할뿐더러 시립대학도 없으므로 부산시의 출연 연구 기관인 부산발전연구원 내에 부산학연구센터를 설치하여 체계적인 연구를 해 나가야 한다는 주장이 제기되었고, 2002년 부산발전연구원 개원 10주년 기념으로 부산학이 본격화되기 시작했다. 최근에는 부산발전연구원을 중심으로 부산대학교 민족문화연구소, 신라대학교 부산학연구센터 등이 부산학 연구를 주도하고 있다.

제주학

제주에 대한 연구는 원래 서울에 거주하는 민간 연구자들에 의해 시작되었다. 1978년 봄에 민속학, 국문학, 고고학, 인류학 전공자들이 모여 제

돌하루방

주도연구회를 창립하였다(조성윤, 1999). 그러나 당시의 제주 지역의 연구자들은 제주 지역을 연구 대상으로 삼는 것 자체에 대해서 회의적 분위기였다. 이러한 인식은 1980년대로 들어오면서 바뀌기 시작하였다. 기존의 제주도연구회는 1984년부터 폭을 넓혀 제주도 내의 학자들과 협력하여 조직을 확대 개편하였으며, 본격적인 전국 학술대회를 서울과 제주에서 번갈아 가면서 개최하였다. 이러한 노력의 결과로 인문, 사회, 자연의 모든 학문 분야에서 제주에 대한 관심이 일기 시작했다.

제주학은 "제주 사회, 지역의 역사성과 총체성을 바탕으로 지역의 문화와 지역의 정체감에 대한 연구를 학제적 연구를 통하여 체계적으로 수행하고, 지역을 보다 나은 삶의 공간으로 발전시키는 것"으로 정의되고 있다(유철인, 1996).

『제주학과의 만남』

그러나 인문사회과학과 자연과학 분야의 상호 이해를 위한 노력이 활발해졌지만, 인문사회과학과 자연과학의 상호 교류와 토론은 결코 쉬운 일이 아니었다. 적어도 외형적으로 협력의 움직임을 보였던 인문사회과학 분야와 자연과학 분야 학자들의 토론 분위기는 다시 약화되었다. 학회의 중심은 여전히 향토사, 민속학, 인류학, 국문학 분야였으며, 이들은 몇 개의 작은 단체를 만들기 시작했다. 하지만 1993년 서울학을 필두로 지역학이 태동하면서

1996년부터 제주에 대한 연구가 다시 활성화되었다. 급기야 1997년 제주도연구회가 '제주학회'로 명칭을 변경하면서 동시에 제주발전연구원이 설립되고 제주학이 본격화되기 시작하고 제주에 대한 연구도 활발히 진행되었다.

강원학, 호남학, 영남학, 충남학

강원학은 1999년부터 시작하여 그동안 여러 차례에 걸쳐 관련 분야 전문가들과 함께 '강원학' 개념 정립 및 연구 방향 모색과 강원학 연구에 대한 공감대를 형성하기 위해 학술 세미나를 개최하였다. 특히 강원학 정립을 위하여 도 차원에서의 학술대회 개최를 비롯하여 춘천학, 원주학, 강릉학을 비롯한 각 시군별 지역학 탐구를 위한 다양한 시도도 함께 이루어졌다. 강원학 연구는 강원발전연구원 내의 강원학연구센터가 중심이 되어 강원학 관련 분야의 자료 조사 및 데이터베이스 구축, 강원학 관련 학술 및 발간 활동, 도 내외 관련 전문가와의 교류 협력 등을 진행하고 있다. 이외에도 각 시군의 문화원, 강원향토문화연구소, 대학교 부설 연구소인 강원문화연구소, 영동문화연구소 등에서도 강원학을 연구하고 있다.

강원학은 강원도와 강원인의 정체성과 주체성을 확립하기 위한 지역학이다. 따라서 지방학이 아닌 지역학이며 종속학이 아닌 독립학이며, 분과학이 아닌 종합학의 성격을 갖는다. 구체적으로 강원학은 강원도와 강원인을 이해하기 위해 이에 관련된 사물과 현상, 지식과 정보를 망라하여 수집하고 조사 연구하며, 학술적 관점에서 과학적 · 계통적으로 정리 분류하고, 또한 종합하는 학문이다. 강원학은 강원도민의 과거와 현재에 이르는 동안 적층된 삶과 문화의 총체적 표현물을 대상으로, 강원의 고유한 문화와 전통의 가치를 재확인하고, 그것을 현대적 시점으로 재해석함으로써 주민 정체성을 인식시키고, 지역관을 바로 세우며, 새로운 발전의 정신적 틀을 만들기 위한 정신학이다(장정룡, 1999).

영남학은 2001년 경북대학교 영남문화연구원이 기관지로서 『영남학』을 출간한 데서 연유한다. 영남학은 영남 문화를 중심으로 한국학의 자취를 체계적으로 고찰하여 영남 문화의 위상을 재정립하려는 시도의 산물이었다. 영남학은 특정한 행정단위로서 지역이 아니라 광역 문화권을 연구 대상으로 삼고 있다.

2005년에 전남대학교를 중심으로 호남학에 대한 관심과 열기를 조직화하려는 계획이 추진되었다. 광주가 문화중심도시로 지정되고, 광주·전남 지역이 서해안 시대 혹은 서남 해안 발전의 중추적 거점으로 부상하면서 지역의 문화적 토대나 지향점을 발견하기 위해서 기존의 호남 문화에 대한 연구를 호남학으로 체계화 내지는 고양시킬 필요성이 대두되었다.

충남학은 이들 지역과는 달리 비교적 최근에 와서 논의되기 시작하였다. 기존에 '충청학'에 대한 연구로 진행되어 오다가 천안학 등에 자극되어 2012년부터 평생 교육 차원에서 충남학에 대한 논의가 시작되었다. 특히 2013년 충남도청이 대전에서 내포 지역으로 이전하면서부터 충남에 대한 연구는 더욱 탄력을 받고 있으며, 충남의 각 시군 중심으로 진행되고 있는 천안학, 아산학 등과 어떻게 연계하여 충남학을 정착시킬 것인가가 중요한 현안으로 대두되고 있다.

전주학

전주학은 2005년도 전주역사박물관이 전주학의 본산을 표방하고 그

토대가 되는 전주의 역사 문화 자료를 수집·정리·연구·전시하며 전주 정신을 찾자는 목표를 설정하고, 박물관 벽면에 전주학이라고 쓰인 대형 현수막을 설치하여 박물관의 기본 방향을 표명한 데서 출발하였다. 그

전주비빔밥축제 포스터

리고 그해 12월에 전북대박물관과 공동으로 '제1회 전주학 학술대회'를 개최하면서부터 본격화되었다.

전주학은 현재 전주역사박물관 중심으로 진행되고 있는데, 전주역사박물관에서는 전주학의 중장기 계획을 마련하고, 전주 관련 자료를 수집 확보하여, 전주의 역사 문화적 특질을 담은 전시회와 학술대회를 매년 개최하며, 그 성과물로 총서를 발간하여 전주학을 집대성해 나가고 있다.

전주학이란 전주의 역사와 문화를 토대로 정치·경제·사회·지리·환경·생활 등 모든 분야를 연계하여 전주의 정신과 정체성을 정립하고, 나아가 전주의 발전 방향과 동력을 확보하기 위한 연구이다(전주역사박물관).
전주학은 전주의 자연, 지리, 역사, 사회, 문화, 이념 그리고 전통 등을 체계적으로 분석함으로써 전주의 지역 정체성을 규명하고 이를 바탕으로 전주의 지속 가능한 발전이 가능할 수 있도록 지역사회의 당면 과제 해결을 위한 이론적·학문적 논리를 제공하는 것이다(김창민, 2007).

전주학은 전주의 역사와 문화를 중심으로 정치·경제·사회·지리 등

오늘의 전주와 관련한 제반 사항들을 전주의 입장에서 분석하여 전주라는 지역과 전주 사람들의 성향과 특질을 해명하고, 그 삶의 흔적과 자료들을 집대성해서 전주의 미래를 열어가는 데 그 지향점이 있다.

원주학

원주학은 1998년 10월 연세대학교 원주 캠퍼스 매지학술연구소가 강원일보사와 공동으로 '원주학 정립을 위한 심포지엄'을 개최한 데서 시작되었다. 당시 이 모임에 참석한 많은 시민들의 반응이 적극적이었고, 이에 힘입어 연세대학교 매지학술연구소는 원주시와 관련 단체들의 협조를 통해 1999년부터 원주학에 대한 본격적인 연구 진행을 모색하였다. 당시에 심포지엄 참여자 가운데 일부는 '원주학'이라는 용어가 매우 생소하여 '학(學)'이라는 용어 사용, 원주학이 다루고자 하는 내용, 그리고 과연 중소 도시를 중심으로 작업이 가능할 것인가에 대해 의문을 표시하기도 하였다. 원주학은 무엇보다 기능적으로 나뉜 여러 분야의 학문적인 입장에서 하나의 공통적인 대상인 원주를 놓고 연구하여 얻은 성과를 체계적으로 엮어 내는 것을 목적으로 하였다.

군이 원주 연구가 아닌 원주학을 강조하는 이유는 원주가 안고 있는 현상적인 문제 해결을 위한 연구라는 인상에서 탈피하고 이러한 과제에만 매달리지 않기 위해서 학문이라는 형태를 취하려 하는 것이다. 원주학은 원주의 현상적인 문제 해결만이 우선이 아닌 오늘날 원주를 있게 한 원주의 깊은 내면세계까지 한번 파헤쳐 보고자 하는 취지에서 출발한 것이다. 따라서 인문학적 입장에서 원주학은 원주라 불리는 일정 공간을 토대로 역사적인 시간의 흐름 속에서 살아왔던 사람들이 이루어 놓은 모든 유·무형의 자취들, 즉 문화를 종합적으로 분석·고찰하여 원주를 보다 나은 삶의 공간으로 만들어 나가는 데 기여하는 학문이다(오영교, 1999).

천안학, 아산학, 용인학, 수원학, 홍성학……

전국에서 최초로 2009년, 도시의 특성을 반영하는 한편 지역의 정체성 확보라는 차원에서 지역의 대학생들에게 지역의 명칭을 딴 교양과목인 '천안학'이 개설된 이후 지역학은 새로운 전환점을 맞이하였다. 특히 기존의 지역학들이 연구에 초점을 두었다면 천안학은 주로 지역의 커뮤니티 주체와 소통이란 측면을 더 중요시한 특징이 있다. 더욱이 천안처럼 비교적 급격하게 도시적 성장을 한 지역들은 원주민보다는 이주민이 많은 인구분포 특성으로 지역학 과목 개설의 필요성이 더 커지고 있다. 이러한 필요성에 따라 천안학에 이어 2010년에 용인학과 아산학, 2011년에 수원학, 2012년에 홍성학, 2013년에 화성학과 안성학 등이 대학의 정규 교양과목으로 개설되었다. 많은 지방자치단체들이 대학과 연계한 정식 교양과목으로 개설하기 위한 움직임을 보였으며, 이는 앞으로도 더욱 활성화될 전망이다.

중국

중국에서는 지역학에 대한 명확하고 통일된 개념이 정의되고 있지는 않다. 명칭도 지방학이라고도 하고 학이란 명칭을 사용하여 지명학이라고 하기도 한다.

중국에서 현대적 의미의 지역학은 20세기 초부터 시작되었다. 흔히 중국의 3대 지역학이라면 돈황학, 휘주학, 장학을 가리키는데 이들은 이미 국내적 연구 차원을 넘어서 세계적 차원의 연구가 되었다. 특히 돈황학은 출발 시점을 1909년으로 보는 학자도 있어 이미 100년의 역사를 주장하기도 한다(劉進寶, 1991). 중국에서의 지역학 연구의 활성화는 1980년대 이후 개혁개방의 물결과 맥을 같이한다. 1980년대 이후 기존의 지역연구가 종합적·학제적 차원에서 이루어지면서 새로운 흐름을 형성하기 시작했다.

상해학

중국은 1980년대 개혁 개방의 열풍이 불면서 문화혁명 기간 동안 파괴되었던 학문 재건에 관한 사업들을 전개하기 시작했다. 1979년 사천 성도에서 지역의 역사 관련 학자들이 중심이 되어 모임이 개최되었고, 이때 강이도(江闐道)는 상해학이라는 학문 분과를 만들어야 한다고 주장했다. 그가 서양에서 '학'의 의미로 쓰이는 '-올로지(ology)'를 붙인 'Shanghaiology'라는 말을 제안하였고, 이것이 상해학(Shanghaiology) 명명의 유래가 되었다. 이 용어는 신선함과 다양한 논란을 불러일으켰다. 1986년 상해대학에 상해학연구소가 본격적으로 발족된 이후 상해학 열풍은 전국적으로 확산되었다.

상해사 연구를 거대 학문으로 하루아침에 결론짓기는 어렵다. 외국인들이 상해의 역사를 물어 온다면 나조차도 대답할 길이 묘연한데, 젊은이들은 오죽하겠는가. 따라서 우리는 상해의 정치, 경제, 문화, 종교는 물론 심지어 과거 기생의 상황에 이르기까지 가닥가닥 명쾌하게 정리해야 한다. 상해의 역사를 안다는 사람들을 찾아다니면서 생생하게 자료를 수집해 두어야한다. 문헌 자료는 상해의 기록이라면 모조리 뒤적여 정리하고 연구해야 한다. 상해 경제에 대해서도 연구해야 한다. 외국 수입품의 역사, 문화 침략과 관련된 것도 정확히 조사 연구되어야 한다. 결론적으로 상해 연구란 정열을 바쳐 만들어 가야 할 가치가 충분한 하나의 상해학(Shanghaiology)이라는 분과 학문이다(江聞道, 1980).

상해학은 상해를 연구 대상
으로 하는 학문으로 정의되고
있다. 상해의 과거 역사를 기
술하는 상해의 지역사나 여러
가지 자연과 사회 현상을 기술
하는 상해지(上海誌)와는 달리,
'학(學)'이란 '사(史)'나 '지(誌)'
보다 훨씬 높은 상층의 개념인

만큼 그들이 이론적으로 승화된 것을 뜻한다. 따라서 상해학이란 상해의
역사, 정치, 경제, 문화, 사회와 자연 현상 및 상태 등을 연구해야 한다. 그
런데 이들은 지금까지 부분적으로, 분야별로 연구되어 왔고 또한 현재도
그렇게 연구되고 있다. 그렇다고 해서 이러한 분야별 연구를 상해학의
반열에 놓을 수는 없다. 또한 설령 이들을 토대로 종합한다손 치더라도
고작해야 상해대관(上海大觀) 또는 상해개술(上海槪述)일 뿐 상해학으로 불
릴 수는 없다. 상해학이란 상해에 관한 각양각색의 분과와 분야 및 역사
현상에 대한 연구로부터 그들 상호 간의 관계와 본질을 발굴해 내고 이
를 토대로 상해라는 하나의 도시를 연구하고 발전시킬 학문적 토대를 구
축해야 한다는 것이다.

돈황학

돈황학(敦煌學)은 중국의 돈황 지역을 대상으로 연구하는 종합 학문이
다. 돈황은 감숙성 하서의 회랑지대 서쪽에 위치한 지역이다. 한 · 당 시
대에 돈황은 실크로드의 중심지로서 오랫동안 고대 동서 문화 교류의 요

돈황 석불

충지였으나 송대 이
후부터는 쇠락하였
다. 1900년대 들어
와 돈황석굴에서 수
만 권의 각종 문헌 자
료가 발견되어 세계
의 많은 학자들의 이
목이 집중되었다.

1900년 중국 서부 돈황 명사산(鳴沙山) 기슭에서 총 길이 1.6km에 달
하는 크고 작은 600여 개 불교석굴 중 제17호굴인 장경동(藏經洞)이 처
음으로 서구 탐험가들에 의해 발견되었다. 이후 이 동굴은 '경전을 소장
한 동굴'로 불리고, 이곳에서 무려 5만 권에 달하는 각종 경전이 발견되
었다. 돈황 장서의 종류는 불경, 도경을 비롯하여 경(經), 사(史), 자(子), 집
(集), 시, 사(詞), 곡, 부, 통속 문학, 도경(圖經), 방지(方誌), 의약, 역서(曆書) 등
매우 다양했다. 이후부터 돈황 지역의 종교, 민족문화, 정치, 예술, 역사,
지리, 언어, 문자, 문학, 철학, 과학기술, 경제, 건축, 민족관계, 교통 등을
종합적으로 연구하는 돈황학이 생겨났다.

돈황학은 지명학에 해당하는 학문이다. 돈황의 역사지리는 돈황학의 중
요한 구성 요소이며, 또 돈황학의 연구 대상이기도 하다. 돈황의 역사지리를
깊이 있게 탐구하고 이해해야 비로소 돈황학을 전반적이고 체계적으로 이
해할 수 있다. 바로 어떤 학자가 말한 것처럼 "돈황학을 연구하려는 사람은
반드시 돈황학의 기초와 배경을 먼저 이해해야 한다." 따라서 돈황의 역사
및 동서양 문화 교류의 사상적 위치를 토론할 필요가 있다(劉進寶, 1991).

장학

장학(藏學)은 중국 장족의 역
사, 종교, 문화, 경제, 정치, 사
회 등을 종합적으로 연구하
는 학문이다. 일명 장족학(藏族
學)이라고도 하며 서장학(西藏
學)이라고도 한다. 19세기 초
에 헝가리 학자가 처음으로 장
학이라는 말을 사용하였다. 그

장족의 모습

후에 외국 학자들이 근대적인 인문과학의 방법으로 장족과 서장 지역에
대해 많은 연구를 진행하여 장학을 기타의 인문과학에서 분리시켜 새로
운 독립된 학문으로 탄생시켰다.

장족에 대한 연구는 정치적 의도도 반영되어 있다. 신중국 성립 초기
에, 중국은 분쟁 지역인 서장 지역 문제를 평화적으로 해결한다는 방침
에 따라 서장 지역을 조사·연구하도록 하는 한편 학술 전문 서적 등을
독려하였다. 1950년대 중반부터 광범위한 조사를 실시하여 서장의 사회
현상, 역사 연혁, 언어, 문자 등 기본 정황에 대해 수많은 연구 결과를 축
적하였다. 이러한 연구 결과로 1980년대 이후부터는 장학이라는 새로운
학문 분야가 형성되었다. 장학을 연구하는 연구진은 물론 장족을 주제로
한 많은 석사, 박사 학위자가 배출되었고, 장족에 관한 정기 학술 간행물
등도 쏟아져 나왔다.

휘주학

휘주학(徽州學) 혹은 휘학(徽學)이라고도 한다. 휘학은 돈황학과 성립 과
정 및 배경이 아주 유사하다. 휘주는 중국 안휘성 남부의 산악 지역으로

중국의 남부와 북부가 교차하는 지점에 있다. 당송 시대부터 명청 대까지 이곳은 경제의 발달과 문화의 중심지로서 명성을 얻었다.

중국 휘주 지역 전경

휘주학은 휘주 사람 그리고 그 사람들이 창조해 낸 물질문화, 제도문화 및 정신문화를 전방위적으로 탐구하는 학문이며, 휘주 지역의 보편성과 특수성을 학술적 차원에서 탐구하는 학문이다. 휘주학은 공간적 차원과 시간적 차원에서 연구하며 연구의 구체적 영역은 휘주 지역의 종족, 상인, 공예, 예술, 학문, 교육, 철학, 언어, 인물, 의학, 요리 등을 주요한 연구 대상으로 하는 종합학문이다(姚邦藻, 2000).

특히 1950년대 휘주 상인들이 사용한 대량의 문서가 발견되면서 휘주학이 본격화되기 시작하였다. 문서의 내용도 매우 다양해서 토지 관련 문서, 재산 문서, 상거래 문서, 종족 문서, 족보, 소송 문서 등이 총망라되어 있다. 그리고 휘주는 황산이 있는 산악지대에 위치해 있어 역사적으로 전란의 피해를 입지 않고 각종 문화자원이 그대로 보존이 되었다. 이 점이 풍부한 다량의 문서, 문헌 자료와 더불어 휘주를 더욱 유명하게 만들었다. 휘주의 문헌과 문서는 아직까지도 완전한 정리가 끝나지 않은 상태이다. 따라서 휘학이 얼마나 많은 학문 분과나 학술 영역과 교차할지는 아직도 단정하기 어렵다.

일본

일본에서는 지역학을 특정한 지역을 대상으로 하여 그 역사와 지리, 경제, 문화 등을 종합적·학제적으로 추구하는 학문으로 정의하고 있다. 일본에서 특정한 지역을 대상으로 하는 이러한 연구는 과거에는 향토사 연구를 토대로 하는 민속학이 주로 담당해 왔다. 일본 민속학의 출발은 야나기타 쿠니오(柳田國南)가 『민간전승론(民間傳承論)』과 『향토생활연구법(鄕土生活の硏究法)』을 출간한 1935년을 기점으로 보고 있다. 그 후에 각 지역마다 촌제, 족제, 일상의례, 의식주, 생업의 구성, 세시풍속, 민간신앙, 민속예능, 구비문학 등 방대한 자료가 축적되었다. 그리고 이러한 민속학과 인접한 민족학, 문화인류학에서도 일본의 지역사회에 대한 연구가 진행되었다.

일본에서의 지역 자립화 요구와 지방 분권화의 진전, 시쵸손(市町村)의 통합, 주민자치 영역의 확대는 자신들만의 지역 만들기 운동을 낳았고, 자기 지역에 대한 관심은 자연스럽게 지역학으로 이어졌으며, 이러한 지역학 연구는 주로 자치단체, 대학, 시민단체 등이 주도하였다. 그리고 한편에서는 지역학과 더불어 지역이 가진 힘, 사람이 가진 힘을 끌어내어 상품 만들기, 생활 만들기, 지역 만들기에 보탬이 되자는 지모토학(地元學)도 제창되었다.

지역학이 상대적으로 도시를 대상으로 한 학술적인 것임에 반해 지모토학(地元學)은 작은 마을, 구체적으로 마을 만들기와 결부되어 있다. 지모토란 생활 권역으로, 기본 단위는 풍토와 역사, 생활 등을 하나로 하는 지역공동체나 시쵸손(市町村)과 같은 행정구역을 의미한다. 1995년에 '지모토학'을 제창한 요시모토 테츠로(吉本哲郎)는 "지모토학이란 향토사처럼 그저 찾아보고 아는 것만이 아니다. 그 땅에 사는 사람이 주체가 되어 지역을 관찰하고, 외부 사람들의 조언을 구해 지역을 알아 가며, 지역의 특성을 자각하는 것부터 시작하여, 나아가 바깥에서 밀려들어 온 변화를 받아들여 안으로부터 지역 특성과 대조하여 자문자답하면서 지역 독자의 생활과 문화를 일상적으로 만들어 가는 지적 창조 행위"라고 정의하고 있다. 이러한 지모토학은 첫째는 좋은 지역, 즉 환경, 산업, 생활문화의 가치관을 갖고 있는 지역을 찾는 것이고, 둘째는 지역의 풍토와 삶의 문맥을 찾으며, 셋째는 변화를 적정하게 받아들이며, 마지막으로 환경 재생에 초점을 두는 것을 목표로 하고 있다(朝倉敏夫, 2010).

일본에서의 지역학은 지역 주민, 대학, 기업, 시민단체 그리고 자치단체를 기반으로 하는 시민대학과 같은 평생학습사업으로서, 또는 대학의 지역 공헌 사업과 지역의 관광 및 산업의 활성화를 위한 인재 육성 프로그램 형태로 접목되고 있다. 일본의 지역학 현황은 (재)야마가타현 생애학습문화재단에서 2000년에 간행한 『전국 지역학 핸드북』에 53개 사례가 소개되어 있고, 2010년 현재 재단의 홈페이지에는 73개의 사례를 소개하고 있다(朝倉敏夫, 2010). 이 중 대표적인 일례만을 소개하고자 한다.

『에도도쿄학 사전』

에도도쿄학

메이지 유신으로 일본의 수도가 된 도쿄(東京)는 그 이전에는 에도(江戶)라 불리었다. 에도도쿄의 문화를 전시한 것이 에도도쿄 박물관이다. 이 박물관은 잃어버린 에도·도쿄의 역사와 문화에 관한 자료를 수집·보존·전시하는 것을 목적으로 1993년에 개관하여 도쿄도 역사문화재단이 관리 운영하고 있다. 에도도쿄학(江戸東京学)의 특징 중 하나는 관련 책이 많이 출간되었다는 점이다.

에도도쿄 박물관장을 지낸 문화사학자 오기 신조(小木新造)가 1991년 펴낸『에도도쿄학의 시작(江戸東京学事始め)』이후 다나카 유코(田中優子)의 『미래를 위한 에도학(未来のための江戸学)』등은 물론『에도학사전(江戸学事典)』등 저명한 연구자들의 많은 저서가 출간되었다. 이 외에도 에도도쿄학은 공간으로서의 에도뿐만 아니라 에도 시대를 배경으로 한 역사소설, 드라마도 다수 있어 일반인들로부터 많은 관심을 받고 있다. 대학에서는 호세(法政) 대학, 세이토쿠(聖徳) 대학, 가구슈인(学習院) 대학과 도쿄가정(東京家政) 대학 생애학습(生涯学習) 센터 등에서 에도학 강좌가 열리고 있다.

교토학

교토는 일본 역사의 주요 무대로서 정치 경제의 중추적 역할을 맡아 왔을 뿐만 아니라 문화의 중심으로서 왕조 문화의 발신지이며, 많은 문화 예술을 탄생시켰다. 또 왕조시대부터의 학문 전통이 중세를 거쳐 근세를 거쳐 근대에도 이어져 학술 도시의 성격도 지니고 있다.

교토학(京都學)의 목표는 첫째, 다양한 전문 분야의 연구 성과를 종합하고, 산 · 관 · 학의 협력과 연계로 교토의 현재와 미래에 공헌하는 데 있다. 둘째, 세계유산이기도 한 교토의 문명을 국제적 관점에서 활성화하여 세계와 교류하는 열린 연구 성과를 얻는 데 있다. 셋째, 교토의 산업 · 경제 · 기술 · 신앙 · 예능 · 세시풍속 등을 중시하고 이것들이 현재는 물론 미래에도 유지될 수 있도록 방책을 구상하며 정책으로 제언하고 구체화하는 데 있다. 이들 목표를 통해 자연환경 · 문화환경으로서 교토 지역의 특성을 찾고 발전시켜 새로운 창조의 계기를 만들어 지속 가능한 교토를

교토 청수사 전경

건설하고자 한다.

이를 위해서 교토학은 학제적 연구를 추구하고, 주민과 소통하는 국제교토학협회를 2003년에 발족시켰다. 교토학은 릿츠메이칸(立命館) 대학, 교토학원(京都学園) 대학, 하나조노(花園) 대학, 불교(佛教) 대학, 교토조형예술(京都造形芸術) 대학 등에서 강좌를 개설 운영하고 있다. 또한 교토에서는 교토학 검정을 하는 교토관광문화검정시험(京都観光文化検定試験)을 실시하고 있는데, 이는 교토의 문화, 역사 계승과 관광 진흥, 인재 육성을 목적으로 교토상공회의소가 주최하고 국토교통성근기운륜국(國土交通省近畿運輪局)·교토부·교토시가 후원하고 있다.

제1회 시험은 2004년 12월에 실시되었는데 약 9,800명이 응시하였고 2급, 3급을 합쳐 모두 3,600여 명이 합격하였다. 제2회부터는 1급 검정도 개최되어 (수험 자격은 2급 합격자) 전국에서 12,000명이 넘는 수험생이 몰려 성황을 이루었고 이는 전국에서 지역 검정의 시초가 되었다. 이러한 지역 검정은 2005년을 전후로 다른 지역에도 전파되어 전국적으로 붐을 형성하기도 했지만 최근 들어서는 수험생의 감소로 채산성이 악화되어 중지될 위기에 처해 있다(『朝日新聞』 2010년 10월 8일 석간).

가나자와학

일본에는 '리틀 교토' 라 불리는 오래된 역사적 전통 도시가 많다. 그 중 하나가 호쿠리쿠(北陸) 지역의 가나자와(金沢) 시이다. 가나자와는 카가번 (加賀藩) 시대부터 단 한 번의 전쟁도 겪지 않아

가나자와 21세기 미술관

서 역사와 문화, 전통적인 건물들이 거리 곳곳에 잘 보전되어 있다. 가나자와 시는 이러한 건축물과 환경 등을 보호하기 위해서 경관조례를 제정 운영하고 있다.

또한 각 시대별 미술 작품을 수집하고 이를 공예품과 디자인에 활용하기 위해서 가나자와 21세기미술관을 설립 운영하고 있으며, 시의 중심부에 주제가 다양한 예술을 위한 문화 존을 만들어 놓기도 하였다. 가나자와 시에서는 수많은 공예품이 제작되고 있어, 2009년에 세계 각지의 21개 도시만 인정받은 유네스코 창조 도시로 선정되기도 하였다.

가나자와학(金沢学)은 가나자와 대학과 홋코쿠(北國) 신문사가 중심이 되어 2006년부터 본격적으로 진행되고 있다. 또한 가나자와 대학 교수진과 전문가 등이 중심이 되어 시민 공개강좌를 운영하고 있으며, 가나자와 시내의 문화·역사 시설을 순회하는 체험 프로그램도 진행하고 있다.

오노미치학

오노미치 시(尾道市)는 오카야마 시(岡山市)와 히로시마 시(広島市)의 한가운데 위치하고 있다. 1999년 5월 '세토우치(瀬戸内) 시마나미 해도(島竝海

하야시 후미코(林芙美子) 동상

道)'가 개통됨에 따라 시 코쿠(四國)의 이마바리 시 (今治市)와 육로로 연결되어 물류 도시가 되었다. 오노미치는 영화와 드라마 촬영 장소로도 유명한 지역이다.

하야시 후미코(林芙美子)와 시가 나오야(志賀直哉) 등이 오노미치를 무대로 발표한「문학의 거리(文学の街)」와 오즈 야스지로(小津安二郎) 감독의「동경 이야기(東京物語)」, 오바야시 노부히코(大林宣彦) 감독의「오노미치 삼부작(尾道三部作)」등이 오노미치 시에서 촬영된 후 영화의 거리로서 전국적 유명세를 얻게 되었다. 또한 오노미치 시는 2010년 가을부터 방영된 NHK 아침 연속 드라마「텟판(てっぱん)」의 무대가 된 곳이기도 하다.

오노미치학(尾道学)은 2003년에 출판된 아라키 마사미(荒木正見) 등의『오노미치학과 영화 필드 워크(尾道学と映画フィールドワーク)』에서 처음으로 나타났다. 이 책은 오바야시 노부히코(大林宣彦) 감독의 오노미치 작품 로케 장소를 필드 워크하면서 고찰한 것이다. 저자는 "오노미치와 그 주변을 종합적 학문의 관점에서 고찰하여 오노미치학을 제창한다고 하였고, 그 탐구에는 거리(街)를 철저하게 걷는 필드 워크를 장려하기 위한 것"이라고 하였다.

2005년 5월에는 오노미치 대학의 지역종합센터 주최로 오노미치학 구축을 향한 시민 토론회가 개최되었다. 지역의 교류 · 공헌을 목적으로 센터 관계자와 지역의 역사문화, 거리 만들기에 관심 있는 시민 및 지역 유지가 함께 모여 활발한 의견을 나누고 이들이 중심이 되어 오노미치학연구회를 설립하여 정기적인 정례회와 기획전시회 등을 통해 다양한 분야에서 지역 학습 · 지역 재발견을 위해 노력하고 있다. 또한 오노미치 대학은 오노미치학 데이터베이스, 홈페이지 개설, 오노미치학 강좌 등을 운영하면서

계간『동북학』

대학과 민간 차원에서 오노미치학을 발전시켜 나아가고 있다.

동북학

동북학(東北學)은 민속학자 아카사카 노리오(赤坂憲雄)가 제창한 동북 지역의 문화, 지리, 역사 등의 학제적인 종합 연구를 말한다. 그 출발점은 1996~1998년까지 삼부작으로 제작된『동북학으로(東北学へ)』으로 그가 센터장으로 재직한 동북예술공과대학 동북문화연구센터가 중심이 되었다. 특히 1999년에 편찬한『동북학』은 동북학 발전의 전환점이 되었다. 2004년부터는 계간지『동북학』이 발행되어 동북 지역에 대한 연구가 한층 활성화되었다. 그리고 동북학의 영향을 받아 진경학(津軽学), 성강학(盛岡学), 선태학(仙台学), 촌산학(村山学), 회진학(会津学) 등도 생겨났다.

2
천안학의 의의와 목적

한국학 하면 친숙하지만 천안학 하면 어딘지 모르게 낯선 감이 있다. 사실 천안 지역의 역사와 문화는 외형적으로 널리 알려져 있지만 천안이 하나의 학문 체계로서 내실화 내지 대중화되어 있지는 않다. 천안학과 같은 성격의 지역 연구는 이론적 · 학문적 필요성에 의해 발생되었다기보다는 지역화에 따른 실천적 · 정책적 관심에서 시작되었다. 그래서 그 개념이나 정의 및 이론적 틀이 명확하지 않다. 그럼에도 불구하고 천안학이라고 명명하는 이유는 천안 지역에 대한 종합적인 연구를 통해 천안의 특성과 정체성을 발굴하고 이를 토대로 천안 발전에 기여하고자 하는 지향성 때문이다

천안학의 정의와 학문성

천안학(Cheonanology, Cheonan Studies)을 어떻게 정의할 수 있을까. 이에 대한 해답은 결코 쉽지가 않다. 천안학보다 역사가 깊은 서울학에서도 정작 서울학이 무엇인가에 대해서는 논자에 따라 다양한 의견이 제시되고 있다. 따라서 천안학보다 역사가 길고 많은 학자들이 연구해 온 서울학, 부산학 등에서 논의된 지역학의 개념들을 살펴봄으로써 천안학의 개념을 어떻게 정의할 것인가에 대한 실마리를 찾아보고자 한다.

서울학연구소의 초대 소장을 맡은 안두순(1994)은 서울학을 "역사, 지리, 문화, 도시, 건축, 경제, 자연환경, 생활 등 여러 분야에서 서울의 생성, 성장, 발달 및 변천 과정을 체계적이고 종합적으로 연구하는 하나의 새로운 독자 학문"이라고 정의하였다. 서울 연구라는 의미는 서울이 안고 있는 문제 해결을 위한 연구라는 인상을 깊게 주는 반면에, 서울학은 문제 해결이 우선이 아니라 오늘날 우리를 있게 한 서울의 내면세계까지를 파헤쳐 보자는 의미를 반영하는 것이다. 이러한 뜻에서 서울학은 어느 특정 분야에 속하는 학문이라기보다는 서울의 뿌리를 찾고 서울의 역사적 · 문화적 진면목을 살리기 위한 복합적이고 종합적인 학술 활동의 총칭이다.

한편 고석규(1994)는 서울학이란 "서울이라 불리는 지표면상의 일정 공간을 토대로 역사적인 시간의 흐름 속에서 살아왔던 사람들이 이루어 놓은 모든 유 · 무형의 자취들, 즉 문화를 종합적으로 분석 · 고찰하여 서울을 보다 나은 삶의 공간으로 만들어 나가는 데 기여하는 학문"이라고 정의하였다. 이처럼 서울학은 서울이라는 지표면상의 일정 공간인 지역을 토대로 한다는 점에서 지역학의 범주에 속하며, 서울이 한국의 대표적인 도시 지역이므로 도시의 역사나 도시학과 상관성을 가지지 않을 수 없다. 서울학을 통해 서울이란 도시를 온전하게 이해하기 위해서는 서울학 자체가 모든 분과 학문을 담아내는 그릇이 되어야 하며, 서울학의 방법론적 정립을 서울이라는 지역을 시간 속에서 역사적으로 파악하는 새로운 논리와 자세가 필요하다.

서울을 연구 소재로 했다고 해서 그것이 모두 곧바로 서울학 연구가 되는 것은 아니다. 부분적으로 조합된 뼈대들만 기계처럼 움직일 뿐 구조로 연결되지 못했던 기존의 서울에 관한 연구들과는 달리, 서울학은 그 뼈대들을 잇고 거기에 살을 붙여 생명을 불어넣는 연구가 되어야 한다. 이를 위해서 각 분과 학문들은 아집을 버리고 총체적이고 학제적인 포괄성을 갖는 서울학의 틀 속에 유기적으로 결합될 필요성이 있다. 그리고 서울학이 추구하는 궁극적인 목표는 서울이 갖고 있는 도시 문제에 대한 근본적인 해결책을 제시하는 데 있기 때문에 대증요법이 아닌 근본적인 치료를 위해서 역사적인 이해와 비교도시사적인 방법을 매개로 독자적인 논리를 개발하는 작업이 필수적이다(전상운, 1994).

부산학에 대해서 김성국(1995)은 "부산학이란 부산의 역사적 형성 과정 및 현재적 과제를 분석하여 부산의 특성과 정체성을 발굴하며 나아가 미래의 부산 발전 방향을 제시함으로써 부산이 당면한 시대적 상황에 대처할 수 있는 이론적·실천적 논리를 제공하는 것"이라고 정의하였다. 결국 부산학은 부산의 역사적 형성 과정과 현재적 과제를 분석하여, 부산의 특성과 정체성을 발굴하고, 나아가 미래의 부산 발전 방향을 제시함으로써 부산이 당면한 시대적 상황에 대처할 수 있는 이론적·실천적 논리를 제공하는 데 궁극적인 목적이 있다.

이처럼 서울학이나 부산학이 그 해당 지역의 제반 문제를 다루는 학문이라면 천안학도 천안의 모든 것, 즉 천안의 역사, 문화, 예술, 정치, 경제, 사회, 도시 문제, 환경 등 제반 문제를 다루는 학문이다. 또한 서울학이나 부산학이 해당 지역의 정체성 확립과 미래 발전상을 추구하는 것을 목적으로 하듯이 천안학도 천안의 정체성과 발전상을 모색하는 데 그 목적이 있다.

서울학을 비롯해 제주학, 원주학 등에서 학자들 간에 논쟁이 되었듯이 천안의 경우도 천안 연구라고 해야 하는지, 아니면 천안학이라고 해야 하는지가 응당 논쟁의 중심이 될 수 있다. 그리고 이러한 논쟁은 비단 국내에서만 있었던 것은 아니다. 수십 년의 역사가 있는 돈황학에서도 이론 연구의 결핍으로 중국 안팎 학자들 사이에서 어떤 학자는 돈황학이라고 부르고, 어떤 학자는 돈황 연구 혹은 돈황 문헌 연구라고 불러야 한다고 주장하고 있다. 그러나 이미 많은 지역에서 이러한 논쟁을 거쳤음에도 불구하고 많은 학자들이 서울학, 제주학, 돈황학이라고 하듯이, 천안의 경우도 미래 지향적 측면과 내면적 고찰이라는 측면에서 천안학이라고 명명해도 될 것이다.

천안에 대한 연구를 천안 연구가 아닌 천안학으로 명명하는 이유는 무엇인가. 그것은 천안이 안고 있는 현상적인 문제 해결을 위한 연구라는 인상에서 탈피하고 부분이 아닌 전체를 담아낼 수 있는 장을 형성하기 위해서 학문이라는 형태를 취하려는 것이다. 천안의 현상적인 문제 해결만을 염두에 둔 것이 아니라 오늘날 천안을 있게 해 준 내면세계를 심층적으로 분석하고, 미래의 천안에 대한 담론의 장을 특정 학문 분과만이 아닌 전체의 장으로 형성하고자 하는 것이다. 결국 천안학은 천안의 역사와 문화를 중심으로 정치·경제·사회·지리 등 오늘의 천안과 관련된 제반 사항을 천안의 관점에서 분석하여 천안이라는 지역과 천안 사람들의 성향과 특질을 해명하고, 그 삶의 흔적과 자료들을 집대성해서 천안의 미래를 열어 가는 동력으로 삼으려는 데 있다.

이런 점에서 볼 때 천안학은 "천안이라는 행정적·지리적 단위 안에서 삶을 공유하고 있는 천안 사람들이 주체가 되어 천안과 관련된 역사·문화·정치·경제·사회 등 다양한 영역에 대한 종합적·체계적인 연구를 통해 천안의 특성과 정체성을 발굴하고 이를 토대로 천안의 현재와 미래 발전에 기여하고자 하는 학문적 지향 및 활동"으로 정의할 수 있을 것이다. 따라서 천안학은 과거의 천안을 재조망하고, 천안을 새롭게 평가하여 발전적이며 긍정적인 미래 지향적 기반을 만들어 가기 위한 정신적 기반 위에 성립되어야 한다. 그러므로 천안학은 지방학이 아니라 지역학이며, 종속학이 아니라 독립학이며, 분파학이 아니라 종합 학문적 관점에서 파악해야 할 것이다.

또한 천안학은 천안의 정체성과 주체성을 확립하기 위한 학문이다. 천안학은 천안의 사상적 전통과 문화적 특성을 탐구하여 새로운 시기에 적합한 지역 정체성 정립을 목표로 삼는다. 천안학은 과거와 현재에 이르는 동안 천안에 축적된 삶과 문화의 총체적 표현물을 대상으로 고유한 문화와 전통의 가치를 재확인하고 그것을 현대적 관점에서 재해석함으로써 천안 사람들에게 정체성을 인식시키고 지역의 가치관을 바로 세우며, 새로운 발전의 기틀을 만들고자 하는 미래 지향적 학문인 것이다.

천안학 강의

천안학의 발생은 지방자치제의 정착화, 세계화 및 지역화와 결코 무관하지 않으며, 천안의 도시 특성이나 성격도 천안학을 낳게 한 주요한 원인이다.

천안은 도시 규모가 매우 급격하게 성장 발전하였다. 또한 수도권 규제 정책의 직간접적 영향으로 많은 기업과 공장들이 천안에 들어서고, 대학들도 위치하게 되었다. 천안은 1995년 천안시와 천안군이 통합된 이후 2000년에 들어서면서부터 도시의 외형적 성장이 놀랄 만하게 커졌다. 그로 인해 많은 외지인들이 천안에 정착하여 원주민보다 훨씬 많은 인구 분포를 차지하고 있다.

특히 천안은 수도권 대학 설립 규제 정책으로 인해 무려 12개의 대학이 위치한 대학 도시로서 성장 발전했다. 이들 대학의 학생 수는 2013년 현재 약 7만 6,000여 명에 달하고 있다. 이 중 천안 지역 출신은 10% 남짓이고 90%가 외지 학생들로서 이들 대부분은 수도권 학생들이다. 이렇듯 수도권 학생들로 주로 구성되다 보니 대학 캠퍼스는 낮에는 학생들로 붐비고 밤에는 공동화되는 현상까지 낳게 되었다. 이 학생들에게 천안은 단지 스쳐 가는 도시일 뿐, 이들은 4년간의 대학생활 동안 천안을 제대로 알지도 못하고 그저 도시에 대한 불만, 대학에 대한 불만으로 지내기가 일쑤였다. 천안으로 이주해 온 주민들도 천안 시민으로서의 동질감과 유대감이 희박하기는 마찬가지였다.

이러한 지역의 현실 속에서 지역에 대한 정체성 정립, 지역 발전 위협 요소 해결을 위한 방안으로서 천안발전연구원 천안학연구소 소장인 심재권 교수가 대학의 교양과목으로 천안학 강의 도입의 필요성을 제기하였고, 이를 천안시가 적극적으로 수용하여 2009년 천안 소재 대학에 천안학 강좌가 전국 최초로 정규 과목으로 탄생하게 되었다. 이를 위해 2009년 2월 제1회 천안학 세미나가 개최되었고, 같은 해 3월에 나사렛대학교, 상명대학교, 호서대학교 3개 학교에서 천안학을 교양과목으로 개설하여 540명이 수강하였다. 2학기에는 단국대학교, 남서울대학교, 한국기술교육대학교가 추가되어 6개 학교 1,070명이 천안학을 수강하였다. 2010년에는 백석대학교와 선문대학교가 추가되어 총 8개 대학이 되었고, 매 학기 약 1,300명 정도가 수강하게 되었다. 그러나 선문대학교가 천안 캠퍼스를 아산으로 이전함에 따라 2011년부터는 1개교가 줄어든 7개 4년제 대학에서 천안학 과목을 개설 운영하고 있다. 이후 천안학은 각 대학의 교양과목으로 확실한 자리매김을 하였고, 강좌에 대한 학생들의 호응 덕택에 모든 대학에서 가장 인기 있는 교양과목 중 하나가 되었다. 2014년 현재 매 학기마다 1,500명, 연간 3,000명 정도의 학생이 천안학 과목을 수강하고 있으며, 2014년 천안학 수강생까지 포함하면 수강생은 약 1만 5,000명에 달하고 있다.

지역학 프로그램은 겉으로 드러난 커리큘럼상의 명칭뿐만 아니라 프로그램을 어떻게 운영할 것인가도 중요하다. 지역학 프로그램을 성공적으로 운영하는 서구의 다른 대학들의 경험을 종합해 보면, 지역 연구 과목을 수강하기에 앞서 방학 중 지역 연구와 관련된 다학문적 서적을 읽도록 하는 '사이버 독회(讀會)' 공간을 인터넷에 올리고 그 과정에서 사전 오리엔테이션을 하는 '리딩 컨퍼런스(Reading Conference)', 또한 지역 연구의 성공적인 수행을 위해 관련 지역의 언어 습득 기회를 제공하는 '랭귀지 프로그램(Language Program)'을 열어 지역 연구의 선수 과목 같은 형식으로 '예비 과정(Preliminary Program)'을 두고 있다(석철진, 2001).

천안학 강좌의 기본 원칙으로, 교과목 명칭은 대학의 자율에 따라 편성하되 천안이란 명칭이 포함된 '천안의 이해', '천안학 특강', '천안학' 등으로 하고 있다. 수업 차수는 15주를 기본 원칙으로 하고 각 대학에 공통으로 적용되는 11주의 공통 특강과, 각 대학의 특성에 맞게 자율적으로 선정하는 3주의 자율 특강, 그리고 지역의 현장을 직접 방문하고 그

〈지역학 기초 세미나 프로그램 수업계획서 일례〉

과목: 지역학 기초 세미나 프로그램(Basic Seminar Program for Area Study)	
선행과정 (Pre Cource)	리딩 컨퍼런스(Reading Conference)
	랭귀지 프로그램(Language Program)
제1단원(Unit 1)	**지역학 방법론과 분석틀(Methodology and Framework)**
1주차(Week 1)	연구 관점: 분석틀과 방법론적 총체성(Ways of Looking: Analytic Framework and Methodological Holism)
2주차(Week 2)	지역학의 다학문적 접근 방법(Multi-disciplinary Approach in Area Studies)
3주차(Week 3)	통계 분석과 비교적 관점(Statistic Analysis and Comparative View-Points)
4주차(Week 4)	방법론에 관한 워크숍(Library Workshop on Methodology)
5주차(Week 5)	연구 계획 발표 및 토론(Student Presentation for Research Design Critiques)
제2단원(Unit 2)	**역사사회학 및 문화인류학**
6주차(Week 6)	시민사회 재발견과 현대사회운동(Rediscovery of Civil Society and Modern Social Movement)
7주차(Week 7)	문화적 정체성 연구: 생태학과 인류학(Cultural Studies for Identity: Ecology and Ethnology)
8주차(Week 8)	문학과 예술사: 커뮤니케이션 라이프(Literature and Art History: Communication Life)
9주차(Week 9)	문화와 정체성에 관한 워크숍(Library Workshop on Culture and Identity)
10주차(Week 10)	연구 계획 발표 및 토론(Student Presentation for Research Design Critiques)
제3단원(Unit 3)	**정치경제 및 국제관계**
11주차(Week 11)	국부, 분배 그리고 성장(National Wealth, Distribution and Growth)
12주차(Week 12)	경제 개발과 국제무역(Economic Development and International Trade)
13주차(Week 13)	구조조정과 경계 없는 민족주의 (Structural Adjustment and Borderless Nationalism)
14주차(Week 14)	세계화와 지역화에 관한 워크숍(Library Workshop on Globalism and Regionalism)
15주차(Week 15)	연구 계획 발표 및 토론(Student Presentation for Research Design Critiques)
시험(Exam)	종합적 전망과 평가: 구술 및 필기시험(Comprehensive Outlook and Evaluation: Oral & Written)

출처: Morris(1977) 및 석철진(2001).

곳에서 지역의 특산품도 체험하는 현장 답사 1주로 구성되어 있다. 매 학기별 개설 대학에 공통으로 개설되는 11개의 공통 주제는 천안학연구소에서 기본 계획을 수립한 후 7개 대학의 주관 교수들과 협의하여 선정하고 있다.

〈2013년 천안학 강좌 수업계획서 일례〉

주차	주제	주요 내용	비고
1주	오리엔테이션	• 수업 진행 방식 평가 방법 등 과목 소개	자율
2주	지역학으로서의 천안학	• 지역학의 정의와 방법론 • 천안학의 의의 및 가치	공통
3주	천안의 과거와 현재 그리고 미래 전망	• 천안의 주요 역사적 사건 • 천안의 현재적 삶과 미래	공통
4주	유관순과 천안의 독립운동	• 천안 지역의 독립운동사 • 유관순의 삶과 꿈	공통
5주	오룡쟁주 천안의 풍수지리와 인물	• 천안의 지리적 특성 • 천안의 역사적 인물	자율
6주	현장 답사	• 천안 지역 현장 답사(유관순열사기념관 등) • 천안 지역 특산품 체험해 보기	공통
7주	천안 삼거리 민요(흥타령) 배우기	• 천안 삼거리 민요의 장르와 의미 • 천안 삼거리 민요 배우기	공통
8주	외국인으로서 천안에서의 나의 삶과 인생	• 국제화와 지역화 • 외국인으로서 천안에서의 삶	자율
9주	천안 지역 IT 산업과 천안 발전	• 국가 경제 속에서 IT 산업의 비중 • 천안 IT 산업의 비중과 위치, 전망	공통
10주	천안의 향토 식품 순대의 명품화 전략	• 지역 특산품의 지역경제 내 가치 • 천안 특산품의 명품화 전략	공통
11주	천안의 기업, 산업구조와 지역경제	• 국가 및 충남 속에서의 천안 경제 • 천안의 기업 현황과 지역경제 활동	공통
12주	천안 문화의 대중화와 지역 문화 콘텐츠	• 천안 문화의 대중화 • 문화 콘텐츠와 스토리텔링	공통
13주	천안의 전설과 설화	• 구비문학과 한국인의 삶 • 천안 지역에 얽힌 전설과 설화	공통
14주	천안 지역 연예인 특강	• 천안 출신의 연예인 특강	공통
15주	천안 ucc 동영상 만들기 및 평가	• 동영상 제작 및 기법 • 지역의 동영상 제작해 보기	자율
시험	평가		자율

천안학 강좌는 해당 분야 전문가들에 의해 매주 전문가 특강 형식으로 이루어지고 있으며, 강사는 교수, 지역 전문가, 기업 CEO, 역사학자, 지역 정치인 및 행정인, 지역 출신 유명 인사 등으로 구성되어 있다. 천안학에서 다루는 강좌의 내용은 다음과 같다.

〈천안학에서 다루는 강의 주제들〉

강의 주제	세부 강의 내용
• 지역학과 천안학	• 지역학의 정의 및 방법 • 천안학의 의의, 가치 및 기대 효과
• 천안의 역사와 유래	• 천안 명칭 유래, 천안의 지정학적 위치 • 천안의 역사적 사건
• 천안의 역사적 인물	• 천안 출생 인물들의 사상 및 업적(유관순, 홍대용, 김시민, 홍양호, 이범석, 이동녕, 박문수 등)
• 천안의 역사적 사건	• 천안의 만세운동(병천 아우내장터), 동학과 세성산전투, 태조 왕건과 태조산, 일제 경제 침탈과 직산 금광, 백체 초도와 직산 위례성
• 천안의 자연환경 및 특산품	• 광덕산, 태조산, 성거산 등 소개 및 생태계, 천안의 특산품 및 향토산품 상황 및 우수성, 호두, 배, 거봉포도 등의 품질과 우수성, 병천 순대
• 천안의 문화재	• 국보 및 보물, 천연기념물 유래 및 가치(봉선홍경사사적갈비 등), 불교 유적의 유래 및 소개(광덕사, 각원사, 성불사 등), 유교, 천주교 및 기독교 유적
• 천안의 전설과 설화	• 천안 삼거리에 얽힌 이야기, 방축골봉황제, 병천면의 봉항리 봉암 마을 산신제를 비롯한 각 고을에 얽힌 전설 및 설화
• 천안의 지역경제 상황과 교통	• 천안 시가지의 중심지 변화와 경제 중심의 변화, 천안의 경제 규모 등 천안 경제 상황, 천안의 산업구조 및 분포
• 천안의 교육	• 천안 교육의 역사(향교), 초중고 및 대학 관련 제도 소개, 천안 교육의 특성 및 향후 발전 방향, 천안 교육의 과거, 현재, 미래
• 천안의 지방자치 발전	• 천안의 지방자치 역사, 천안의 지방 정치 및 행정제도 소개, 주민참여 제도 등, 지역 언론
• 천안의 생활	• 천안의 지역축제, 천안의 음식, 천안의 세시풍속(민속) 등

천안학의 주제는 천안의 정치, 경제, 사회, 문화, 지리 등 다양한 분야에서 선정하여 진행하고 있다. 천안학은 지역의 모든 것을 담아내야 하는 관점에서 보면 특정 분야에만 한정할 수는 없다. 따라서 지금까지 천안에 대해 연구해 온 연구 성과를 바탕으로 주제를 선정하여 매 학기 공통 주제 11개 중에서 4개 또는 5개 강좌 정도는 매년 교체하여 새롭게 강의 내용을 구성해서 운영하고 있다. 2009년부터 지금까지 각 대학에서 선정하여 진행해 온 대표적인 천안학의 영역과 주제는 다음과 같다.

〈천안학의 주요 영역 및 주제〉

영역	주제	세부 내용
이론	지역학으로서의 천안학	• 지역학의 의의와 방법론 • 천안학의 의의와 목적
정치 사회	천안의 현재와 미래	• 천안 발전의 원동력과 미래 • 천안인의 삶의 질과 가치
인물	오룡쟁주 천안의 풍수와 인물	• 전통적 지리로 본 천안의 형국 • 수맥, 산맥, 터와 천안의 인물
	국민누나 유관순의 삶과 꿈	• 독립운동과 아우내 병천 • 젊은 시절 유관순의 삶과 꿈
	조선의 별이 된 홍대용	• 과학자로서 홍대용의 삶과 꿈 • 실학자로서 홍대용의 이상
역사	백제 초도 위례성과 온조왕	• 백제 초도와 직산 위례성 • 온조왕과 관련된 건국설화
	삼국시대의 천안	• 백제 위례성과 초도 • 삼국시대 천안의 비중
	왕건과 고려시대 천안	• 왕건과 삼국통일, 천안의 중요성 • 고려시대 천안의 역사적 사건
	절개지조와 천안의 독립운동	• 독립기념관 천안 위치의 배경 • 천안의 3·1만세운동과 독립운동
경제	천안 기업, 산업구조와 지역경제	• 국가 및 충남 속에서의 천안 경제 • 천안의 기업 현황과 지역경제 활동
	천안의 IT 산업과 천안 발전	• 국가 경제 속에서 IT 산업의 비중 • 천안 IT 산업의 비중과 위치, 전망

문학	구비문학 속의 어사 박문수	• 천안의 구비문학과 설화 • 어사 박문수의 구비문학
전설	천안 삼거리와 능소 이야기	• 천안 삼거리의 유래 • 능소와 능수버들 이야기
설화	천안의 전설과 설화	• 구비문학과 한국인의 삶 • 천안 지역에 얽힌 전설과 설화
	여류 문학가 운초 김부용의 문학세계	• 지역문학의 세계와 연구 현황 • 운초 김부용의 문학세계
교육	지역의 교육과 정체성	• 천안 교육의 과거, 현재, 미래 • 천안 교육의 근세 인물과 활약상
	천안의 서원과 향교	• 천안 과거 교육 기관 • 오늘의 천안 교육과 미래 전망
민요	천안 흥타령 노래	• 천안 삼거리 민요의 장르와 의미 • 천안 흥타령 노래 배우기
국제	동아시아 속의 천안	• 역사적 관점에서 동아시아 속 천안 • 현대적 관점에서 동아시아 속 천안
특산품	천안의 특산품과 병천 순대	• 지역 특산품의 지역경제의 부가가치 • 천안 특산품의 명품화 전략
문화 연예 축제	한국 문화의 세계화	• 천안 문화의 대중화 • 천안 출신의 연예인 특강
	지역 축제와 천안흥타령축제	• 국내외의 지역 축제 현황과 가치 • 천안흥타령축제의 세계화 전략
	지역 언론과 지역 발전	• 지역 언론과 풀뿌리 민주주의 • 시민의식 함양과 지역 발전
	다문화 시대의 천안	• 천안에서 외국인으로서의 삶 • 화합과 포용 그리고 발전

천안학이 추구하는 목표

일반적으로 지역의 연구가 정책적이고 실천적인 필요성에 의해 출발되었을지라도 하나의 학문으로 성립되기 위해서는 이론적이며 학술적인 지향성도 지녀야 한다. 따라서 천안학의 목적도 지역 연구에 내재된 실천적 지향과 학술적 지향이 모두 고려되어야 한다. 지역 연구의 목적이 지역에 대한 이해와 인식에 머물러서는 안 되고 더 나아가 삶의 질을 향상시키고 지역 발전에 기여할 수 있는 실천적 조건들을 도출할 수 있어야 한다. 이러한 목적은 기존의 서울학, 부산학, 인천학 등에서도 이미 천명된 바 있다.

인천학 연구의 의의는 첫째, 인천의 역사 · 문화 · 사회상을 인문학적 차원에서 체계적으로 연구하고 인천 사회의 현실적인 역동성을 규명하여 지역 정체성을 정립하고 지역 특성화에 기여하는 데 있다. 둘째, 지역 정체성의 규명 · 확립은 시민들의 향토와 삶터에 대한 관심과 정주의식을 드높일 수 있는 조건이며, 밖으로는 동아시아 및 세계와 문화를 교류할 수 있는 토대가 되어야 한다. 셋째, 인천학 연구의 성과는 그 자체로 인천의 문화 콘텐츠이며 향후 지역의 지식정보 산업과 문화 콘텐츠 산업을 개발하고 확장하는 기반이 되어야 하며, 이는 인천이 문화 도시로 발전하는 데 기초적 토대가 될 것이다. 넷째, 인천학 연구의 활성화는 인천 소재 대학의 교수를 비롯한 여러 분야의 연구자들이 지속적으로 지역에 대한 관심을 가지고 전문지식을 통해 지역에 봉사할 수 있는 계기가 되며, 전국의 연구자들도 인천의 역사 문화에 대해 연구를 유도할 수 있을 것이다. 다섯째, 인천학 연구는 기본적으로 인문학을 토대로 여러 학문 분야가 협동 · 공조하는 학제 간 연구(interdisciplinary-studies)를 추구하고 있으므로, 인천 사회를 총체적으로 투시할 수 있으며, 이는 분과 학문적 연구의 결함이나 문제점을 보완하는 데 기여할 것이다(김창수, 2006).

천안학도 인천학과 크게 다를 바는 없다. 다른 지역의 지역학과 비교해서 살펴보아도 천안학이 왜 추진되어야 하고 그 목적이 무엇인가를 분명히 알 수 있다. 결국 천안학뿐만 아니라 타 지역학을 종합적으로 살펴보면 크게 두 가지 측면으로 집약할 수 있다. 하나는 해당 지역의 정체성 확립이고, 다른 하나는 발전 지향성 추구이다. 지역학은 지역의 문화와 정체감에 대하여 학제적으로 연구함으로써 해당 지역의 발전에 기여하는 데 그 목적이 있다. 이러한 두 가지 목적은 천안학도 예외가 아니다.

첫째는 지역 정체성(community identity) 정립이다. 지역학은 지역의 정체성과 주체성을 확립하기 위한 학문이다. 지역학은 그 지역의 사상적 전통과 문화적 특성을 탐구하여 미래에 적합한 지역 정체성 확립을 목표로 삼는다. 지역 정체성의 형성은 다른 지역과의 구별이 그 출발점을 이루며 이것은 지리적 요소를 포함하여 언어와 종교를 포함한 문화·정치·경제 등의 여러 요소가 복합적으로 작용한다. 따라서 지역에 대한 체계적인 연구를 통해 지역 내부의 특성을 규명하는 작업은 지역 정체성의 실체를 파악하기 위한 전제조건이 되며 이 점이 지역에 대한 총체적인 이해를 목표로 하는 지역 연구의 첫 번째 목적이 된다(양기근, 2006).

> 서울에는 분명 서울다운 면이 있을 것인데 우리는 그것이 무엇인지를 아직 모른다. 사람들은 이것을 정체성이라고 하는데 서울은 바로 정체성이 없다는 말이다. 한반도 역사와 문화의 중심 도시로서 당연히 보존하고 있어야 할 역사적 문화적 유산이 너무나 많이 소실되었고 파괴되어 서울의 진가를 인정받지 못하고 있으며 우리 자신도 그것을 의식하지 못하고 지내 왔다(안두순, 1994).

천안학의 일차적 목표는 천안의 정체성 규명 및 확립에서 출발하여야 한다. 역사적으로 천안은 어떻게 형성되었고, 지리적으로 천안은 어떠한 지리적 조건을 갖추고 있는지, 천안 사람들의 정신적·문화적 특수성은 무엇인지를 규명해야 한다. 이러한 모든 것은 정체성(identity)으로 요약될 수 있다. 정체성은 철학적 개념이다. 홀(S. Hall, 1996)은 정체성 개념에 대한 철학적 논쟁은 고대 이래로 상당히 오랫동안 해결되지 않은 채 지속되어 왔는데, 이는 정체성 개념 자체가 워낙 막연하기 때문에 그렇다는 것이다.

지역의 정체성은 객관적으로 존재하는 것이 아니라 주관적으로 만들어지는 것이다(Baldwin, 2004). 또한 정체성은 역동적이며 변화하는 속성이 있어 항상 고정되어 있는 것이 아니다. 따라서 지역의 정체성은 사회적·공간적·역사문화적 현상으로 고정적인 동시에 가변적이며 파괴적인 동시에 생산적인 특성을 지니게 된다(Raagmaa, 2002). 지역의 정체성은 역사적으로 우발적인 과정과 지속적인 과정을 거쳐 형성되며, 이러한 과정은 다양한 방식으로 정치적·행정적·경제적·문화적 실체와 담론의 영향을 받는다. 따라서 지역의 정체성을 이해하려면 주민의 주관적 의식과 같은 주관성과 지역의 역사나 문화와 같은 객관성을 모두 고려해야 한다. 그러나 문화나 역사, 전통 등을 기초로 하는 지역의 특성은 외부적 변화에 민감하게 반응하는 경향이 있다. 외부적 변화 요인으로는 산업화, 교통 통신의 발달, 외부 문화의 유입 등이 해당한다. 이는 오늘날 산업화된 지역들에서 정체성 확립이 중요시되는 이유이기도 하다.

지역의 정체성 형성에 관여하는 요소들은 자연경관, 건축 환경, 지역 방언, 경제 환경, 문화, 주변과의 관계, 주민의식, 역사 등 매우 다양하다. 지역의 정체성은 지역을 사회적·경제적·정치적 공간으로서 인위적으로 조성하는 데 필요한 핵심적인 요소이다. 특정한 지역에 속한다는 느낌은 집단적인 결속력을 강화하는 지역 정체성에 동의하거나 저하시키는 기능을 하며, 경제적 이익을 추구하는 지역 정체성을 육성하는 기반이 된다. 그렇지만 이러한 정체성이 무엇으로 구성되며 집단적 행동이나 정치적 행위에 어떠한 영향을 주는가를 설명하는 것은 결코 쉬운 일이 아니다(임병조, 2010). 따라서 볼드윈(E. Baldwin, 2004)은 지역의 정체성은 일정한 형상과 위치로 고정되지 않는 하나의 과정이나 프로젝트(project)로 이해해야 한다고 하였다.

정체성의 규명 및 확립은 특정 분과의 학문만으로 해결될 수 있는 성질은 아니다. 천안의 정체성을 규명하기 위해서는 천안의 역사와 문화, 자연과 인문, 문학과 예술, 그리고 산업을 총체적으로 논의해야 하며 시간적으로도 과거와 현재, 그리고 미래를 동시에 고려해야 한다. 이러한 종합적 논의가 천안의 현재와 미래를 대비하는 정체성 규명을 가능하게 한다. 정체성 규명은 학제적 연구의 바탕하에서 검토되고 축적되어야 학문적 성과를 얻을 수 있다. 정체성은 자신의 지역을 둘러싸고 있는 사회적·문화적 환경에 질서를 부여함으로써 지역의 위치와 특성을 규정하는 과정이기도 하지만, 동시에 환경과의 관계 속에서 지역의 차별성을 어떻게 추구하고 나아가 지속 가능한 지역으로 존속할 수 있는지에 대한 방향성을 제시해 주는 역할을 하기도 한다.

다음으로는 지역의 발전성(community development)이다. 천안학은 천안의 미래를 대비하는 학문이 되어야 한다. 최근 세계화·지역화의 흐름에 따라 중앙정부의 지역에 대한 통제력은 점차 약화되고 지역 단위의 개체성과 차별성이 강조되고 있다. 따라서 지역은 정치·경제·사회·문화의 모든 측면에서 보다 주체적인 공간으로 더욱 자율적이고 적극적으로 변화되고 있다. 이러한 자율성을 토대로 각 지역은 '중앙' 중심의 정치경제적·사회문화적 질서에서 탈피하여 '지역' 중심으로 스스로가 지역 발전을 실현하기 위해 무엇을 어떻게 이룰 것인가를 생각하고 실천에 옮기는 창조적인 전략적 대응이 절실히 요구되고 있다.

천안학은 천안의 정체성 규명을 넘어서 천안의 미래를 대비하는 학문적·이론적 토대를 제공해 주어야 한다. 지역학이 지역 발전의 학문적 토대를 제공해야 한다는 실천적·실용적 측면을 강조한다는 면에서 볼 때에도 천안학 역시 이 역할이 강조되어야 한다. 천안이 직면하고 있는 문제는 인천, 전주, 부산, 대전 등이 안고 있는 문제와 일면 공통적인 측면도 있겠지만 분명히 다른 측면도 존재한다. 이처럼 개별 지역이 안고 있는 당면 문제는 보편성과 일반성이 존재하지만 동시에 고유성과 개별성도 존재한다. 천안이 안고 있는 개별성이나 고유성 문제를 천안학이 해결해 줄 수 있어야 한다.

3
천안학의 연구 대상과 접근 방법

    연구란 일상생활이나 학문 활동에서 느끼는 의문 사항이나 문제에 대한 해답을 얻는 과정과 절차를 의미한다. 연구는 특정 문제에 대해 의문을 제기하고 그 문제에 대해 잠정적인 해답을 제시한 후 해답의 진위를 검증하는 과정이다.

    연구를 위해 가장 먼저 이루어져야 할 것은 연구 문제의 선정이다. 연구자는 자신의 연구에서 다루고자 하는 연구 주제, 연구 목적, 연구의 실제적 및 이론적 중요성을 분명하게 부각시켜야 한다. 연구 문제의 선정은 연구 대상의 선정과 관련이 있으며, 연구 문제와 대상이 선정되면, 그 다음으로 연구 방법론이 설정되어야 한다. 그리고 연구 문제에 대한 해결책을 찾아내려 할 때 보다 가까이 접근할 수 있는 접근 방법도 함께 고려해야 한다.

연구 대상과 범위

유진보(劉進寶, 1990)는『돈황학통론(敦煌學通論)』에서 돈황학의 연구 대상과 범위 등이 무엇인지를 어느 정도 시사하고 있다. 돈황학이란 돈황 유서, 돈황 석굴예술, 돈황학 이론이 위주가 되고 돈황 역사지리까지 연구 대상으로 하는 부류의 학문이다. 돈황학이 미치는 범위는 너무나도 광범위하다. 종교, 민족문화, 정치, 예술, 역사, 지리, 언어, 문자, 문학, 철학, 과학기술, 경제, 건축, 민족관계, 교통 등 각 부문의 학문이 모두 돈황학의 연구 대상이다. 돈황학은 바로 돈황을 연구 대상으로 삼는 학문이다. 그런 점에서는 휘주학도 마찬가지다. 요방조(姚邦藻, 2000)는 휘주학(徽州學)이란 휘주 사람들이 만들어 낸 물질문화, 제도문화, 정신문화를 전방위적으로 연구하는 학문이며, 휘주 지역의 보편성과 특수성을 이론적 · 학문적으로 밝혀 휘주 지역을 종합적으로 이해하기 위한 것이라고 했다.

이렇게 볼 때 천안학도 같은 선상에서 이해해야 한다. 지역학은 종합 학문적인 성격을 띠고 있는 학문임에 틀림이 없다. 따라서 천안학도 종합 학문적 성격을 지녀야 한다. 천안학은 시대적인 현실적 요구와 축적된 연구 자료 분석을 통해서 천안학만의 성격과 골격을 정립할 필요가 있다. 일반적으로 천안학은 천안이란 지역을 대상으로 하며, 천안의 역사와 문화에 대한 이해를 바탕으로 해야 하며, 나아가 현재 천안이 직면해 있는 정치, 경제, 환경, 사회 등 제반 분야에 대한 분석을 통해 보다 나은 미래를 구축해야 한다.

돈황학의 연구 대상이 돈황인 것처럼, 천안학의 연구 대상은 천안이다. 서울학이 서울의 장소, 사람, 일, 문화를 만들어 내고 변화시키는 과정과 힘을 탐구하여 서울이 지닌 도시의 보편성과 특수성을 목적으로 하듯이 천안학도 천안의 장소, 사람, 일, 문화를 만들어 내고 변화시키는 과정과 힘을 탐구하여 천안이 지닌 도시의 보편성과 특수성을 찾아낼 수 있어야 한다.

기존의 개별 학문 분과에서 천안 지역에 대한 연구가 행해지고 있는 마당에 하나의 학문적 체계로서 천안학을 강조하는 이유는 공통적인 대상인 천안 지역을 놓고 연구하여 얻은 성과를 체계적으로 엮어 지역에 대한 총체적인 이해를 획득하고자 하는 데 있다. 그러나 천안학은 지역의 사회문화적 전체에 대한 이해를 획득하는 데에서 한걸음 더 나아가 기본적으로 실용적인 유용성을 지향하는 수단으로 이해되어야 한다. 현재 천안이 당면하고 있는 과제들을 해결하기 위한 대안과 방향을 제시하고, 실천적으로 그것을 수행할 수 있는 학문적·이론적 근거를 마련하는 작업이 천안학의 중요한 과제가 되어야 한다. 그러기 위해서는 시간적 차원과 공간적 차원, 영역적 차원에서 천안학의 연구 대상과 범위가 설정되어야 한다.

시간적 차원

시간적 차원은 횡단적 차원(cross-sectional dimension)과 종단적 차원(longitudinal dimension)으로 구분된다. 횡단적 차원이란 일정 시점에서 다수의 분석 단위를 설정하는 것이다. 횡단적 차원은 보통 탐색과 기술을 목표로 하는 연구에 활용이 된다. 반면 종단적 차원은 둘 이상의 시점에서 분석 단위를 설정하는 것이다.

천안학은 시간적 차원에서 천안이 어떻게 형성되어 왔고 발전되었으며, 어떻게 나아가야 할 것인지를 다루어야 한다. 천안학이 다루어야 할 시간적 영역은 천안의 과거, 현재 그리고 미래이다. 이러한 연구는 종단적 차원의 연구가 된다. 그리고 횡단적 차원에서 특정 시점의 천안의 각 부문들 간의 특성과 역할에 대한 비교론적 연구도 필요하다.

천안에 사람이 살기 시작한 것은 구석기시대부터이다. 그 후 마한의 중심지였고, 백제의 초도였다는 주장이 상당한 신빙성을 지니고 있다. 삼국시대에는 고구려, 백제, 신라가 천안을 확보하기 위해 쟁탈전을 벌일 정도로 전략적으로 중요한 위치였다. 고려 왕건이 천안에서 삼국통일의 의지를 가다듬고 천하 안정을 도모하기 위해서 천안이란 명칭을 사용한 역사적 지역이다. 조선시대 천안은 삼남의 요충지 역할을 하였고, 일제강점기에는 독립운동의 본산지가 되기도 하였다. 그런데 많은 사람, 심지어 천안 사람들조차도 천안에 대해 단편적인 사실만을 기억하고 있을 뿐이다. 그것은 천안을 체계적이고 종합적으로 연구하지 못했기 때문이다. 그렇다고 해서 천안에 대한 연구가 전무했다는 것은 아니다.

향토사학자들의 개인적 노력에 의해서 천안의 역사와 문화에 대한 연구는 계속되었으며, 천안에 대한 지식과 문헌도 상당수 축적되었다. 그럼에도 불구하고 천안학이 관심을 불러일으킨 것은 천안에 대한 본격적인 연구와 체계적인 인식이 필요하다는 수요를 반영한 결과라고 보인다.

천안의 지나온 시간들은 천안의 정체성을 형성하는 데 매우 중요하다. 그중에서도 우리가 더욱 집중적으로 연구해야 할 것들이 있다. 우선 선사시대이다. 천안에서는 구석기시대부터 청동기시대에 걸쳐 많은 유적들이 발견되고 있다. 목지국과 관련된 내용도 조망해야 하며, 직산 위례성의 백제 온조 초도설에 대해서는 심도 있는 연구가 뒤따라야 할 것이다. 왕건이 삼국통일 의지를 담고 천안도독부를 설치한 고려 초기와 현종의 봉선사 홍경사 건립 및 그 배경 등도 주의 깊게 살펴보아야 할 점이다. 조선시대 임진왜란과 병자호란 당시 나라를 구하기 위한 인물들의 활동과 일제시대의 3·1운동 등 저항정신은 천안의 정체성 확립 차원에서 중요하다. 그 밖에도 오늘날 교통의 중심지, 첨단산업의 중심지 등은 물론 미래의 천안의 산업 등도 연구 대상으로 삼아야 할 것이다.

공간적 차원

천안학은 천안이라는 도시 공간적 차원의 연구이다. 천안이라는 도시 공간이 어떻게 형성되었으며, 어떻게 변화·발전되어 갈 것인가 하는 문제이다. 공간적 차원에서의 천안학 연구는 현재의 천안시라는 하나의 도시에 대한 연구이다. 도시는 자본주의적 생산의 단위이자 소비의 단위이다. 뿐만 아니라 다양한 실천과 기능으로 구성되어 있다. 따라서 도시를 연구한다는 것은 자본, 생산, 분배, 정치, 문화와 이데올로기 등을 연구하는 것이다. 현재 행정구역상 천안은 조선시대에는 직산현, 천안군, 목천현으로 구성되어 있다. 따라서 오늘의 공간적 차원만 연구하는 것이 아니라 과거의 공간적 차원 심지어는 미래에 변하게 될 공간적 차원도 모두 연구 범위가 되어야 한다.

천안학 연구에서 연구 대상 설정은 공간의 경우 지역 단위의 인식으로 정의해야 하며, 시간의 경우 역사에 대한 인식으로 정의해야 한다. 그런 점에서 시간적 차원보다는 공간적 차원의 설정이 선행되어야 할 것이다.

영역적 차원

공간적 차원과 시간적 범위가 설정되고 나면 그 안에 들어 있는 여러 사건들 혹은 현상들은 적어도 시간적 흐름에 따른 특정 공간에서 일어나게 된다. 그 지역의 정치, 경제, 문화, 건축, 예술 등의 영역은 공간 범위와 시간 범위 안에서 존재하게 되며, 영역적 차원의 연구가 가능해진다. 영역적 차원은 입체적 관점에서 보아야 지역을 총체적·종합적으로 이해할 수 있다. 지역학인 천안학의 학제적 연구 필요성이 대두되는 이유이기도 하다.

천안학은 공통적 연구 대상인 천안을 놓고, 기능적으로 나뉜 여러 분야를 학문적 입장에서 연구하여 얻은 성과들을 체계적으로 엮어 내야 한다. 따라서 기존의 천안 연구는 천안학의 기초 자료로서 매우 중요한 자료가 된다. 왜냐하면 천안학은 기존의 학문 분야에서 천안을 대상으로 한 연구들을 천안학이라는 공통의 장으로 묶어 그 내용을 보다 풍부하게 풀어 보자는 데 일단의 목표가 있기 때문이다.

천안에 대한 지식과 앎이 체계적이고 종합적으로 깊이를 더할수록 당면 과제에 대한 해결 대안은 그만큼 쉽게 찾을 수 있을 것이다. 어느 도시나 마찬가지겠지만 천안도 지역경제, 교육, 문화, 환경, 치안, 도시의 제반 문제 등 해결해야 할 문제들이 산적해 있다. 이러한 문제들은 타 지역에 대한 단순한 벤치마킹 등으로만 해결할 수는 없으며, 문제 해결에 앞서 천안에 대한 정확한 지식이 있어야 한다. 그러한 바탕 위에서 치밀한 계획을 세우고 차근차근 문제를 해결해야 한다.

따라서 천안학은 천안의 역사와 문화를 주축으로 자연과 지리, 정치와 사회, 산업과 경제, 교육과 예술, 종교와 신앙은 물론 지역 도시 기반과 미래의 발전 방향까지를 종합적으로 연구해야 한다. 이러한 영역별·주제별 연구 범위로는 자연 지리적 영역, 인문 영역, 사회 정치행정 영역, 산업 및 경제 영역, 교육 예술 및 축제 영역, 종교 및 신앙 민속 영역, 도시계획 영역, 국제 교류 및 세계화 영역 등이 모두 포함된다.

〈천안학의 영역적 차원〉

연구 분야	세부 연구 분야	주요 주제
지역사 (향토사)	역사 일반 정치 · 제도사 사회 · 경제사 사상 · 종교사 문화사 · 미술사 · 고고학 역사지리 교육사	향토사와 향토문화 · 지역사 연구 정치 · 제도 · 군사 · 법률 사회 변혁 운동 · 신분 · 가족관계 · 경제 · 산업 · 토지 등 사상 · 종교 · 학문 · 사학사 문화재 · 문화예술사 · 과학사 · 서지 발굴 · 지표 조사 서원 · 서당 교육 등
지리 · 환경	지리 일반 공간 성장 공간 구조 · 기능 생태 · 환경 문제	도시화 · 광역화 도시구조 · 지역 분화 · 지역 격차 · 공간 입지 자연 · 생태환경과 자원 에너지 환경 오염 · 환경 보전
지역 경제	산업 · 지역경제 일반 농 · 임 · 어업 광업 · 제조업 · 서비스 산업 관광 산업 기업 경영 소비자 고용 · 노동 · 인력	지역경제 구조 분석 농림어업 개발 · 농림어업 정책 건설업 · 상업 · 음식 · 숙박업 · 금융보험 · 기타 서비스업 관광 산업 · 관광 개발 · 호텔 경영 중소기업 · 마케팅 고용구조 · 직업구조 · 노동 · 노사관계 · 직업훈련
지역 사회	인구 · 가족 사회구조 사회집단 생활양식 사회의식 사회운동 사회복지 지역언론	인구성장 · 인구구조 · 인구이동 · 가구구성 사회구성 · 사회변동 지역사회 저소득층 · 노인 · 아동 · 청소년 · 여성, 다문화 등 생활행태 · 여가실태 가치관 · 지역의식 · 정체성 등 시민운동 · 환경운동 의료 · 보건 · 범죄 · 복지 지역신문 · TV, 인터넷, SNS 등
지역 정치 행정	지방정치 지방행정 지방재정 주민자치	지방의회 · 선거투표 · 정치행태 지방정부 · 지방행정과정 재정 · 예산 · 공기업 등 주민참여
지역 개발	지역계획 토지이용 주택 · 주거 · 건축 · 조경 교통 · 통신 · 정보화	개발방향 · 개발전략 · 도시계획 · 지역개발 등 토지이용 · 토지규제 · 단지개발 주택문제 · 주거환경 · 부동산 · 건축 · 토목 · 도시설 계 · 조경 · 환경설계 · 공원녹지 등 도로 · 항만 · 교통망 · 정보화 등

지역 문화	문화 · 예술	문화 예술 현황 · 문화정책 · 음악 · 무용 · 연극 등
	종교 · 사상	기독교 · 불교 · 천주교 · 유학사상 등
	언어 · 문학	고전문학 · 현대문학 · 방언연구 등
	스포츠	지역 스포츠
지역 민속 설화 전설	민속 일반	민속 일반 · 민속 조사
	민속 사회	가족 · 촌락 · 생업활동 · 의식주 · 세시풍속
	민속 신앙	신앙 · 의례 · 무속
	민속 문학 전설 설화	민요 · 무가 및 무경 · 판소리 · 속담 · 방언 · 설화
	민속 예능	민속극 · 민속무용 · 민속악 · 민속놀이 · 민화 · 민속공예
지역 교육	교육 일반	교육 현황 · 교육 제도
	교육 행 · 재정	인사 제도 · 교육 재정
	교육 · 학습 과정	교육 과정 · 교육 평가
	유 · 초등 교육	유초등학교 과정 · 학교 통폐합
	중등 교육	중등 교육 과정
	대학 교육	대학 교육, 대학 이념, 지역 봉사, 연구 등
	교직원	교직관 · 직무 만족도 등

출처: 양기근(2006) 수정 보완.

연구의 관점과 방법

지역학에 과연 방법론이 존재하는가. 있다면 어떤 의미에서 방법론이 있다고 말할 수 있는가. 사실, 한 학문 분과로서 지역학에 가해지는 가장 일반적인 비판 가운데 하나가 특별한 방법론이 없다는 것이다. 하나의 학문 분과로서 지역학은 자연과학은 물론 사회과학에서 찾아볼 수 있는 합의된 정형화된 기법과 절차가 아직까지 정립되어 있지 않다. 이러한 비판이 기본적으로 틀리다고 단정 지을 수는 없으나 정형화된 기법과 절차가 없다고 해서 지역학이 다루는 주제에 대한 방법론이 전혀 없는 것은 아니다. 지역학은 범학문 분야(interdisciplinary field)로서 경제학, 사회학,

지리학, 심지어 물리학 등처럼 광범위한 학문 분야에서 이론과 방법론을 차용할 수 있기 때문이다(Isard, 1969).

지역학 연구 방법론의 초점은 연구자가 선택한 특수 주제에 대한 연구에 접근하기 이전에 그것을 받쳐 주고 있는 '모르는 맥락'에 대한 연구가 첫째일 것이며, 그 다음에 그 '모르는 맥락' 안에서 발생하는 당초의 연구 주제에 대한 연구 작업이 뒤따라야 한다. 그리고 첫 번째 요소에 의해 둘째 요소에 대한 질문을 제기하는 방식, 문제의식을 설정하는 형태가 결정되어야 하며, 둘째 요소에 대한 해석 또한 첫 번째 요소에 지속적으로 의존할 수밖에 없다(송도영, 2001).

지역학의 연구 방법은 지역학이 본질적으로 지역의 문제를 해결하기 위한 이론적 · 학문적 논리를 제공하는 학문이라는 점에서 출발해야 한다. 단순히 지역의 사실적 원인을 규명하고 현상의 의미를 해석하는 것에 한정되지 않고 현실적으로 지역이 당면한 과제들을 해결할 수 있어야 한다. 따라서 지역학은 학제적인 비교 방법을 강조하고 있고, 또한 연구 대상은 특정한 지역의 정치, 경제, 사회, 문화 등의 체계와 내용을 포함하므로 특정한 연구 방법론을 적용하는 데에는 한계가 있다(이규태, 2007). 그런 점에서 지역학은 기존의 타 학문 분과에서 활용되고 있는 많은 기법과 방법론을 원용해야 한다. 이런 점은 천안학도 마찬가지이다.

학제적 관점

지역은 자연적 구성 요소와 인문사회적 구성 요소의 복합체이기 때문에 단일의 학문적 접근 방법으로 지역을 총체적으로 이해하기는 어려우며, 지역이 당면한 현안을 파악하고 해결하기도 어렵다. 따라서 지역학은 여러 학문 중에서 하나의 기본적인 학문이 그 바탕을 이루고, 그것에 추가적으로 다른 연관된 학문 영역을 접목해 나아가야 한다. 지역에 대한 종합적이고 총체적인 이해를 추구하기 위해서는 독립된 분과 학문만으로는 불가능하기 때문에 각 학문 분과 간의 상호 교류는 필수적이다. 그런 점에서 지역학의 출발점은 역사학이나 문화인류학, 지리학 등일 수도 있고 정치학, 행정학, 문학 등일 수도 있다. 그러나 이처럼 출발점이 각각 상이할지라도 연구 과정에서의 학문적 배타성을 고집해서는 안 되고, 상호 융합적, 통합적, 범학문적 시각을 취해야 한다.

지역학은 학제 간(inter-disciplinary) 연구를 장려함으로써 분과 학문 간의 높은 장벽을 제거하는 데 긍정적 기여를 했다는 평가를 받기도 하지만, 다른 한편에는 학제 간 연구의 강조로 궁극적으로 각 개별 학문의 정통성과 유의미성을 인정하는 결과를 초래해 궁극적으로 기존 학문 분과들의 제도적 구분을 오히려 강화시켰다는 부정적 시각도 있다(Wallerstein, 1991). 이러한 부정적 시각에도 불구하고 학제 간 연구를 지향하지 않고서는 지역에 대한 총체적 이해는 불가능하다.

학제 간 다학문적 연구를 활성화시키기 위해서는 좀 더 과감한 시도가 필요하다. 학자 간 보완적인 성격을 강조하면서 인문사회과학과 자연과학의 통합적 연구를 하거나 또는 정치경제학자, 환경사회학자, 자연생태학자, 문화인류학자, 건축학자, 예술사학자 들이 연합해 특정 지역에 대한 종합적인 연구를 수행하는 것도 지역 콘텐츠를 충실하게 만드는 작업이 될 것이다. 한편 개별 분과 학문 전공자에게 타 학문을 복합적으로 습득할 기회를 제공하는 지역학 교원 재교육 프로그램도 운영해 볼 만하다. 이러한 종합적 프로그램 풀(pool)은 경제학, 정치학, 역사학, 지리학, 인류학, 건축학, 미학, 생태학 등과 같은 분과 학문을 학제적으로 결합하는 용광로가 되도록 해야 한다(석철진, 2001).

천안학은 종합과학으로서 하나의 분과 학문이 아닌 융합 학문의 성격을 띤다. 더구나 특정 지역의 총체성을 알기 위해서는 학제적 연구가 절실히 필요하다. 이런 점에서 볼 때, 천안학도 학제적인 범학문적 연구 성격을 지녀야 한다. 특정의 분과 학문만으로 천안 지역의 총체성을 파악한다는 것은 사실상 불가능하기 때문이다.

천안학의 연구 영역은 사실상 거의 모든 분과 학문의 영역에 걸쳐 있다. 따라서 하나의 학문적 지향으로서 천안학과 같은 지역학이 정치학, 경제학, 인류학, 사회학, 문학, 언어학, 역사학, 지리학 등의 분과 학문처럼 독자적인 이론과 방법론을 갖는 독자적인 학문으로 성립하기란 현실적으로 불가능하다(김병철, 2000). 그러므로 천안학이 필요로 하는 총체성을 담보하기 위해서는 학제적 연구가 반드시 필요하다. 역사학, 언어학, 지리학, 행정학, 경제학, 정치학 등의 특정 분과 학문만으로 천안을 연구하고 결론을 내린다면 천안학에서 얻고자 하는 총체성에는 도달할 수 없다. 지역학이 특정 대상 지역에 대한 지식의 체계적인 축적을 위해서 학제적 연구를 중요시하는 것처럼 천안학도 마찬가지이다.

한국의 사회과학 분과학문 구조는 '칸막이 구조'이다. 이 '칸막이 구조'는 오랜 시간을 두고 제도화되고 결국 구조화되었기 때문에 허물기가 쉽지 않다. 특히 학문과 대학이 본래적으로 보수적 특징을 강하게 지니기에 그런 변화에 둔감하거나 아예 변화를 거부한다. 그러나 이 '칸막이 구조'는 지식을 파편화시키고 세계를 파편화시키며, 사람들을 파편화시키기 때문에 타개되어야 마땅하다. 이러한 칸막이 구조가 우리와 함께 있는 한, 우리의 지식은 '쪼가리' 지식일 수밖에 없고, 아무리 많은 쪼가리 지식을 모아 봤자 세계에 대한 총체적 지식이 되지는 않는다(이수훈, 1998).

기존의 분과 학문들이 서로 유기적으로 연결되고 상호 교통할 수 있는 지역학이라는 장이 마련되었다. 이러한 점은 기존의 분과 학문에서는 찾아볼 수 없었던 지역학만의 장점이다. 오늘날 분과 학문의 경계는 점차 허물어지고 있는 추세이며, 분과 학문에서도 학제 간 연구의 필요성이 특히 강조되고 있는 점에서 볼 때, 지역학은 새로운 학문적 경향을 반영하고 있다고 할 수 있다.

비교론적 관점

지역학의 일차적 목표는 대상 지역의 개성과 특성을 깊이 있게 성찰하여 그 지역의 총체성을 파악하는 데 있다. 따라서 비교론적 관점 없이 대상 지역을 조사하고 분석한다는 것은 불가능하다(조원준, 2006). 비교론적 관점(Comparative Approach)은 기존의 거의 모든 분과 학문에서 중요한 접근 방법의 하나로 다루어지고 있는 방법론이다.

비교 연구의 가장 중요한 목표 중 하나는 일반성과 보편성을 추출해 내는 작업이다. 비교론적 접근 방법은 개별 현상에 의해 나타난 자료를 수집하고 분석 비교함으로써 적극적인 의미를 부여하고 해석해서 일반성과 보편성 및 특수성을 밝히려는 데 있다. 따라서 특정 지역의 고유한 사실 발견을 통해 다양한 시간과 공간적 차원에서 나타나는 지역 현상의 유사점과 차이점을 기술하고 설명해 줄 수 있는 장점을 지닌 비교연구는 지역의 연구를 위한 이론적 구성에 많은 기여를 할 것이다.

지역학에서 비교론적 연구 방법은 각 분과 학문의 영역을 자유롭게 넘나들 수 있는 유연한 문제의식과 객관적인 시각으로 바라보고자 하는 연구 관점을 필요로 한다. 어느 한 지역을 다른 지역과 비교 분석하려면 양지역 간의 공통점과 차이점을 부각시켜야 한다(김진기, 2004). 그러나 비교연구는 비교의 대상이나 범위, 방법, 기술 등과 관련하여 해결해야 할 쟁점들도 많다. 그중에서도 가장 문제가 되는 것은 비교표준의 객관성 문제이다. 지역들은 역사적 전통과 문화 배경, 사회적 특성을 지니면서 발전해 왔기 때문에 객관적이고 보편적인 비교표준을 제시하기란 결코 쉬운 일이 아니다. 지역학 연구에서 연구자의 주관성, 비교기준의 객관성, 연구 결과의 보편성 등은 비교연구가 해결해야 할 과제인 것이다.

"사과를 오렌지와 비교한다"는 익숙한 경구는 우리에게 적절한 비교의 위험성을 상기시켜 준다. 적절한 비교는 비교 가능한 항목들을 포함해야 한다. 사과는 사과와 비교하고, 오렌지는 오렌지와 비교해야 한다. 비교 가능한 통계들은 같은 방법으로 같은 대상을 셈한다. 비교하기에 부적절한 통계간의 비교는 혼동과 왜곡을 낳게 할 뿐이다. 따라서 어떤 통계학적 비교를 인정하기 전에 그 대상들이 비교 가능한지를 질문하는 것이다. 불행히도 비교 가능한 대상들을 발견한다는 것은 여간 까다로운 일이 아니다. 얼핏 보기에 적절해 보이는 비교도 알고 보면 심각한 결함을 갖고 있기 때문이다. 비교 가능한 것처럼 보이는 많은 대상들은 사실상 비교 불가능한 것들이 매우 많다. 얼핏 보기에는 모두 사과로 보여도 알고 보면 여러 가지 과일이 섞여 있는 경우가 많다(노혜숙 옮김, 2003).

천안학은 적어도 초기 단계에는 가능한 관념적 차원에서 구축되기보다는 경험적 · 실증적 차원에서 정립될 필요가 있다. 그런 점에서 비교적 접근 방법은 유용한 방법이 될 수 있다. 왜냐하면 지역의 보편성과 특수성을 찾아내는 데 비교론적 접근 방법이 도움이 되기 때문이다. 또한 많은 사람들이 신뢰 속에서 공유할 수 있는 구체적인 천안의 자료들이 축적되어야만 천안의 실질적인 모습이나 내용을 연구할 수 있을 것이다. 비교론적 방법론을 활용할 때 비교의 척도 내지 지표를 구성하는 자료의 확보도 중요하다. 물론 자료 수집은 양적 자료 및 질적 자료를 모두 포함해야 하며 최근 주목받고 있는 구술 자료, 영상 자료 등의 수집에도 관심을 기울여야 한다.

역사적 관점

지역학에서 또 하나 중요한 것은 시간의 개념이다. 특정 지역에 대한 연구에는 어느 지역이든지 그 지역의 전통과 역사가 있기 마련이다. 지역을 연구할 때 통시적인 역사적 관점을 갖고 접근하는 것은 매우 중요하다. 따라서 천안학 연구 방법론의 또 다른 축은 역사적 접근 방법이다.

천안학이 현재의 문제 해결에 기여하는 실천적 목적을 가지고 있다는 점에서 현재적 관점에서의 역사적 접근이 적합할 것으로 보인다. 지역의 현재를 과거의 역사 축적에 의한 것으로 간주할 때, 현재를 올바르게 이해하기 위해서는 지금이 있게 된 경로를 거슬러 올라가는 발생론적인 이해가 필요하다. 이 점에서 천안학의 역사적 접근은 과거로의 회고적인 회귀보다 역으로 역사적인 것이 현재로 거슬러 내려오면서 오늘의 공간을 만들어 내고 특징짓는 흐름에 대한 이해가 필요할 것이다.

이제까지 지역을 이해하는 데 있어 역사가는 시간을, 사회과학자나 자연과학자들은 공간을 각자 주목해 왔을 뿐 대부분의 학문 연구에서 시간과 공간을 하나로 엮어 내고자 하는 노력은 미흡했다. 시간과 공간의 결합은 종전에 볼 수 없었던 새로운 차원의 학문적 장을 열어 주고 있다. 바로 이 점에서 천안학의 방법론적 정립을 위해서는 천안이라는 공간을 시간 속에서 역사적으로 파악하는 새로운 논리와 자세가 필요하다(김병철, 2000). 이러한 역사적 접근 방식에서 과거의 역사를 있는 그 자체로 파악하려는 관점도 필요하다.

모든 학문의 기초적 토대를 구성하는 통시적인 역사적 특성과 공시적인 구조적 특성을 규명하는 연구 방법이 우선적으로 전제되어야 할 것이다. 물론 역사주의와 구조주의는 방법론적으로 때로 갈등과 모순을 초래할 수도 있지만, 이와 같은 방법론상의 난관을 어떻게 재해석하고, 재구성하는가에 따라서 새로운 의미 창조가 가능해질 수 있기 때문이다.

문헌 조사

지역학에서 문헌 조사(documentary survey)가 필요한 이유는 연구자가 연구 문제와 관련된 영역에서 현재까지 수행되어 온 연구 상태를 파악하며 이를 자신의 연구 문제 해결을 위한 종합적인 준거 기준의 틀로 활용할 수 있기 때문이다. 문헌 조사는 문헌적 원천에서 얻은 자료를 기록하고 분석하는 연구 방법을 말한다. 여기서 말하는 문헌적 원천은 ① 원자료로서 공·사 기관의 기록물이나 일기·편지·자서전 따위의 개인 문서, ② 현지 조사로 만들어진 공·사 기관의 통계 자료나 연구자의 조사 보고서, ③ 인용 자료로서 원자료나 조사 자료 중에서 부분적으로 인용 전재(引用轉載)한 자료 등을 모두 포함한다.

문헌적 원천의 구체적 종류로는 서적, 잡지, 신문, 사진, 그림, 비디오테이프, 팸플릿, 기관지, 지도 등이 모두 포함되며, 자료의 수집원은 도서관, 관공서, 각종 기관, 단체, 개인, 문중 등이 모두 해당된다. 특히 문헌적

『국화와 칼』

원천에서는 과거 사료가 매우 중요하다. 천안과 관련된 과거사, 읍지, 실록, 고문서, 문집 등이 매우 많다. 문헌 조사는 사회과학보다 역사학이나 문화인류학, 고고학 등에서 연구 방법으로 많이 이용되고 있다. 역사적인 기록물 또는 고고학적인 가치가 있는 유물이나 유품 등을 연구자가 그 내용이나 형식을 분석하여 시대적인 특성이나 경향을 연구하는 방법론으로 발달된 것이 문헌 조사이다.

문헌 조사에 의해서 이루어진 연구로 지역학 연구의 기념비적 작품은 루스 베네딕트 여사의 『국화와 칼』이다. 이 저서는 문화인류학적 방법을 통해 일본 문화의 원형을 탐구한 작품이다.

미국과의 전쟁 이전에도 일본에 단 한 번도 가본 적이 없었던 그녀가 일본에 대한 연구를 의뢰받은 시점은 더더욱 양국이 교전 중이라 지역학의 가장 중요한 방법론인 현지 조사를 단념해야 했다. 일본으로 건너가 일본 가정에서 생활하면서 일상생활의 여러 활동을 관찰하고 무엇이 중요하고 무엇이 중요하지 않은지를 확인할 수 없었다. 일본인이 하나의 결정을 내리기까지 거치는 복잡한 과정도 일본의 어린이가 교육을 받는 과정도 지켜볼 수가 없었다. 그래서 미국에 살고 있는 일본인들을 관찰하고, 도서관을 이용하여 과거의 사건이나 통계를 분석하고, 문자 또는 음성으로 표현된 일본 자료를 탐독하고, 홍보 영화나 역사 영화, 도쿄나 농촌의 현대 생활을 그린 영화 등을 관람하여 일본을 연구하였다. 그녀는 일본에 관한 기존 연구 자료와 2차 문헌 등을 폭넓게 독파하고, 소설과 같은 문학적 자료들과 전시 선전용 영화까지 섭렵해 인류학적 데이터를 추출해 일본을 가장 객관적으로 파헤쳤다. 그리고 일본 문화의 특성을 '국화'와 '칼'이라는 두 가지 극단적인 상징으로 표현하였다. 일본인이 아름다움을 사랑하고 예술가를 존경하며 국화 가꾸기에 신비한 능력을 지닌 동시에, 칼을 숭배하고 무사에게 최고의 영예를 돌리는 민족이라는 것이다. 그녀는 일본인의 외면적인 행동의 묘사와 그 배후에 있는 기본적인 사고방식을 예리하고 통찰력 있게 분석하였다(김윤식 외 옮김, 2008).

문헌 조사는 다른 연구 방법에 비해 상대적으로 연구자의 개입에 대한 정보 제공자의 반작용이 없으므로 그로 인한 왜곡이나 편차를 없앨 수 있고, 자료를 획득하기 쉬우며, 비용이 덜 든다는 점과 문헌을 통해 장기간의 종단 연구가 가능하다는 장점이 있다. 문헌 조사의 유용성으로 랭과 헤이스(G. Lang & D. D. Heiss, 1984)는 첫째, 연구 문제를 구체적으로 한정할 수 있다. 둘째, 연구 문제 해결을 위한 새로운 접근 방법을 알 수 있다. 셋째, 조사 설계에서의 잘못된 오류를 피할 수 있다. 넷째, 연구 수행에 관한 새로운 아이디어나 기법을 찾을 수 있다. 그리고 마지막으로 새로운 자료원에 접근할 수 있다는 점을 제시하였다.

현지 조사

현지 조사(field research)는 한 지역을 총체적으로 규명해야 하는 지역학 연구에서 매우 중요한 방법론이다. 직접 현장에 나가서 하는 조사이므로 실지(實地) 조사라고도 하는데, 사회 현상이 일어나고 있는 모습을 현실성 있게 이해할 수 있다는 장점이 있다. 따라서 현지 조사는 인문학이 연구하는 데스크워크(desk work)와 달리 어떤 종류의 분야나 방법이든지 간에 대상 지역에 연구자가 체류하거나 또는 여행을 하거나 그곳에서 관련 자료를 수집 · 관찰하여 조사 연구하는 모든 것을 의미한다.

현지 조사에서 가장 먼저 결정해야 할 것은 공간에 대한 결정인데 공간 개념은 개인에 따라 혹은 사회에 따라 모두 다르게 설정될 수 있다. 조사할 특정 공간의 범위가 설정되면, 그 다음에는 그 설정된 공간에 참여해서 관찰을 해야 한다. 특히 연구자가 직접 현지에서 장기간 생활하면서 관찰이나 심층 면담 등으로 스스로의 체험을 통해 자료를 얻는 '참여 관찰(participant observation)'의 연구 방법을 사용하기 때문에, 연구 대상에 대한 깊이 있는 이해가 가능하다.

이러한 현지 조사 방법으로는 ① 조사 지역에 가서 관찰을 통하여 자료를 얻는 방법인 관찰법, ② 대상을 수량적으로 파악하는 방법인 실측법, ③ 직접 연구 대상과 접촉하는 방법인 면접법, ④ 설문지법 등이 있다.

현지 조사에 의해 지역을 연구한 대표적인 작품은 헬레나 노르베리 호지(Helena Norberg-Hodge) 여사의 『오래된 미래(Ancient Futures: Learning from Ladakh)』이다.

언어학자이자 사회운동가인 헬레나 노리베리 호지가 1975년 언어 연구를 위해 인도 북부 작은 마을 라다크 지역에 머물면서, 급속한 현대화에 직면한 가운데 자신들의 문화적 정체성과 생태적 보전을 유지하려는 라다크 사람들과 직접 생활하면서 엮은 저서가 『오래된 미래』이다. 빈약한 자

『오래된 미래』

원과 혹독한 기후에도 불구하고 생태적 지혜를 통해 천 년이 넘도록 평화롭고 건강한 공동체를 유지해 온 라다크가 서구식 개발로 인해 환경이 파괴되고 사회적으로 분열되는 과정을 서술하고 있다. 사회적·생태적 재앙에 직면한 우리의 미래에 대한 구체적인 희망에 대한 단서를 제시해 주고 있다. 호지 여사는 전통, 변화, 미래라는 세 가지 키워드를 제시함으로써 지역학이 추구해야 하는 점들을 현지 조사를 통한 참여와 관찰의 방식으로 잘 묘사하고 있다(양희승 옮김, 2007).

천안학 연구자가 천안 지역을 총체적으로 이해하기 위해서는 우선 연구자 자신이 사고의 폭과 깊이에 유연성을 가지고 현지 조사에 임해야 한다. 왜냐하면 현지 주민들의 사고, 행동 유형, 사회 조직, 관습, 제도, 규범, 가치관, 세계관, 신앙, 의례 등이 모두 현지 조사의 대상이 되기 때문이다. 현지 조사의 최대 강점은 가장 폭넓은 연구 시각을 연구자에게 제공한다는 데 있다. 조사 대상이 되고 있는 천안 지역의 사회 현상에 직접 참여하여 관찰함으로써 천안에 대한 더욱 깊고 완전한 이해가 가능해질 것이다.

사례 연구법

사례 연구법(case study method)은 주로 사회과학 관련 분야에서 이루어지는 연구 방법의 하나로, 하나 또는 몇 개의 사례를 중심으로 분석하는 연구이다. 사례는 특정 집단, 사건, 공동체를 대상으로 할 수 있다. 이는 사회 현상 조사에서 표본에 의한 통계적 연구 방법을 보완하기 위한 방법으로 사람·집단·제도·공동체 등의 사회적 단위의 전 생활 과정 또는 그 일부에 대해서 정밀한 분석을 시도해서 그 사례의 독자적인 유기적 구조를 찾아내려는 것을 주목적으로 한다. 천안학 연구에서도 사례 연구법의 활용은 매우 유용하다.

사례 연구는 개인이나 집단 등을 하나의 단위로 선택하여 보다 정밀하게 조사 연구하는 방법이다. 많은 수의 표본을 수집하여 제한된 변수를 통계적으로 분석하면서 일반적 경향을 밝히려는 통계적 연구 방법과는 달리, 한 대상을 선정하여 그 사례를 중심으로 여러 가지 변수를 동시에 심층적으로 연구한다는 특징이 있다. 따라서 사례 연구에서도 참여자의 관찰, 면접 등은 중요한 수단이 된다.

사례 연구는 한 사례만을 다루기 때문에 불필요한 변인들을 통제하여 설명 변인을 선별해 낼 수가 없다. 이러한 근본적인 제약에도 불구하고 사례 연구는 일반 이론을 원용한 사례 해석, 특수한 사례 분석을 통한 잠정적 가설 제시, 가설에 대한 제한적 확증이나 부인 등을 통해서 이론 수립과 검증에 어느 정도 기여할 수 있다. 분명 사례 연구는 하나의 대상을 주의 깊게 연구하고, 변수들의 시간 경과에 따른 추이를 분석할 수 있다는 장점이 있다. 그러나 연구자의 주관이 개입될 수 있고, 사례의 제한성 때문에 연구의 일반화를 도출하는 데 어려움이 있다는 한계도 있다.

4
천안학이 가야 할 길

지역학의 연구 상황을 검토해 볼 때, 천안학이 나름대로의 이론과 방법론을 가진 하나의 독자적인 학문으로 정립된다는 것은 쉬운 일이 아니다. 이는 비단 천안학만의 문제가 아니라 오늘날 대부분의 지역학의 실상이기도 하다.

천안학에 대한 논의가 본격화된 것은 최근의 일이므로 천안학이 해결해야 할 과제들도 많이 산적해 있다. 이러한 과제 해결을 위해서는 학계, 주민, 지방자치단체 등의 역할이 매우 중요하다.

연구로서의 천안학

대부분의 지역학은 민간보다는 관(官) 중심으로 시작되고 관심이 촉발되었다. 특히 천안학은 민간 부문의 역량이 충분히 성숙하지 못한 상태에서 출발했기 때문에 지방자치단체의 주도(initiative)가 결정적 계기가 되었다. 따라서 천안학의 정립에서 지방정부가 핵심적일 수밖에 없었다.

지역학으로서의 천안학은 천안 지역 전체를 위한 지역 공공재(public goods)이다. 따라서 천안시는 천안학을 창도하는 촉매 및 창도자이자 다양한 지원 기능을 수행하는 촉진자로서 프로젝트를 기획하고 추진하는 사업 관리자의 역할을 다해야 한다. 하지만 지방정부가 아무리 많은 지원과 역할을 한다 할지라도 이를 수행할 수 있는 연구 인력과 관심을 기울이는 지역 주민이 없으면 오래 지속될 수가 없다.

기존의 지역학 연구가 시사하는 것은 지역에 대한 총체적인 관점에 기초한 다양한 학문 분과들 간의 학제적인 연구가 선행되어야 한다는 점이다. 천안학의 이론과 방법론, 내용이나 과제 등을 세밀하게 제시하고 다듬는 일도 중요하겠지만, 그보다는 먼저 일정한 테마 연구에 대한 관심과 문제의식을 공유하는 연구자들이 함께 모여 각 분야에서 개별적으로 진행된 연구 성과들을 체계적으로 정리할 필요성이 있다. 그리고 이를 바탕으로 천안학 연구의 이론과 방법론을 시론적으로 제시하며 천안학이 담아야 할 내용과 과제 등에 대해 함께 토론하는 공동 연구의 장을 만들어 내는 일도 시급하다.

이런 모임을 통하여 천안학 정립의 필요성을 공감하는 연구 주체들이 형성되고, 지역학으로서 천안학의 내용과 방향에 대한 공감대가 확산되는 한편, 연구 자료와 연구 성과의 공유를 통해 세분화된 전공 영역을 넘어서는 학제적 연구의 경험들이 다양하게 축적된다면, 연구로서의 천안학은 더욱더 활성화될 것이다. 이렇게 될 때 천안 지역에 대한 다양한 분야의 연구가 양적으로 축적되고, 연구 성과에 대한 다양한 관점의 비판적 평가와 상호 작용이 누적되면서, 천안 지역 연구의 질적인 전환과 비약이 가능해질 것이다.

또한 천안학의 정립을 위해서는 무엇보다 천안 지역에 관한 연구가 활성화되어 연구의 양적 확대가 이루어지고 다양성이 확보되어야 한다. 다양한 분과 학문의 관심이 천안을 대상으로 전개될 때 비로소 '학문적 대상'으로서 천안이 구체화될 수 있다. 따라서 천안학 연구를 활성화시키는 것이 천안학 정립의 첫 번째 과제가 된다. 천안 지역에 관한 연구를 촉진하고 유도하기 위한 직접적인 인센티브 제공과 함께 천안학 연구를 활성화할 수 있는 다양한 연구 지원 프로그램이 모색되어야 한다. 나아가 천안학 연구를 촉진하기 위한 장기적인 활성화 방안 모색과 더불어 천안학의 토대를 넓히고 튼튼하게 구축하기 위해서는 네트워크화를 통한 제도적 환경 조성도 반드시 이루어져야 한다. 지역학이 그러하듯이 천안학도 본질적으로 학제적일 수밖에 없다. 소수의 전문가들에 의한 분과 간 전문화는 단기적 처방은 될 수 있으나 장기적으로 볼 때는 학문 분과별 이기주의와 주도권 다툼으로 균형 있는 발전을 저해하게 된다. 따라서 각 학문 분과별 교류와 공동 연구가 활발하게 진행되어야 한다. 전문 학회 간 교류와 공동 세미나 혹은 학제적 연구의 제도화 장치 등도 필요하다.

천안은 다른 지역에 비해 대학이 많이 위치해 있다. 따라서 연구자나 연구 환경 조성은 매우 유리한 입장이다. 일반적으로 연구의 제도적 환경은 연구자 · 연구조직과 연구비 및 기타 연구 환경 등이 기본 요소로 구성된다(김병철, 2000). 이러한 관점에서 전문 연구자의 확대 및 새로운 연구 인력 양성, 안정적인 연구 재원 조성과 연구 저변을 넓히기 위한 연구 공동체 결성 그리고 연구 자료 및 정보의 효율적인 공급 등이 천안학 연구 체제의 구축을 위해서 매우 절실한 실정이다.

소통으로서의 천안학

모든 학문은 각각의 발생 배경과 발전 과정이 있다. 그 발생 및 발전 과정에서 끊임없이 연구 성과를 도출해야 하며, 경험을 총체적으로 결산하여 과거를 계승하고 미래를 열어 가야 한다. 중국의 돈황학 연구는 한 세기가 다 되어 간다. 학자들의 끊임없는 노력과 고된 작업을 통해 이미 확실한 성과를 얻었다. 돈황학은 이젠 중국 내에서만의 지역학이 아니다. 대만, 홍콩, 프랑스, 일본, 러시아, 미국, 영국, 독일, 인도, 덴마크, 노르웨이, 스웨덴, 캐나다, 헝가리, 오스트레일리아 할 것 없이 전 세계적으로 연구되고 있다(劉進寶, 2002). 그런 점에서 휘주학의 성과도 놀랄 만하다. 연구의 집성체로서 이미 『돈황학』 총서가 1990년에 출간되었고, 『휘주학』 총서도 2000년에 출간되었다. 이러한 연구 결과의 집성물은 소통을 위한 지역학에 필수 불가결한 요소가 된다. 연구와 소통은 불가분의 관계를 이루고 있다.

천안학의 발단은 2008년 '연구로서의 천안학'보다는 '소통으로서의 천안학'에 의해서 시작되었다고 할 수 있다. 대부분의 지역학들은 연구로서의 지역학으로는 나름대로 성과를 거두었다. 예를 들면 서울학의 경우에는 1993년부터 시작하여 상당한 수준까지 연구가 진행되었다. 그러나 '소통으로서의 지역학'은 여전히 가야 할 길이 아직도 멀다. 지역학의 본래 목적이 지역의 정체성 확립과 발전성 제시라는 측면에서 볼 때 지역의 커뮤니티 주체들과의 소통은 매우 중요하다. 소통의 대상으로는 지역을 형성하고 있는 모두 주체가 되어야 한다. 산·학·관은 물론 시민들 모두가 소통의 대상이 된다. 천안학의 경우, 대학생들을 대상으로 한 소통은 어느 정도 성과를 얻었다고 할 수 있으며 틀 또한 나름대로 갖추었다. 그러나 시민이나 초·중·고 학생, 기업 종사자 등 아직도 소통해야 할 대상이 매우 많다. 그리고 지역의 커뮤니티 주체들의 계층별 수준에 따른 수요를 파악하고 그에 대한 대책도 필요하다.

천안학의 소통화는 천안학 정립을 위해 아무리 시간이 걸리고 어렵더라도 꼭 이루어야 할 일이다. 이는 천안학이 궁극적으로 지역 주민과 그들의 삶을 이해하는 '주민 중심'의 학문이기 때문이다. 천안학의 안정적 재생산을 위한 가장 중요한 기반은 지역 주민의 관심과 지원이 될 것이다. 따라서 지역 주민과 직접 접촉하여 천안학의 연구 성과를 소통함으로써 천안학에 대한 인식을 제고시켜야 하며, 주민들의 요구를 연구에 수렴하는 일은 천안학 정립에서 매우 중요한 과제가 된다. 이러한 작업은 천안학의 저변을 확대하는 일이며, 천안학에 대한 지원을 정당화하는 근거가 되기도 한다.

천안학이 지역 주민에게 뿌리를 내리도록 대중화 전략을 부단히 추진하는 것은 천안학 정립의 중요한 목표이다. 그런 점에서 지역의 주민들과 함께 공유할 수 있는 천안학 교재 개발을 위해 지속적으로 노력해야 한다. 우리나라의 경우 지역에 관해 소개하는 책은 아주 많이 다양한 형태로 출간되고 있지만, 전반적인 지역을 포괄하는 책은 극소수이기 때문에 그 지역을 모두 담아내는 것은 소통을 위해서 선행되어야 할 작업이다. 그런 점에서 이 책이 갖는 의의는 매우 크다고 할 수 있다.

● 참고 문헌

• 강원발전연구원(1999), 『강원학의 개념과 정립방향』, 강원개발연구원.

• 고석규(1994), 「서울학연구 방법시론」, 『서울학연구서설』, 서울시립대학교 서울학
  연구소.

• 권연웅(2001), 「영남문화: 어떻게 연구할 것인가」, 『영남학』, 경북대학교 영남문화

연구원.

• 김경수(2006), 「지역학의 정체성과 방향성 초빙 논문: 지역학의 정체성과 방향성」, 『世界地域硏究論叢』 Vol. 24 No. 1, 한국세계지역학회.

• 김병철(2000), 『강원학 정립을 위한 기초조사 연구』, 강원개발연구원.

• 김석준(2000), 「부산학의 현황과 과제」, 『한국민족문화』 Vol. 16 No. 1, 부산대 한국민족문화연구소.

• 김석준(2003), 「지역학으로서 부산학」, 『부산학총서』 Vol. 1, 신라대 부산학연구센터.

• 김석준(2005). 「전환기 부산 사회와 부산학」, 부산대학교 출판부.

• 김선호(2012). 「지역학이란: 개념 정립을 위한 첫 만남」, 부산대학교 출판부.

• 김성국(1993), 「지역학으로서 부산학 연구」, 『부산학 연구의 방향과 과제』(11월25일 세미나 자료집), 목요학술회.

• 김성국(1995), 「지방화와 지역사회 연구 방법론의 제문제」, 『지역학으로서의 부산학연구』, 전남대학교사회과학연구소.

• 김성국(2005), 「부산학과 부산의 이해」, 『부산학시론』, 부산발전연구원 부산학연구센터.

• 김열규(2002), 「부산학 어떻게 할 것인가? 역사를 돌이켜보면서」, 『부산학연구의 방법과 과제』(부산발전연구원 개원 10주년 학술대회자료집), 부산발전연구원.

• 김윤식 · 오인석 옮김(2008), 『국화와 칼』, 을유문화사.

• 김진기(2004), 「세계화와 한국적 지역 연구의 방향 모색」, 『국제지역논총』 1권 1호.

• 김창민(2007), 「지역학의 관점에서 본 전주학의 개념과 방법」, 『전주학연구』, 전주역사박물관.

• 김창수(2002), 「인천학 연구 방법론 서설」, 『인천학연구』, 인천대학교 인천학연구원.

• 김창수(2006), 「인천학연구원의 연구 성과와 장 · 단기 연구 과제」, 인천학 세미나 29회.

• 김태만(2004), 『상해학 연구: 상해학 연구의 성과와 한계』, 부산발전연구원 부산학

연구센터.

- 노명환(1999), 「지역학의 개념과 방법론」, 『국제지역 연구』 Vol. 3 No. 1 한국외국어대학교 외국학종합연구센터.
- 노혜숙 옮김(2003), 『통계라는 이름의 거짓말』, 무우수.
- 樊成顯(2004), 「중국 지방학 연구의 현황과 전망」, 『안동학연구』 제3집.
- 박명흠(2002), 「부산학 연구의 추진 체계와 방법」, 『부산학연구의 방법과 과제』(부산발전연구원 개원 10주년 학술대회자료집), 부산발전연구원.
- 박성봉(2001), 「창간사」, 『영남학』 창간호, 경북대학교 영남문화연구원.
- 부산발전연구원 부산학연구센터(2004), 『부산학연구』, 부산발전연구원.
- 부산발전연구원 부산학연구센터(2005), 「경남학의 연구동향과 정립방향에 관한 연구」, 『부산학시론』, 부산발전연구원.
- 석철진(2001), 「지역 연구, 무엇을 어떻게 할 것인가?」, 『아태연구』 Vol. 8 No. 1, 경희대학교 아태지역 연구원.
- 失野 暢(1997), 「지역 연구란 무엇인가」, 아시아 경제연구회 옮김, 『지역 연구의 방법』, 전예원.
- 아사쿠라 도시오(2010), 「일본의 국내 지역학 현황과 추세」, 『제2회 천안학 국제 학술 세미나 자료집』, 천안발전연구원.
- 안두순(1994), 「서울학연구의 필요성과 가능성 및 그 한계」, 『서울학연구서설』, 서울시립대 부설 서울학연구소.
- 안두순 편저(1994), 『서울학연구서설』, 서울시립대 서울학연구소.
- 양기근(2006), 『경남학의 연구동향과 정립방안에 관한 연구』, 경남발전연구원.
- 양명학(2006), 「울산학의 필요성과 방향」, 『울산의 정체성과 지역학 연구방안』, 울산발전연구원.
- 양희승 옮김(2007), 『오래된 미래: 라다크로부터 배우다』, 중앙books.
- 엄찬호(2006), 「강원학연구의 현황과 과제」, 『전주학서설』, 전주역사박물관.

- 오영교(1999), 「지역학연구와 원주학」, 『강원학 개념과 정립방향』, 강원개발연구원.

- 울산발전연구원(2006), 『울산의 정체성과 지역학 연구방안』, 울산발전연구원.

- 유철인(1996), 「지역 연구와 제주학: 제주문화 연구의 현황과 과제」, 『제주도연구』
  제13집.

- 이규식(1998), 「원주학 정립의 의의」, 『원주학 정립을 위한 심포지엄 발표자료』, 연
  세대 매지학술연구소.

- 이규태(2007), 「한국의 '지방학'의 현황과 문제점」, 『서울학연구』 No. 28, 서울시
  립대 서울학연구소.

- 이동희(2006), 『전주학서설』, 전주역사박물관.

- 이상섭 · 권태환(1998), 『한국의 지역 연구-현황과 과제』, 서울대학교출판부.

- 이상신(1998), 「한국서양사학에서의 지역연구 현황과 과제」, 『한국의 지역연구-현
  황과 과제』, 서울대학교출판부.

- 이수훈(1998), 「한국의 지역연구와 사회과학」, 『한국의 지역연구-현황과 과제』, 서
  울대학교출판부.

- 이은진(1999), 「지역정체성과 공동체 의식」, 『21세기의 지방 경남이 가는 길』, 경
  남개발연구원.

- 이재봉외(2009), 「지역학과 로컬리티 연구」, 『로컬리티 인문학』 No. 2, 부산대학교
  한국민족문화연구소.

- 이전(1998), 「지리학과 해외지역 연구」, 『한국의 지역 연구-현황과 과제』, 서울대
  학교출판부.

- 이춘근(2005), 「대구경북학의 연구 방법론 서설」, 『21세기 대구경북학, 어떻게 할
  것인가? 세미나 자료집』, 대구경북연구원.

- 이해준(2004), 「지역학의 범주와 향후 연구 과제」, 『안동학연구』 Vol. 3, 한국국학
  진흥원.

- 인천학연구원(2003), 『인천학, 현황과 과제』, 인천대학교 인천학연구원.

- 임병조(2010),『지역정체성과 제도화』, 한울.

- 장정룡(1999),「강원학 연구의 의의와 정립방향」,『강원학 개념과 정립방향』, 강원 개발연구원.

- 전경수(1999),「1998 지역 연구로서 제주학의 방법과 전망」,『제주도연구』15, 제 주학회.

- 전상운(1994),「서울학연구와 발전방향」,『서울학연구』, 서울시립대 서울학연구소.

- 전성기(1962),『제주도학』, 인간사.

- 전우용(1999),「지역학의 사례 '서울학'과 서울연구소」,『충북학 어떻게 할 것인가 세미나 자료집』, 충북학연구소.

- 전우용(2002),「서울학연구소의 성과와 과제」,『부산학연구의 방법과 과제』(부산발 전연구원 개원 10주년 학술대회자료집), 부산발전연구원.

- 정근식(1997),「지역사회와 사회의식 지역정체성」,『지방자치와 지역발전』, 민음사.

- 정해조(2007),「지역학의 정체성과 패러다임 모색 Ⅱ」,『지중해지역 연구』Vol. 9 No. 1, 부산외국어대학교 지중해연구소.

- 조성윤(1999),「제주학 연구의 성과와 과제」,『강원학 개념과 정립방향』, 강원개발 연구원.

- 조원준(2006),「지역학 접근에 관한 고찰」,『일본어문학』Vol. 32, 일본어문학회.

- 지역학연구회(2000),『지역학 연구의 과제와 방법』, 책갈피.

- 천안발전연구원 천안학연구소(2010),『제2회 천안학 국제 세미나 자료집』, 천안발 전연구원.

- 최협(1998),「인류학 연구와 지역연구」,『한국의 지역연구-현황과 과제』, 서울대학 교출판부.

- 충북개발연구원(1998),『충북학 연구의 방향정립』, 충북개발연구원.

- 하병주(2007),「지역학의 정체성과 패러다임 모색 Ⅰ」,『지중해지역 연구』Vol. 9 No. 1, 부산외국어대학교 지중해연구소.

- 황달기(2003), 「지역 연구의 개념과 성립 배경」, 『일본어문학』 20집, 일본어문학회.
- 江聞道(1980), 「上海學(Shanghaiology)」, 『上海史研究通訊』 第1輯.
- 熊月之(2004), 「上海學研究筆談」, 『史林』 4, 上海社會科學院.
- 姚邦藻(2000), 『徽州學槪論』, 北京: 社會科學出版社.
- 劉進寶(1991), 『敦煌學通論』, 蘭州: 甘肅敎育出版社.
- Baldwin, E.(2004). Introducing Cultural Studies, New York: Prentice Hall.
- Haggett, P.(1977) "Geography in a Steady-State Environment." Geography, 62, 159~167.
- Hall, S.(1996). "Introduction: Who Needs Identity?" Questions of Cultural Identity. London: Sage.
- Jordan, T., M. Domosh & L. Rowntree(1977), The Human Mosaics: A Thematic Introduction To Cultural Geography, New York: Longman.
- Lang, G. & Heiss, D. D.(1984). A Practical Guide to Research Methods, Lanham MD: University Press of American.
- Morris, J. T.(1977). "Introducing Master's Students to Area Studies: An Interdisciplinary and Skills Approach", Political Science & Politics, 30, June.
- Raagmaa, G.(2002). "Regional Identity in Regional Development and Planning," European Planning Studies, 10(1). 55~76.
- Wagley, C.(1948). "Area Research and Training: A Conference Report on the study of World Area", SSRC. 야노토루(失野暢)에서 재인용.
- Wallerstein I.(1991). Unthinking Social Science: The Limits of Nineteenth-Century Paradigms, Cambridge: Polity Press.
- 강원발전연구원 강원학연구센터(http://www.gdri.re.kr).
- 경북대학교 영남문화연구원(http://www.ynculture.or.kr).

- 대구경북연구원 대구경북학센터(http://www.dgi.re.kr).
- 부산발전연구원 부산학연구센터(http://www.bdi.re.kr).
- 서울시립대학교 서울학연구소(http://iss.uos.ac.kr).
- 순천향대학교 아산학연구소(http://www.sch.ac.kr).
- 울산발전연구원 울산학연구센터(http://www.udi.re.kr).
- 인천대학교 인천학연구원(http://www.isi.or.kr).
- 전남대학교 호남학연구원(http://www.homun.or.kr).
- 전주역사박물관(http://www.jeonjumuseum.org.).
- 제주발전연구원(http://www.jdi.re.kr).
- 천안발전연구원 천안학연구소(http://www.cheonanhak.org).
- 충북개발연구원 충북학연구소(http://cblab.cbdi.re.kr).

제2부

천안의 시간, 흔적
그리고
평안한 삶

1
시간 속의 천안

아주 오랜 옛날 '남방의 원숭이'라 불리는 오스트랄로피테쿠스가 최초로 직립보행을 시작하면서 인류의 역사는 시작되었다. 무수히 오랜 시간 속에서 헤아릴 수 없을 정도의 많은 사람이 살아가며 인류의 역사를 만들었다. 그리고 역사는 현재에도 진행 중이다. 우리 민족은 일찍부터 한반도에 터를 잡고 살며 우리만의 고유한 문화를 만들어 왔다. 이렇게 시간과 인간 그리고 공간이 함께 어우러지며 역사가 되었다.

한반도의 심장부에 있는 천안에도 선사시대부터 사람이 살기 시작하였다. 구석기시대의 시작과 함께 천안의 시간이 출발한 것이다. 그 시간은 지금까지 흘러왔고 역시 헤아릴 수 없는 많은 사람이 천안이라는 공간에 살며 천안의 역사를 만들었다. 천안의 역사는 분명히 한국사 속에서 전개되었지만, 천안의 역사만이 지닌 그 어떤 특별한 색깔이 있다.

천안의 특별한 색깔로는 선사시대부터 시작된 유구한 역사, 온조가 세운 백제의 초도라는 자부심, 고려 태조의 민족 재통일 중심지, 사통팔달의 교통 중심지, 수탈과 침략에 맞서 싸운 저항정신 등을 들 수 있다. '시간 속의 천안'에서는 바로 이런 주제들이다.

천안에는 언제부터 사람이 살았을까

　현재 우리가 사는 천안 지역에는 언제부터 사람이 살기 시작했을까. 이 물음에 대한 답은 천안 지역에서 발굴되는 선사시대 유적과 유물을 통해 확인할 수 있다. 선사시대는 구석기시대부터 청동기시대를 거쳐 초기 철기시대까지를 말하는데, 천안 곳곳에서 구석기시대 유적이 발견되는 것으로 보아 그때부터 사람이 살기 시작했다는 사실을 미루어 짐작할 수 있다.

　천안의 두정동과 청당동, 용곡동에서는 구석기시대 유물이, 성남면 화성리와 북면 연춘리, 백석동 고재미골 등지에서는 신석기시대 유적이, 그리고 백석동, 신방동, 불당동, 쌍용동 등지에서는 청동기시대 유적이 발굴되었다. 이 중에서 최근에 대규모의 전기 청동기시대 취락 유적이 발견된 곳은 백석동 유적지이다.

　구석기시대 사람들은 뼈 도구와 뗀석기를 가지고 사냥과 채집을 하며 이동 생활을 했으며, 동굴이나 강가에 막집을 짓고 살았다. 천안의 두정동 유적지에서는 구석기시대를 대표하는 뗀석기의 일종인 찍개가 출토되었으며, 신석기시대의 것으로 확인되는 유물도 함께 출토되었다.

두정동 유적지는 1964년에 주민이 개간하는 중에 알려지게 되었고, 국립박물관의 조사 발굴로 움집터가 확인되었다. 움집터에서 서북쪽으로 인접한 지역의 일대에는 많은 유물이 흩어진 채 퍼져 있었고, 이곳에

잔몸돌 청당동 구석기 유적지에서 발굴되었다. 몸돌은 석기를 제작할 때 원래의 돌에서 박편을 떼어 낸 나머지 돌을 말한다.

서 간석기 칼과 화살촉, 다수의 토기 조각이 출토되었다.

최근 들어 천안은 급격한 도시화로 인해 지역의 많은 곳이 개발되고 있다. 천안의 곳곳에서 구석기시대의 퇴적층이 해발 30~40m 구릉상에 광범위하게 존재하는 것으로 보아, 앞으로도 다수의 구석기 유적이 발굴될 것으로 예상이 된다.

신석기시대에는 농경 생활이 시작되면서 강가나 바닷가에 움집을 짓고 정착 생활을 시작하였다. 이 시대 사람들은 간석기를 사용하였으며, 음식을 저장할 수 있는 토기도 만들어 썼는데 빗살무늬토기가 대표적이다.

천안시 동남구에 있는 봉명동 개목마을 뒤 100m 높이에 있는 땅을 개간하다 파괴된 집터에서 다수의 신석기시대 유물들이 발굴되었다. 이곳이 봉서산 선사 유적지이다. 이곳에서 1965년 김원룡 교수의 지표 조사로 돌도끼, 석기 파편, 민무늬토기, 붉은간토기 파편 등이 출토되었고,

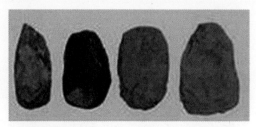

굴지구 백석동 신석기 유적지에서 발굴되었다. 굴지구는 돌에 손잡이를 붙여 만들어 썼던 도구를 말한다.

따로 빗살무늬토기 조각과 차돌 석기류 등도 수습되었다.

최근에는 백석동 고재미골 유적에서 빗살무늬토기와 갈판과 같은 신석기시대 유물들이 출토되었고, 신석기시대를 특징짓는 정사각형의 주거지가 확인되었다.

청동기시대에는 사유재산제도와 계급이 출현하여 사회 전반에 큰 변화가 나타나던 시기였다. 이 시기의 대표적 유물로는 반달돌칼 등의 석기와 비파형동검, 거친무늬 거울 등의 청동기, 그리고 민무늬토기 등이다. 그리고 집터는 지상형 가옥으로 발전하였으며 고인돌이나 선돌 등의 거석문화도 나타났다.

이런 청동기시대의 모습은 백석동 유적지 등 여러 곳에서 찾아볼 수 있다. 특히 백석동 유적지는 청동기시대를 대표하는 대규모 유적지로서 1990년대 공주대학교박물관, 2000년대 충청문화재연구원과 충청남도 역사문화연구원의 주도로 발굴 조사가 이루어졌다.

백석동 유적지의 주거지는 바닥을 수직으로 파 내려가 만든 구덩이식 집터 모양으로, 그 평면은 가는 직사각형이 절반 이상을 차지하고 있다. 주거지 내부에는 불을 때던 자리와 저장 공간이 있었고, 토기는 민무늬토기의 발전 단계와 그 특징을 지닌 것들이었다. 또한 순수 민무늬토기와 붉은간토기, 굽다리접시토기도 발견되었다. 이로 보아 백석동 유적지는 주로 동북 지방의 요소를 많이 내포하고 있다고 볼 수 있다.

백석동 유적지에서는 다양한 종류의 석기가 500여 점 가까이 출토되었는데, 이 중에는 돌도끼, 돌칼, 돌화살촉, 가락바퀴 등도 다수 수습되었다. 이곳은 유적이 높은 산지에 자리하고 있고, 석기 유물이 다수 발견된 사실과 함께 물고기잡이가 차지하는 비중이 거의 없는 점에 비추어 볼 때, 수렵과 원시 농경이 주이었을 가능성이 매우 많다. 특히 집터 안에 쌓인 흙에서 볍씨와 수수, 조가 발견된 점으로 보아, 전기 청동기 농경사회의 모습을 보여주고 있다.

백석동 유적지는 기원전 10세기에서 9세기경에 조성된 전기 청동기시대 유적으로 중서부 지역 청동기 문화 전개 양상에 대

백석동 청동기 유적지 기원전 10세기에서 9세기경에 조성된 전기 청동기시대 유적으로 중서부 지역 청동기 문화 전개 양상에 대한 기초 자료를 제공하고 있다.

한 기초 자료를 제공하며, 민무늬토기 문화상을 이해하는 중요한 요소가 되고 있다. 게다가 한반도 남부에서도 대규모 취락을 갖춘 마을이 출현하여 독자적으로 국가 이전 단계까지 발전할 수 있었음을 보여 준다는 점에 큰 의의를 부여할 수 있다. 발굴된 유물은 현재 공주대학교박물관 등에 보관되어 있다.

고인돌, 권력을 가진 천안 사람의 출현

고인돌은 청동기시대에 계급이 발생했다는 사실을 보여 주는 유적이다. 무게가 수십 톤 이상인 덮개돌을 채석하여 운반, 무덤을 만들기까지는 많은 노동력이 필요하였다. 이를 통해 당시 지배층이 강력한 정치권

수신면 발산리 고인돌 거대한 돌을 이용해 축조한 청동기시대의 대표적인 무덤으로, 수신면 마을 주민은 '할미바위'라고 부르며, 이를 신성하게 여기고 있다.

력과 경제력을 갖고 있었음을 알 수 있다. 고인돌은 한자로 지석묘(支石墓)라 하는데, 지석묘는 고임돌 위에 큰 돌을 덮개로 덮은 무덤이란 뜻이다.

고인돌은 크게 탁자식 고인돌과 바둑판식 고인돌로 나뉜다. 탁자식 고인돌은 비교적 넓고 편평한 판돌을 땅 위에 세워 네모난 상자 모양의 방을 짜 맞춘 다음 바닥에 시체를 안치하고 그 위에 뚜껑돌을 덮은 것이다. 바둑판식 고인돌은 한강 이남에 주로 분포하며 무덤 위에 큰 뚜껑돌을 얹는데, 일반인에게는 뚜껑돌만 보이므로 특별한 돌로 보이지 않는다.

천안에 남아 있는 수신면 발산리 고인돌은 바둑판식 고인돌로 평평한 부채꼴을 띤 모습이다. 마을 주민들은 '할미바위'라고 부르며 오늘날까지도 신성하게 여기고 있다.

거석을 숭배한 천안의 청동기 사람

신석기시대와 청동기시대에는 길쭉한 자연석이나 그 일부를 가공한 큰 돌을 믿음의 대상물이나 특수 목적을 가지고 세웠는데, 이를 선돌이라 한다. 선돌은 입석 또는 돌미륵, 천연 비석 등으로 불리기도 한다. 선돌은 고인돌과 함께 대표적인 거석 문화의 하나이다.

마을 사람들에게는 신앙의 대상이 되기도 하는 선돌은 천안시 성남면 신사리에서도 찾아볼 수 있다. 흔히 '미륵댕이'라고도 불리는 성남면 신사리 선돌에 지금도 매년 정월 대보름에 제를 올리고 있는데, 이는 청동기시대 사람들이 거석을 숭배하던 신앙의 잔영이다.

성남면 신사리 선돌 길쭉한 돌을 그대로 또는 약간 손질하여 세운 돌기둥이다. 신사리 선돌에는 매년 정월 보름에 제를 올리고 있다. 신사리 선돌을 이 마을에서는 '미륵댕이'라고 부른다.

선사시대부터 사람이 살기 시작

천안 지역은 한반도의 중서부에 있으며, 자연 · 지리적 조건이 좋아서 사람이 살기에 적합하다. 따라서 선사시대 사람들은 생활하기 좋은 지역으로 천안을 생각했을지도 모른다. 이런 주장을 뒷받침하는 증거들이 고고학적 발굴로 드러나고 있다.

두정동, 용곡동, 청당동, 용정리, 신방동 등지에서는 구석기시대 유적이 발굴되었고, 천안 지역의 구석기유적은 대부분 후기 구석기시대에 해당하지만, 두정동 유적은 중기 구석기시대까지 올라갈 가능성도 있다.

천안의 신석기 유적의 발굴은 비록 적은 편이나 봉서산 선사 유적지에서 빗살무늬토기가 출토된 이후, 최근 백석동 고재미골 유적(천안 유통센터 부지)에서 정사각형의 집터와 빗살무늬토기 그리고 갈판이 출토되어 신석기시대의 흔적도 확인되고 있다.

청동기시대 천안 지역에 사람들이 거주했었다는 사실은 백석동 유적지 및 여러 지역의 유적지 발굴과 유물들을 통해서 알 수 있으며, 청동기시대의 특징을 반영하는 거석문화인 고인돌과 선돌을 통해서도 확인되고 있다.

우리 지역의 시작과 근원을 알려주는 이러한 선사시대 유적지와 유물들이 아쉽게도 개발이란 명목으로 사라져 버렸고, 또한 출토 유물조차도 천안박물관에서는 그 진품을 확인할 수가 없다는 점이다. 따라서 모조품이 아니라 실제 유물의 보관과 전시를 천안박물관에서 담당하여 시민이 보다 쉽게 일상의 삶 속에서 접근할 수 있다면, 천안에 대한 자부심과 천안 역사에 대한 관심을 더욱더 이끌어 낼 수 있지 않을까 생각된다.

● 참고 문헌 및 사이트

• 국사 편찬 위원회, 『고등학교 국사』, (주)두산, 2009.

• 이해준 외, 『천안의 발자취, 선사에서 근대까지』, 천안박물관, 2009.

• 손준호, 『청동기시대주거지집성 1』, 서경문화사, 2009.

• 충청남도역사문화연구원, 『천안백석지구 도시개발사업지구내 문화유적 발굴조사-천안백석동 새신단월골 유적』, (주)타오기획, 2008.

• (재)충청문화재개발원, 『천안유통단지개발 사업지구 내 문화유적 발굴조사-천안백석동고재미골유적』, 2008.

• 한국생활사박물관 편찬위원회, 『한국생활사박물관-고조선생활관』, 사계절, 2002.

• 이훈, 『충청남도 매장문화재의 효율적 보존관리 방안』, 충남발전연구원, 2002.

• 공주대학교박물관 · 천안시경영발전사업소, 『두정동유적』, 선문인쇄소, 2000.

• 전국역사교사모임, 『심마니 한국사 I 』, 도서출판 역사넷, 2000.

• 류기정 외, 『천안 두정동 유적』, (재)충청매장문화재연구원, 2001.

• 임효재 외, 『천안의 관방유적』, 서울대학교인문대학연구소, 1999.

• 공주대학교박물관 · 충청남도천안시, 『백석동유적』, 선문인쇄소, 1998.

• 김원룡, 「천안시 봉룡동 산상 무문토기유적」, 『진단학보』 29 · 30, 1966.

• 천안시청 홈페이지(http://www.cheonan.go.kr).

백제의 초도 위례성과
천안의 위례산성

"천안에 삼국시대 산성이 있습니까"라는 물음에 자신 있게 "네"라고 대답할 수 있는 시민이 몇 명이나 될까. 천안에는 삼국시대부터 통일신라기에 만들어졌을 것으로 추정되는 산성이 20여 개나 있다. 그뿐만 아니라 서북구 북면 운용리에 있는 위례산성은, 옛 기록에 의하면 온조가세운 백제의 도읍지인 '위례성'일 수도 있다.

백제의 위례성과 천안

위례산성에 대해 본격적인 조사가 시작된 것은 1989년이다. 이때는 간단한 조사를 통해 산성의 시기적인 위치 정도만을 아는 정도였다. 1995~1996년에 본격적인 조사가 이루어져 대략적인 윤곽이 잡혔다. 이때 나온 유적으로는 각종 도자기 파편과 엽전(개원통보-중국 당나라 때 통용되던 엽전), 기와조각 등이 있었다. 이로써 이곳이 백제의 첫 도읍지였을 것

위례산성 전경 동남구 북면 운용리에 있다. 충청남도 지정 기념물 제148호이다.

이라 추정하였다.

하지만 남아 있는 성벽은 쌓은 시기가 통일신라시대로 확인되었고, 유적에서 출토된 삼족기 등 백제 토기 조각의 연대도 4세기를 넘지 않는 것으로 확인되었다. 그러면 우리는 천안의 위례산성을 어떤 관점에서 바라봐야 할까.

위례성의 발자취

위례산성의 역사적 배경을 알기 위해서는 백제 시조 온조왕에 대한 기록을 따라가 볼 필요가 있다. 온조왕의 아버지는 고구려 왕인 주몽이다. 주몽이 부여로부터 쫓겨 왔을 때 비류와 온조의 어머니였던 소서노는 주몽을 물심양면으로 도와주었다. 또한 주몽도 비류와 온조를 자기 자식과

소서노

같이 대우하였다는 기록도 나온다. 하지만 이는 주몽의 첫째 아들인 유리가 부여에서 건너오기 전이다. 유리가 건너와 태자가 되자 비류는 동생에게 "우리가 이곳에서 쓸모없는 사람같이 답답하고 우울하게 지내는 것보다는 남쪽으로 살 곳을 선택하여 도읍을 세우자."라고 설득하였다. 이에 소서노와 두 아들은 고구려를 떠나 남쪽으로 향하게 되고 비류는 미추홀에, 온조는 위례성에 자리를 잡았다. 여기까지는 『삼국사기』에 나와 있는 이야기이다.

조선시대 실학자이며 역사가였던 다산 정약용은 『아방강역고』의 「위례고」에서 위례성을 둘로 나누었다. '하북위례성'과 '하남위례성'이다. 이 두 성을 하나로 보는 견해도 있고, 두 곳으로 나누어 보는 견해도 있다.

두 곳으로 나뉘었다는 입장에서 볼 때 백제가 '하북위례성'에 정착하여 나라를 연 것은 불과 13년 정도에 지나지 않으며, 이는 사실상 임시 정착에 불과하였다. 그 뒤 온조왕 13년에 낙랑, 말갈 등 북쪽의 위협 세력을 피하고자 도읍을 옮겼다는 기록이 나오는데, 이것이 하남위례성이다. 이후 고구려의 고국원왕을 전사시킨 근초고왕이 기세를 몰아 고구려를 압박하고자 다시 한강 이북으로 천도하였다는 기록이 등장하는데, 근초고왕 26년 이전까지 이곳이 백제의 왕도였다. 이 하남위례성의 위치는 서울의 급속한 발달과 함께 초기 백제 도읍지 유적들이 사라져 버려 연구에 많은 어려움이 있고, 기록마다 조금씩 차이를 보여 결론짓기 어려운 상황이 되었다.

현재 천안에 있는 위례성이 바로 하남위례성에 해당하는 백제의 첫 도읍지라는 주장은 일연의 『삼국유사』 「왕력 제1 백제 온조왕조」에 "위례성에 도읍했다. 어떤 말로는 사천이라고도 하는데 지금의 직산이다."
라고 분명히 기록되어 있다. 일연이 이렇게 주장한 이래『고려사』「지리
지」,『세종실록지리지』,『신증동국여지승람』 등 조선 전기 지리지들도 동
일하게 기록하고 있다. 또한『조선왕조실록』에서도 직산현에는 1429년
(세종 11년) 7월 백제 온조왕묘가 세워졌으며, 임진왜란으로 왕묘가 불타
없어지기까지 봄과 가을에 온조왕에 대한 제사를 계속했다는 기록이 보
이고 있다.

그런데 조선 후기 다산 정약용은 종래의 위례성 직산 위치설을 부정하
고 '하북위례성'은 삼각산 쪽, '하남 위례성'은 현재 경기도 광주 궁촌리
일대라고 주장했다. 어찌 된 일인지 이후 조선 후기 역사서와 지리지는
대부분 다산의 주장을 따르고 있다.

천안 위례성의 새로운 의미

천안 직산 지역은 경기도에서 남쪽으로 내려오는 길목이었으므로 백
제로서는 북방 지역 방어를 위해서 이곳이 매우 중요하였다. 위례산성의
인근에 '막을재', '군량들'이라는 지명이 있다. 막을재라는 동네 이름은
백제군이 쫓겨 와서 진을 치고 있으면서 돌로 막았다 해서 붙었다고 하
며, 군량들이란 이름은 군사들이 먹을 군량을 쌓아 두었다고 해서 나온
지명이라고 한다. 이러한 지명들을 통해서도 이곳이 군사적으로 중요한
요충지였음을 알 수 있다.

직산 지역은 신라에게 빼앗긴 한강 유역을 다시 차지하기 위해 백제가
반드시 확보해야 할 전략적 요충지였다. 이러한 지형적 배경으로 삼국시
대 백제인들은 한강 유역을 잃고 난 후 백제 도읍지에 필적할 만한 성을
쌓고 이름도 똑같이 붙인 것으로 보인다.

직산 사산성 서북구 직산면 군동리에 있다. 해발 176m 성산의 계곡을 감싸고 둘러쌓은 성이다.

위례산성은 북으로는 안성천과 성환의 넓은 들이 놓여 있는 군사적 요충지로서 고구려와의 항쟁 과정에서 축조되었을 가능성이 크다. 국방을 위한 산성이지 도읍을 위한 도성은 아니라고 생각할 수도 있다. 이후 고려~조선 시대에 이르기까지도 천안·직산 지역은 국방상 주요한 역할을 담당했다. 삼국시대 20여 개의 산성은 이런 배경에서 만들어졌다.

현재 위례산성의 역사적 의의는 백제의 첫 도읍지인 위례성인지를 밝히는 것도 중요하며, 또한 도읍을 옮긴 후에 벌어진 고구려·신라와의 항쟁에서 중요한 역할을 담당했던 군사적 요충지로서의 역할을 고증해 내는 것도 중요하다.

천안 지역은 역사적으로 삼국 쟁탈전의 중심에 있었고, 이는 남아 있는 20여 개의 산성을 통해서도 충분히 알 수 있다. 이 산성들의 모습이 현재까지 많이 남아 있지 못한 것이 자못 안타까울 뿐이다.

〈천안 소재 삼국시대 산성〉

순	유적명	소재지	형태	둘레
1	직산 사산성	직산면 군서리	포곡식	1,030m
2	용와산성	직산면 마정리	테뫼식	310m
3	성거산성	성거읍 천흥리	〃	550m
4	백석동토성	천안시 백석동	〃	260m
5	월봉산성	천안시 불당동	〃	260m
6	일봉산성	천안시 용곡동	〃	300m
7	청당동산성	천안시 청당동	〃	350m
8	흑석산성	목천면 남화리	〃	?
9	목천토성	목천면 남화리	평지성	450m
10	위례산성	북면 운용리	테뫼식	950m
11	작성산성	병천면 매성리	〃	?
12	동성산성	병천면 도원리	〃	500m
13	두남리산성	풍세면 두남리	〃	200m
14	대정리산성	성남면 대정리	〃	?
15	세성산성	성남면 화성리	〃	280m
16	청룡산성	광덕면 매당리	〃	400m
17	망경산성	수신면 백자리	〃	660m
18	화계리산성	동면 화계리	〃	600m
19	광덕산성	동면 광덕리	〃	300m
20	국사봉산성	동면 죽계리	〃	400m

출처) 임효재 외, 『천안의 관방유적』, 서울대 인문학연구소, 1999.

● **참고 문헌 및 사이트**

• 충남대학교 백제연구소, 『위례산성』, 서경, 2003.

• 임효재 외, 『천안의 관방유적』, 서울대학교인문학연구소, 1999.

• 김윤우, 『하북위례성과 하남위례성 고』, 단국사학회, 1993.

• 최몽룡, 『몽촌토성과 하남위례성』, 충남대학교백제연구소, 1988.

• 충남대학교 백제연구소, 『천안시 및 천원군 관내 고대 산성 분포 조사보고』, 1983.

• 충남역사교육연구회, 「충남 지역사 학습자료」(http://history.ivyro.net).

고려 태조의
통일전진기지가 된 천안

견훤과 궁예가 각각 옛 백제와 고구려의 부활을 선언한 900년부터 고려 태조가 견훤의 아들 신검 군을 격파하고 통일을 완성한 936년까지를 후삼국 시대라고 한다.

이미 천 년의 역사를 자랑하던 신라는 그 기운을 다하고 있었고, 견훤, 궁예, 그리고 왕건과 같은 영웅호걸이 새 세상을 건설하기 위해 자웅을 겨루었다. 후삼국의 통일 전쟁 과정에서 천안은 민족 재통일의 중요한 거점이 되었다.

과연 천안은 오늘날 세계 유일한 분단국가인 우리 현실에서 남북통일을 위해 어떠한 역할을 할 수 있을까. 후삼국 투쟁의 중심에 서 있던 이곳이 천 년의 세월이 흐른 지금 어떻게 기억되고 있으며, 앞으로 어떤 역할을 할 수 있을까.

천안도독부의 설치와 후백제에 대한 공격

고려와 후백제는 각자 독립적인 영역과 백성, 그리고 국가 체제를 갖추고 매우 역동적인 통일전쟁을 전개하였다. 당시 충남 지방은 고려와 후백제의 접경 지역이라 하루도 전쟁이 끊이지 않았던 싸움터였다. 대체로 공주를 중심으로 한 충남의 동남부 지역은 후백제의 영토였다. 그리고 홍주(홍성)를 중심으로 한 충남의 서북부 지역은 고려의 영토였다. 양진영에는 늘 긴장감이 감돌았고 충남 지역 호족 세력들은 딱히 어느 편에도 설 수 없는 입장이었다.

천안은 이러한 통일전쟁의 혼란 속에서 탄생한 새로운 행정구역이었다. 고려 태조는 후백제를 공격하기 위한 전진기지로 천안을 선택하고, 지금의 목천·직산·탕정 땅의 일부를 잘라 묶어 도독부를 설치하였다 (930년). 도독부란 본래 정복지에 설치하여 민정 기능을 수행하는 지방 행정구역을 뜻하는데 군사적으로 중요했던 이곳엔 특별히 군인을 도독으로 임명하였다.

> 태조 13년 동서 도솔의 땅을 합쳐 천안부로 삼고 도독을 설치하였다. 옛 말에 이렇게 전한다. 술사 예방이 아뢰기를 "이곳은 삼국의 중심으로 다섯 용이 여의주를 놓고 싸우는 지세입니다. 만약 이곳에 대관을 설치하면 백제 가 스스로 항복해 올 것입니다."라고 하므로 이에 태조가 산에 올라 두루 살 펴보고 비로소 천안부를 설치하였다.
>
> -『고려사』 권56 지리지1 「천안부」

'다섯 용이 여의주를 놓고 싸우는 지세의 땅!' 분열로 말미암은 혼란과 살육을 끝내고자 했던 태조는 군사적 요충지인 천안에 성을 쌓고 통일을 염원하였다. 전략적 요충지를 선점하여 후백제를 무너뜨리고 하늘 아래 평안을 이루고자 했던 그의 꿈이 새 행정구역 천안을 탄생시킨 것이다. '하늘 아래 가장 불안한 곳'이었던 이곳이 하루 속히 '하늘 아래 가장 평안한 곳'이 되길 바라면서…….

목주 오축성의 반란과 짐승의 성씨

태조의 천안부 설치에 반발한 세력들은 없었을까. 애당초 충남 지역의 호족들은 늘 고려와 후백제의 힘을 저울질하며 전쟁의 추이를 관망하였다. 때로는 강하게 때로는 부드럽게 태조는 이곳 호족들의 마음을 사로잡기 위해 부단히 노력하였다. 그러나 옛 백제의 영토였던 까닭에 오히려 후백제 견훤에게 마음을 주는 호족들도 다수 있었다. 아마도 목주(지금의 목천) 지역이 그랬던 것 같다. 『신증동국여지승람』 「목천현, 성씨 조」에 다음과 같은 재미난 기록이 눈길을 끈다.

> 목천 지역에는 예로부터 우(牛)·마(馬)·상(象)·돈(豚)·장(場)·심(沈)· 신(申)·왕(王) 등의 성씨가 있다. 세상에 전하는 말에 의하면, "고려 태조가 나라를 세운 뒤에도 목주 사람이 여러 번에 걸쳐 배반을 하자 이를 미워하여 그 고을 사람들에게 모두 짐승 이름으로 따서 성(姓)을 내렸다. 말을 의미하는 마(馬)씨, 소를 의미하는 우(牛)씨(뒤에 于로 변경), 코끼리를 의미하는 상(象)씨(뒤에 尙으로 변경), 돼지를 의미하는 돈(豚)씨(뒤에 頓으로 변경), 노루를 의미하는 장(場)씨(뒤에 張으로 변경)의 성을 내렸다."

얼마나 미웠으면 자손 대대로 말, 소, 코끼리, 돼지, 노루라 부르라 명령했을까. 목천 오축성의 반란이 어떤 목적을 가지고 어떻게 전개되었는

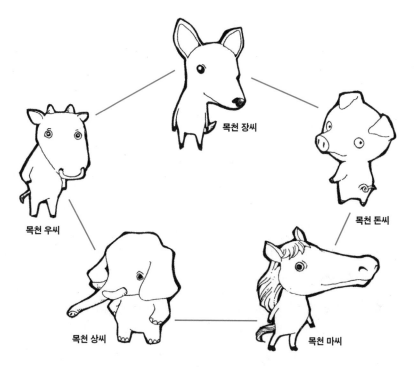

오축성 태조 왕건이 목천 지역에서 여러 번 반란이 일어나자 짐승의 이름으로 성을 내렸다.

지는 알 길이 없다. 그러나 목천의 토착 세력은 꽤 오랫동안 반(反)고려적 입장이었음을 알 수 있다. 이런 이유로 천안은 후백제 공격의 전진기지인 동시에 인근 목천 지역의 반고려 세력 제압에도 활용되었다.

천안을 기반으로 한 후삼국 통일

후백제 신검 군과의 마지막 일전을 앞둔 936년 6월 여름, 훗날 혜종으로 등극하는 태자 무(武)와 태조의 오른팔 격이었던 박술희 장군은 군대를 이끌고 천안에 집결하였다. 고려의 정예병 1만 군사는 약 3개월간 천안에 머물며 군량미 비축, 정보 수집, 군사 훈련 등 최후의 일전을 준비하였다. 936년 9월, 고려군은 마침내 후백제를 공격하였다. 태조는 친히 삼군(三軍)을 거느리고 천안에 내려와 군사를 합쳐 10만의 군사를 이끌고 일선군(지금의 경북 선산)에 있던 후백제 정벌에 나섰다. 천안은 태조 왕건의 바람대로 후삼국 통일의 전진기지 역할을 충실히 담당하였다.

태조는 유력 호족을 자기 편으로 만들기 위해 무려 29명의 부인을 둔 제왕이었다. 이 중 천안부원부인은 태조의 11번째 부인으로 경주 출신의 태수 임언의 딸이다. 천안부원부인은 태조와 결혼하여 효성태자와 효지태자 두 아들을 낳았다. 그런데 경주 출신인 이 여인에게 왜 천안부원부인이란 이름이 주어졌을까.

임언은 중국에 두 차례나 사신으로 파견된 인물이었다. 이로 미루어보아 임언은 유력 호족은 아니었지만, 유학과 한학에 조예가 깊던 지식 계급으로 보인다. 중국에서 돌아온 임언이 천안의 태수를 맡으며 세력을 쌓아, 임언의 딸이 천안부원부인이란 이름을 얻게 된 것으로 보인다. 지식 계급이면서도 새 행정구역 천안의 태수가 된 임언과 군사적으로 중요한 이 지역의 민심을 얻으려는 태조의 뜻이 11번째 왕비 천안부원부인과의 결혼으로 이어진 것으로 생각된다.

하늘 아래 가장 평안한 곳, 천안

태조가 후백제에 승리하며 민족을 재통일한 지 천 년이 넘는 시간이 흘렀다. 그동안 하루도 전쟁이 끊일 날이 없던 이곳은 이제 평화로운 도시가 되었다. 이름처럼 하늘 아래 가장 평안한 곳, 천안이 된 것이다. 천 년의 세월이 흐른 지금 천안은 태조와 관련된 역사를 어떻게 기억하고 있을까.

천안시 동남구 오룡동

현재 천안시 동남구청 (구, 천안시청)과 중앙시장이 자리한 천안시 동남구 오룡동 구시가지 일대는 천안시청이 지금의 불당동으로 이전하기 이전까지 천안의 행정, 문화, 경제의 중심지였다. 동남구청 남쪽 작은 언덕의 천안중앙

오룡동 우체국 '다섯 마리 용이 여의주를 놓고 싸우는 지세의 땅'이 정말 이곳이었을까? 천 년의 세월이 흐른 지금 오룡(五龍)의 지명은 이렇게 상징적으로나마 남아 있어 천안 지명 탄생의 역사성을 말해 주고 있다.

초등학교는 일제강점기에 학교가 세워지기 전까지 천안군 관아가 있었던 장소이다.

천안중앙초등학교를 중심으로 아래 오룡동 우체국이 자리한 일대를 오룡동이라 한다. 오룡! 술사인 예방이 태조에게 '다섯 마리 용이 여의주를 놓고 싸우는 지세의 땅'이라고 한 곳이 정말 이곳이었을까.

남아 있는 자료가 미약하여 오룡동이 진정 '오룡쟁주'의 땅이었다고 단정하기도 어려울뿐더러 '오룡쟁주의 구슬자리'가 어디였는지 확인하기도 쉽지 않다. 그러나 천 년의 세월이 흘렀음에도 남아 있는 오룡이라는 지명은 천안 탄생의 역사성을 말해 주고 있다.

왕자산과 태조산, 유량동

왕자산과 태조산은 고려 태조 왕건과 관련 있는 대표적인 이름이다. 『신증동국여지승람』에 따르면, 왕자산(王字山)은 천안의 진산으로, 산의 모양이 왕(王) 자를 닮았다 하여 붙여진 이름이라고 한다. 태조가 이곳에 성을 쌓고 군사를 훈련했다고 하므로 태조가 설치한 천안부의 위치가 아

왕자산 왕자산은 천안의 진산으로 산의 모양이 왕(王) 자를 닮았다 하여 붙여진 이름이다. 사진 속의 이곳이 진짜 왕자산인지에 대해서는 많은 논란이 있다.

마도 왕자성일 가능성이 크다. 왕자산의 현 위치를 두고 현재 태조산 태조봉이라고 주장하는 사람들도 있고, 안서동 백석대학교와 각원사 뒷산 일대라고 주장하는 이들도 있는데, 정확하게 단정하기는 어렵다.

천안 시민의 휴식 공간으로 활용되고 있는 태조산은 태조 왕건의 '태조'에서 유래된 이름이다. 이곳이 진짜 왕자산인지는 역시 단정하기 어렵다. 태조산의 가장 꼭대기인 태조봉은 '유려왕산(留麗王山)'이라고도 불렸다. 말 그대로 고려의 왕이 머물렀던 산이란 뜻이다.

유량동은 본래 왕자산 아래 산골짜기 마을의 이름이었다. 유량이란 지명은 태조가 936년 후백제의 신검 군을 정벌하기 위해 천안에 군사를 주둔시키면서 8만여 명 분의 군량미를 쌓아 두었던 곳이라 하여 비롯된 이름이다. 군량미를 쌓아 두었던 곳이라는 뜻에서 유량골이라 하다가 현재는 유량동이 되었다.

포용과 평화 그리고 통일을 향하여

태조가 민족을 재통일한 지 천 년의 세월이 흘렀다. 하지만 우리 민족은 또다시 남북으로 분단되었다. 최근의 남북관계는 긴장이 고조되며 극한 대립으로 치닫고 있다. 지금까지 살펴본 '태조와 천안'이 분단된 시대

태조산 전경 천안 시민의 휴식공간으로 활용되고 있는 태조산의 '태조'란 명칭은 고려 태조 왕건에서 유래된 이름이다. 태조산 꼭대기 태조봉은 고려의 왕이 머물렀다는 의미인 '유려왕산(留麗王山)'이라 불리기도 한다.

를 사는 우리에게 주는 화두는 무엇일까. 그것은 태조가 여러 호족에게 보여 주었던 포용, 천안이란 지명을 통해 진정 바라던 평안, 그리고 민족의 재통일이 아닐까.

● **참고 문헌 및 사이트** ━━━━━━━━

• 윤용혁, 『충청역사문화연구』, 서경문화사, 2009.
• 이미영, 『고려통일전쟁기의 태조왕건과 천안 지역』, 2000.
• 『신증동국여지승람』, 천안군 목천현 편.
• 『고려사』.
• 천안시청 홈페이지(http://www.cheonan.go.kr).

조선시대 교통의 중심지,
천안

경부고속도로, 천안-논산고속도로, 경부선, 장항선, 경부고속철도 등 천안을 지나는 교통로는 많다. 천안의 도로를 막아 버린다면 한반도 남부와 중부를 연결하는 길이 거의 막힌다고 해도 과언이 아닐 정도이다. 이렇듯 현재 천안은 기차면 기차, 버스면 버스, 자가용이면 자가용 등 많은 교통수단이 지나가는 교통의 요지로서 중요한 역할을 담당하고 있다.

조선 팔도 연결

조선시대의 교통 체계로는 '역로'와 '조운'이 있다. 조운이 배를 이용하여 지방에서 세금으로 거두어들인 쌀을 운반하는 해상 교통망이라 한다면, 역은 오가는 사신을 접대하거나 국가에서 필요로 하는 물건 등을 운반하는 육상 교통망이라고 할 수 있다. 여행하는 관리들의 숙식과 역마 제공 이외에도 행정문서 전달을 위해 꼭 필요했던 역은 교통·통신의 필수시설이었다. 그래서 역은 언제나 역마를 갖추고 있다가 출장 가는 관리들이 마패를 표식으로 내놓으면 마패 면에 새겨진 말의 수대로 말을 제공하였다.

또한 역과 역 사이에는 급히 여행하는 사람들의 편의를 위하여 '참(站)'이라는 공용 건물을 설치하였다. 주요 도로망에 설치된 역 주변에는 일반 여행자들을 위한 숙박시설인 '원

고지도에 나타난 성환역

(院)'이 설치되어 흔히 역원이라고 불렸다. 천안의 보산원과 같은 지명은 역원의 흔적이다.

성환역의 정비

조선시대 전국의 도로는 크기와 중요도에 따라 등급이 매겨져 있었다. 그리고 몇 개의 역을 도(道)라 부르며 관리하였는데, 위치와 중요도에 따라 대로역, 중로역, 소로역으로 구분하였다. 천안 지역의 여러 역을 총괄하는 곳이 성환역이었다. 그래서 천안 지역의 역들을 성환도라 불렀으며, 성환역에는 각 도를 관리하는 역승(후에 찰방)이 파견되었다. 성환역의 역사는 삼국시대까지 거슬러 올라갈 수도 있는데, 그러나 설치의 정확한 시기는 확인할 길이 없다. 성환읍 대홍리에 있는 국보 제7호 봉선홍경사 사적갈비를 세울 때, "홍경사의 창건과 함께 광연통화원이라는 숙박시설

천안박물관에 전시된 옛 성환역 전경 성환역은 천안 지역의 여러 역을 총괄하는 곳이었다.

을 건립하고 행인을 도왔다"라는 기록이 있다. 이로 보아 성환은 고려 초
부터 역의 위치로서 매우 적합한 지역이었음을 알 수 있다. 성환역참에
대한 기록은 『세종실록』에서도 확인해 볼 수 있다.

교통의 중심지가 된 천안

　조선시대에 발간된 『증보문헌비고』에는 "사방의 가장 긴요한 9개 대
로"를 정하고 조선시대의 주요 도로망과 그 거리를 알기 쉽게 기록되어
있다. 9개의 도로 중 충청도 서쪽을 지나 전라도로 연결되는 길을 삼남
대로라고 하였다. 서울에서 내려온 삼남대로는 천안에 이르러 두 갈래로

갈라진다. 한 길은 병천과 청주를 지나고 영동, 추풍령을 넘어 김천, 대구, 경주, 동래 등 영남으로 이어지고, 다른 한 길은 공주, 논산을 지나 전주, 광주, 순천, 여수 등 호남으로 이어진다. 그렇기에 성환도는 서울로 올라가거나 남부 지방으로 내려갈 때 반드시 거쳐야 할 중요한 도로망이었다. 이 성환도의 핵심인 성환역은 적게는 4개의 역을, 많게는 22개의 역을 관리하기도 하였다.

다양한 업무가 이루어졌던 역

역(驛)은 행정문서의 전달과 역마의 관리가 중요한 업무였다. 관리들은 공무 여행은 물론 휴가를 얻어 고향에 갈 때나 심지어 유배 갈 때에도 역마를 이용하였다. 여행할 때 역의 말을 사용할 수 있는 권한을 발마권이라고 하는데, 관리의 급에 따라 쓸 수 있는 역마의 수가 정해져 있었다. 그리고 역마를 이용할 때 다음 역까지 이용하고 갈아타는 것이 원칙이었다.

암행어사 하면 생각나는 것이 마패인데, 어사는 마패를 보임으로써 역에서 준비해 둔 말을 사용할 수 있었다. 마패에 그려진 말은 어사가 쓸 수 있는 말의 숫자를 나타내는데, 어사의 수행원도 발마권을 가지고 있었다. 어사출두는 대개 역에서 철저하게 준비한 뒤에야 이루어졌으므로 그 낌새를 제일 먼저 알아차리는 곳이 역이었다. 역은 발마뿐만 아니라 출두할 때 역졸을 지원하는 곳이기도 하였다.

4대에 걸쳐 관리된 역졸

역에는 역장이 있고 그 밑에 역리와 역졸이 있었다. 이들을 통틀어 역민 또는 역속이라 불렀다. 역민은 일반민과는 다른 호적에 올라 별도로 관리되었다. 그들은 그곳에 눌러 살면서 노동력을 제공하는 본역을 담당하였으며, 그곳을 자신의 고향으로 삼았다. 그들의 아내와 자식은 물론 4대를 거슬러 올라가는 부계 혈통의 신분과 나이까지 파악되어 철저하게 관리되었다.

역민이 국가를 위하여 해야 할 의무는 대단히 고된 일이었다. 이들의 가장 큰 의무는 역을 찾은 관리를 먹이고 재우는 지대(支待)와 예를 갖추어 관리를 맞이하고 보내는 영송(迎送)이었다. 다음으로는 행정문서 전달과 국가에서 필요로 하는 물건의 운송으로 여기에는 서울로 보내는 진상물이나 사신의 짐도 포함되었다. 역에서 쓰는 말은 역민들이 부담하여 해결해야 했기 때문에 혹사하거나 사고가 나서 말이 죽으면 비싼 말을 사기 위해 큰 고생을 치러야만 했다.

천안 주민 아니면 천안인

조선시대에도 교통의 요지였던 천안은 현재 고속 전철과 수도권 전철의 개통으로 교통의 요지로 더욱 발전해 인구 60만이 넘는 거대 도시가 되었다. 천안 이외의 지역으로 출퇴근하는 직장인과 통학하는 학생들로 인해 천안의 생활권 또한 넓어졌다. 교통의 발달이 천안 발전에 크게 이바지한 것은 사실이지만, 넓어진 생활권만큼이나 천안 시민이 느끼는 애향심이나 정체성은 줄어들었다.

천안에 있는 대학생, 직장인들은 우리 지역 천안에 어떤 문화재가 있는지, 무엇이 유명한지 잘 알지 못한다. 그들에게 천안은 그냥 사는 곳, 잠시 머물다가 가는 곳일 뿐이라고 생각하는 경우가 많다. 이들은 천안 사람이 아니라 천안에 사는 또는 천안에 있는 사람일 뿐이다. 따라서 이들을 천안 사람으로 품을 수 있을 때 천안은 더욱더 발전할 것이다.

● 참고 문헌 및 사이트

• 안길정, 『관아를 통해서 본 조선시대 생활사』, 사계절, 2005.

• 건설교통부, 『도로백서』, 2003.

• 조병로, 『한국역제사』, 한국마사회 마사박물관, 2002.

• 성환문화원, 『성환역지』, 2001.

천안의 동학과
세성산전투

천안은 삼남대로가 교차하는 교통의 요지로, 예로부터 양반들이 많이 거주하던 곳이었다. 그러나 조선 후기 들어 농업 생산력 향상과 상품화폐 경제의 급속한 발전으로 지역민들 사이에 계층 분화가 이루어졌고, 조선 후기 세도정치와 삼정문란 등 사회적 모순도 드러나기 시작하였다. 이 과정에서 몰락한 양반들은 생계가 곤란해졌으며, 계속된 가뭄과 기근, 전염병 등으로 사회적 불안이 심화되어 백성들이 크게 동요하였고 각지에서 도적떼가 출몰하였다.

최시형의 이주, 동학 경전 보급

천안 지역의 동학 포교는 동학의 2대 교주인 최시형이 1883년에 강원도 정선에서 목천의 김은경의 집으로 이주하면서 시작되었다. 최시형은 김은경의 집에 동학의 경전인 『동경대전』 간행소를 설치하고 천여 권을 인쇄하여 동학의 단위조직인 포(包)에 보급하였다. 이는 충청 내륙 지역의 동학 교세 확장에 큰 영향을 주었다. 이후 천안 지역의 동학은 김화성, 김성지 등의 활발한 포교 활동에 힘입어 상당한 교세를 형성하였다.

최시형 동학의 2대 교주로서 『동경대전』, 『용담유사』 등 동학의 주요 경전을 발간하여 동학 교리를 체계화하였다.

당시 목천에서 『동경대전』이 간행될 수 있었던 이유는 다른 지역보다 자금 확보가 원활하였고, 종이 생산이 가능하였으며, 축적된 인쇄술이 있었기 때문이었다.

보국안민, 동학농민운동의 시작

"우리가 의로운 깃발을 들어 여기에 이르렀음은 안으로 못된 관리의 머리를 베고, 밖으로는 횡포한 외세를 우리 손으로 내쫓고자 함이라."

1894년 1월, 전라도 고부에서 전봉준을 비롯한 동학교도들이 관아를 공격하여 학정을 일삼던 군수 조병갑을 몰아내고, 창고를 열어 굶주리던 농민들에게 곡식을 골고루 나눠 주었다. 주변 마을의 농민들도 죽창(대나무에 창날을 부착한 무기)으로 무장하고 모여들었다. 이에 전봉준은 나라를 돕고 백성을 편안하게 한다는 '보국안민'의 기치를 내걸고 본격적인 투쟁을 선언하며 백산에서 들고일어났다. 바야흐로 동학농민운동이 시작되었다.

황토현 전투에서 관군을 무찌른 동학군은 전주를 점령하고 정부와 협상을 벌여 개혁 실천의 확답을 받았다. 이에 농민들은 원래 마을로 돌아가 집강소를 설치하여 스스로 부조리를 뜯어고치고 새로운 사회 건설을 실천해 나갔다. 그러나 정부의 개혁 실천은 지지부진했고, 조선을 둘러

백산봉기 기록화 전봉준, 김개남, 손화중 등이 주도하여 1만여 명의 동학 농민군이 백산에서 봉기하였다.

싸고 청과 대립하던 일본은 사사건건 간섭을 하다가 기어이 경복궁을 점령하였다. 이에 농민들은 외세로부터 나라를 구하기 위해 다시 일어섰다.

치열했던 세성산 혈투

동학농민군과 관군의 치열한 혈투가 벌어졌던 세성산성은 천안시 성남면 화성리에 있다.

종래에는 동학농민운동 실패의 주요 원인을 주로 공주 우금티 전투의 패배에서 찾았으나, 1994년에 동학농민운동 100주년을 맞이하여 동학농민운동의 의미를 재정립하는 과정에서 세성산전투에 대한 관심이 높아졌다.

천안 지역은 동학농민군의 2차 봉기 당시 전라도 북부와 충청 지방,

경기도 남부, 강원도 서부 지역을 중심으로 최시형과 손병희가 중심이 되어 조직한 북접의 활동 지역으로 남접의 활동과 발맞추어 포(包)를 통한 봉기를 시작하였다.

1894년 8월 천안과 목천 및 전의에서 동학군 1,500여 명이 봉기하여 관아에 쳐들어가 무기를 탈취하였다. 당시 천안 지역에 대해 일본군이 상부에 보고하기를 "천안 지방의 동학당 세력은 실로 치열하여 조선 사람 10명 중 9명까지 이 무리에 참여하고 있는데, 이는 일본인의 여행에 큰 위험이 될 듯하다"라고 한 것으로 보아, 당시 동학의 기세가 상당하였음을 알 수 있다.

세성산성 표지판 동학군과 관군의 치열한 전투가 벌어졌다. 충청남도 지정기념물 제105호로 지정되었다.

한편, 동학농민군의 2차 봉기 후 남접의 수장인 전봉준과 김개남 등이 북상하면서 충청 · 경상 · 강원 · 황해도에 이르는 연합 전선을 형성하여 공주를 점령하고자 하였다. 공주는 북으로는 차령고개를 넘어 광정에서 천안 삼거리를 거쳐 서울로 이어지며, 남으로는 논산과 삼례, 전주 등 호남 지방으로 연결되는 요충지였다. 또한 공주를 점령하면 충청 지방 이남의 농민군을 대규모로 규합하여 더욱 조직적이고 장기적인 항전이 가능할 것으로 판단하였던 것이다. 그러기 위해서는 먼저 서울에서 내려오는 관군과 일본군을 공주의 북쪽에서 차단할 필요성이 있었다. 이 임무를 천안의 북접이 맡게 되었다. 목천의 대접주였던 김용희와 김성지, 김화성은 북면 연춘리에 소재한 노루목 동편의 낮은 골짜기 도령골에서 남접과의 연계에 대비하기 위해 비밀회의를 열었다. 그리고 이들이 남하하는 관군을 막을 적절한 장소로 선택한 곳은 세성산이었다.

세성산은 자연적 요새로 예전부터 사용되던 성터가 있었고, 우물도 있어 장기적인 항전이 가능할 뿐만 아니라 이곳에는 또한 1,000여 석이 넘는 식량이 저장되어 있었고, 민간에 전수되어 온 총포 제조 기술을 통해 여러 가지 화기류의 생산도 가능한 최적의 장소였던 것이다. 세성산은 해발 220m의 낮은 산이지만 형상이 마치 사자와 같아 예로부터 '만인을 잡아먹을 만한 산'이라고 전해졌다. 산 중턱에는 삼한시대부터 내려오는 농성(農城)이 남아 있었고, 지형적 특징으로는 산의 북서쪽은 절벽으로 자연적인 방비가 가능하였고, 남동쪽은 무성한 수풀이 우거져 침투가 어려웠으며, 서쪽은 나지막한 야산을 이루었다.

1894년 9월 그믐날, 동학농민군 1,500여 명이 세성산에 집결하였다. 동학 지도자들은 세성산에 도착하여 산세를 이용하여 견고한 방어책을 마련하였다. 먼저 둘레 2km에 달하는 토성을 쌓았다. 여러 곳에 진을 치고 무기를 제작하고 군사훈련을 하면서 관군의 동정을 살폈다. 한편 산성의 북쪽은 험준한 절벽으로 특별한 방비가 필요 없었다.

충청 지방의 동학농민군을 진압하기 위해 파견된 관군의 지휘자는 죽산 부사 이두황이었다. 이두황이 지휘하는 관군은 조직적인 군사훈련을 받고 신식 무기로 무장한 정예 군인이었다.

1894년 10월 18일, 900여 명의 관군이 청주를 떠나 세성산 남동쪽 30리 떨어진 송정리에 도착하였다. 이두황은 세성산 기슭에 관군 여러 소대를 매복시키고 동학농민군을 공격할 기회를 엿보았다. 이윽고 긴장감이 고조되던 새벽 5시경에 관군의 기습공격이 시작되었다.

불시에 기습을 당한 동
학농민군은 관군과 치열
한 혈투를 벌였다. 농민
중에서 가장 훈련이 잘된
정예들로 구성된 동학군
이었지만 구식 무기와 죽
창만으로는 신식 무기로
무장한 관군을 상대하기
에는 역부족이었다. 김복
용은 필사적으로 전투를

세성산성 정상의 장군바위 동학농민군 지도자가 동학군을 지휘했다는 전설이 전해 온다.

독려하였지만 빗발치는 총탄 속에서 농민군은 하나둘씩 쓰러져 갔다. 결국 동학군은 북쪽으로 후퇴하였고, 이미 매복 중인 관군의 공격으로 거의 전멸하고 말았다.

3일간에 걸친 전투에서 동학농민군은 궤멸에 가까운 손해를 입었고, 농민군 지도자 김복용은 세성산에서 체포되어 참수되었다. 세성산전투가 끝난 후, 관군은 목천 지역에 대한 대대적인 수색을 벌여 구사일생으로 빠져나온 김화성과 김용희, 이희인 등의 지도자들을 체포하여 처형하였고, 심지어 그들이 살았던 마을까지 모두 불태워 버렸다.

세성산전투 이후의 동학농민운동

세성산은 최북단에 있는 동학농민군의 격전지로 최후의 보루지 역할을 한 장소이다. 세성산전투에서 패전함으로써 동학군은 중요한 지리적 요충지를 상실하였고, 관군 및 일본군은 공주에 쉽게 집결할 수 있었다. 결과적으로 세성산 전투의 패배는 전봉준과 김개남이 이끄는 남접 동학

농민군이 공주 우금티에서 패배하게 된 원인이 되고 말았다.

　우금티전투에서 동학농민군의 주력이 패배하면서 피신했던 지도자들 가운데 김개남은 전라도 태인에서 처형되었고, 녹두장군 전봉준도 이듬해인 1895년 순창에서 체포되어 처형되면서 불꽃같이 타올랐던 동학농민운동도 서서히 꺼져 갔다. 그러나 이후에 동학농민운동에 참여한 농민들은 흩어져 각자 고향으로 돌아가 생업에 종사하면서 활빈당과 의병 활동에 참여하였고, 서해 도서 지역으로 피신하여 은거하면서 새 시대를 준비하고 있었다.

● 참고 문헌 및 사이트

• 이이화, 『파랑새는 산을 넘고』, 김영사, 2008.

• 최현식, 『동학 농민 혁명사 연구』, 갈채, 2006.

• 전국역사교사모임, 『살아 있는 한국사 교과서 2』, 휴머니스트, 2006.

• 천안시 문화담당관, 『천안의 문화재』, 천안시청, 2005.

• 이원표 외, 『동학혁명의 발자취』, 아우내문화원, 1997.

• 박맹수, 『동학 농민 전쟁과 공주전투』, 공주사대 백제문화연구소, 1994.

천안의 노다지 직산금광

노다지 노다지 금 노다지 노다지 노다지 금 노다지

노다진지 칡뿌린지 알 수가 없구나

나오라는 노다진 아니 나고 칡뿌리만 나오나

성화가 아니냐 엥여라차 차 차 엥여라차 차 차

싯누런 노다지야 어디가 묻혔길래

요다지 태우느냐 사람의 간을

엥여라차 차 차 엥여라차

일제강점기 민중들이 부르던 노다지 타령이다. 노다지는 금이 쏟아져 나오는 금광을 뜻한다. '노다지'의 어원은 '손대지 말라'는 뜻의 영어 'No

No Touch! 노다지의 어원은 여러 설이 있지만, 그 중 손대지 말라는 뜻의 영어 'No Touch'에서 비롯됐다는 설이 가장 일반적이다.

Touch'의 발음에서 비롯됐다는 설이 가장 일반적이다.

조선 최대의 금광인 운산금광은 1895년 미국인 자본가에게 넘어갔다. 미국인 광산 관리자들은 금광 채굴 과정에서 조선인의 접근을 막기 위해 'No Touch'라는 팻말을 붙여 놓았다. 영어를 잘 모르는 조선인이 이를 금이나 금맥 같은 광물을 뜻하는 말로 여기면서 노다지라는 말을 사용하기 시작했다는 것이다. 노다지는 서양 열강들에게 우리의 땅, 우리의 금을 빼앗기면서 생겨난 말이다. 우리가 큰 이익, 커다란 행운으로만 여겨왔던 노다지에는 이 땅의 아프고 슬픈 역사가 깃들어 있다. 운산 금광과 더불어 조선 최대의 금광이었던 직산금광 역시 1900년대 다른 금광들과 마찬가지로 아픈 역사를 간직하고 있다.

충청남도 최북단 천안

직산금광은 천안시 입장면 양대리, 성거읍, 직산읍 일대에 분포하고 있는 수십여 개의 금광을 통틀어 일컫는다. 동쪽으로는 경기도 안성군과 충청북도 진천에 접해 있으며, 남쪽은 북면과 성거읍, 서쪽은 경기도와 접해 있다. 양대리는 본래 직산현에 속해 있었으나, 1914년 지방 행정구역이 통폐합됨에 따라 천안군 입장면으로 개편되었고, 1995년 시군 통합으로 천안시 입장면으로 행정구역 명칭이 변경되었다.

직산금광의 위치 사금 광산인 직산금광은 하나의 금광이 아니라 천안시 입장면 양대리, 성거읍, 직산읍 일대에 분포하고 있는 수십여 개의 금광을 통틀어 일컫는다.

일본인에게 강탈당한 채굴권

직산금광은 고려 충렬왕 때 원
에서 사신을 보내어 채광하기 시
작하였다. 조선 세종 때 중국에
금을 조공하는 것을 피하고자 채
굴을 중지하였다가 조선 중기 인
조 이후 다시 채광이 활발해졌다.
1899년 일본인 삽택영일(澁澤榮一)

천보광산 제1갱구 서북구 입장면 기로리에 있다. 천보광산은
조선 왕실 소유였다가 1926년 직산광산에 편입되었다.

이 대한제국 정부의 허가 없이 불법으로 채굴하였고, 같은 해 복지진장
(福祉辰藏)이 금을 채굴하다 지방 관리에게 제지당하였다. 그러나 일본인
들은 대한제국 정부와 관리의 제지에도 불구하고 불법 채굴을 계속하였
으며, 대한제국 정부는 결국 1901년 삽택영일에게 직산 광산 채굴권을
허가해 주었다.

3 · 1운동에 동참

전국적인 만세시위가 일어났던 1919년, 천안군 입장면에서도 세 차례
의 커다란 만세시위가 있었다. 양대 사립 여숙(광명학교)의 교사 임영신은
함태영 목사로부터 전해 받은 독립선언서를 수백 장 등사하여 민옥금,
한이순, 황금순 등 세 여학생에게 건네주며 만세운동을 벌이도록 하였
다. 세 학생은 태극기를 몰래 만들어 입장면 양대리의 전 가구에 돌리며
3월 20일에 일제히 만세를 부르도록 연락하였다. 1919년 3월 20일 오
전 10시경, 약속했던 대로 만세시위가 일어났다(3 · 20의거). 700여 명이
넘는 주민이 양대리를 출발하여 3km 떨어진 입장시장까지 만세를 부르

3·1독립만세운동기념탑 서북구 입장면 양대리에 있다. 입장에서는 3·1운동 당시 세 번의 만세운동이 일어났다.

며 행진하였다. 이 과정에서 천안에서 출동한 일본 헌병과 충돌하여 200여 명이 체포되었고 민옥금, 한이순, 황금순 등 여학생 3명을 비롯하여 8명이 공주 감옥으로 끌려가서 1년 2개월의 실형을 받았다.

이러한 일제의 탄압에도 굴하지 않고 또 한 번 만세운동이 일어났다. 바로 양대리의 직산금광 광부들이 주축이 되어 일어난 3·28의거였다. 3·20의거 후 직산금광회사 직원 박창신은 동료 한근수, 안은 등과 함께 태극기를 만들며 거사를 준비하였다. 이들은 3월 28일에 광부 200여 명과 함께 태극기를 흔들면서 입장시장 쪽으로 향하며 독립만세 시위 행진을 감행하였다.

시위 도중 양대 헌병주재소에서 일본 헌병들이 출동하여 총칼로 제지하자 주재소로 돌진하여 무기를 빼앗고 전화선을 절단하는 등 격렬하게 항쟁하였다. 이에 일제는 천안군에서 일본 군경을 급파하여 광부들에게 무차별 사격을 가하였고, 그 결과 여섯 명이 총을 맞았다. 그중에 광부 남기철, 신일성, 김 모 씨 등 3명이 그 자리에서 순국하였고 중상자가 수십 명, 태형 80대의 후유증으로 죽은 사람이 5명이나 되었다. 3월 30일에도 입장시장에서 만세운동이 이어졌다.

계속되는 수탈의 아픔

일본인에 의해 금광 채굴이 시작된 1900년 무렵 양대리 지역의 인구는 약 3만 명이었다. 금광이 개발되기 시작하자 광산에서 일하기 위해 전국에서 노동자들이 몰려들기 시작하였다.

일본인들은 금맥이 있는 곳은 산과 논, 묘소 할 것 없이 닥치는 대로 인력과 기계를 동원해 마구잡이로 채굴하고 수탈하였다. 그리하여 1920년대 들어서부터는 금 채취량이 급격히 감소했음에도 불구하고, 1940년대까지 채굴은 계속되었다. 그뿐만 아니라 무분별한 채굴 탓에 자연환경이 크게 훼손되었다. 금광의 대표적 줄기인 성거산 일부는 현재 지반이 내려앉았고 산의 능선 마루를 경계로 산이 동서로 갈라지고 있다.

● 참고 문헌 및 사이트

• 성환문화원, 『일본의 직산금광침탈사』, 성환문화사, 1998.

• 이배용, 『삽택영일과 대한경제침략』, 국사편찬위원회, 1989.

• 천안시청 홈페이지(http://www.cheonan.go.kr).

• 독립기념관 홈페이지(http://www.i815.or.kr).

• 서울대학교 규장각 홈페이지(http://e-kyujanggak.snu.ac.kr).

철도 교통의 발달과 천안

천안 하면 '천안 삼거리'를 떠올릴 정도로 천안은 옛날부터 삼남이 만나는 길목이요 교통의 중심지였다. 도보가 거의 유일한 교통수단이던 옛날 삼남 사람들이 한양으로 가기 위해서는 반드시 천안을 지나가야만 했다. 근대에 접어들며 도보 중심의 교통은 철도 교통으로 대체되기 시작하였다. 철도 교통의 중심에 천안이 있었다. 21세기 첨단 도시를 꿈꾸는 천안! 철도는 천안을 어떻게 변화시켰던 것일까.

철마가 달리는 천안

1899년 9월 18일 오전 9시. '우렁찬 기적 소리'가 조용한 아침의 나라 조선을 깨웠다. 노량진과 제물포를 연결하는 조선의 첫 번째 열차가 개통된 것이다. 우렁차게 기적을 토하며 달리는 쇳덩이를 사람들은 철마(鐵馬)라고 불렀다. 근대 문명의 이기인 철마의 개통은 식민지 조선 백성의 고통을 알리는 우울한 서막이기도 하였다. 경인선 개통을 시작으로 한반도를 X자로 그으며 질주하는 철마는 일본 제국주의 침략의 또 다른 모습이었다.

1905년 1월 1일 일제는 서울과 부산을 잇는 두 번째 철도인 경부선을 개통하였다. 러일전쟁을 승리로 이끌고 한반도를 효율적으로 침략하려는 목적이었다. 세계 철도 역사상 유례를 찾아보기 어려운 최단 시간과 최저 비용의 철도 건설은 토지의 약탈과 노동력 착취로 이어져 조선백성에게 말할 수 없는 고통을 안겨 주었다. 경부선 철도의 건설로 천안역이 개통되면서 천안에도 철마가 달리기 시작했다. 삼남이 만나는 도보교통의 중심지 천안이 새롭게 철도 교통의 중심지 천안으로 바뀌는 순간이었다. 물론 철마가 천안을 지나간다는 사실이 하루하루의 생계를 걱정해야 하는 식민지 조선 백성의 삶에 당장 큰 변화를 가져오지는 않았다. 하지만 시간이 지나면서 경부선의 개통은 충남 지역 도시 발달의 역학관계를 완전히 뒤바꾸어 놓았다. 경부선 노선에서 철저히 제외된 백제와 금강문화권의 오랜 전통 도시 공주와 내포문화권의 중심지인 홍주(홍성)가 급속히 쇠퇴하였다. 반면 경부선 노선을 따라 천안, 조치원, 대전 등신흥 도시들이 급성장하였다.

경부선의 개통으로 천안의 도시 구조도 변화가 생겨났다. 본래 조선시대까지 천안의 중심은 관아와 시장이 있던 현재 천안중앙초등학교와 중앙시장 일대였다. 천안 삼거리는 이 중심지로 들어오는 관문이었다. 그러나 경부선의 개통으로 철로를 따라 새롭게 길이 생겨나고(현재 대흥로 일대), 그 길을 따라 새로운 건물들이 길게 들어서기 시작했다. 기존의 중심지와는 별도로 철로를 따라 긴 형태의 새로운 신시가지가 형성된 것이다. 일본인이 신는 나막신인 게다를 신고 거리를 활보하는 남자와 기모노를 입은 여자들이 새로운 시가지에 하나둘씩 늘어났다.

다시 삼남의 분기점이 된 천안

1922년 천안과 온양 사이에 새로운 사설 철도가 생겨났다. 온양온천이 온천 관광의 명소로 더욱 부상하던 시기였다.

1931년 경기도 장호원에서 충남 장항까지 완전히 개통된 철도는 경남 철도였는데 1955년부터 장항선으로 불리었다. 일제는 장항선을 남한 유일의 건식 제련소인 장항제련소와 연결하였고 장항선을 이용하여 충남과 경기 일대의 쌀 및 보령 일대의 석탄을 수탈하였다. 장항선은 이러한 목적 외에 관광 목적으로도 이용되었다. 기차를 타고 즐기는 온양온천 및 대천해수욕장 관광은 일제강점기 최고의 인기 여행 코스였다.

천안의 명물 호두과자가 등장한 것도 대략 이때였던 것으로 보인다. 1934년부터 천안역 앞 작은 제과 점포에서 판매하던 호두 모양의 과자는 경부선과 장항선 열차를 타고 퍼지며 천안을 대표하는 특산품이 되었다.

장항선의 개통으로 천안은 영호남과 충남의 서남부

1910년대와 1920년대 천안역 풍경
(위) 도포를 입고 어디론가 바쁘게 움직이는 조선인의 모습이 이채롭다. 경부선 개통으로 천안은 도보 교통의 중심에서 철도 교통의 중심으로 바뀌어 갔다.
(아래) 칼을 찬 일본인의 모습과 쭈그리고 앉은 조선인 행상의 모습이 극명하게 대비된다. 철도의 개통은 근대 문명의 축복이었지만 일본 침략의 우울한 서막이기도 하였다.

내륙을 연결하는 중심지가 되었고 영호남과 충남의 물산들이 기차를 타고 천안에 모였다가 흩어졌다. 철로를 따라 생긴 신시가지는 더욱 번화해졌다. 천안에 거주하는 일본인은 더욱 늘었으며 장항선 개통과 거의 때를 맞추어 천안역 부근에 농업학교(현 천안제일고등학교)가 개교하였다.

1930년대 천안역에서 바라본 온양 방면 경부선의 개통으로 철로를 따라 새로운 길이 생겨나고 그 길을 따라 새로운 건물들이 들어서기 시작하였다. 근대 문명의 상징인 자동차와 전봇대, 그리고 흰옷을 입은 조선인들의 모습이 인상적이다.

사라진 안성선

안성선을 기억하는 천안 사람은 매우 드물다. 광복 이후 자동차 교통의 중요성이 주목받으면서 안성선은 겨우 명맥만 이어 왔다. 안성선은 1927년 9월 15일 개통되었다. 천안역에서 출발해 안성평야를 지나 안성에 이르고, 다시 이천시 장호원까지 개통된 길이 28.4km의 사설 철도였다. 안성평야 일대의 쌀과 사금광으로 유명했던 직산금광의 금을 수탈하는 것이 이 철도 부설의 목적이었다. 철도만 놓고 보았을 때 일제강점기 천안은 충남 서남부(장항선), 서울·경기(경부선, 안성선), 영호남(경부선)을 연결하는 중심지였던 것이다. 안성선은 1989년 1월, 도로 교통의 발전을 저해하고 이용 가치가 없다는 이유로 폐선되었다.

1970년대 천호지 풍경 지금의 단국대학교 치과병원 앞 천호지의 모습이다. 경부고속도로는 아직 개통되지 않았고, 지금은 사라진 안성선 철로의 모습이 사진 속에는 남아 있다.

쌀 운송의 의미가 퇴색되고 직산금광이 폐광된 지 오래된 지금, 안성선은 옛 선로조차도 모습이 거의 사라지고 없다. 달리지 않는 철마 안성선, 다만 옛날 사람들의 오랜 추억 속에서만 기적 소리를 울릴 뿐이다.

21세기 새로운 철도 교통의 중심지를 꿈꾸며

광복 이후 산업화시대를 거치며 철도 교통의 발전은 잠시 주춤하였다. 자동차 교통의 발달로 철도는 새로운 도전을 맞게 되었다. 특히 1970년 경부고속도로의 개통으로 운송수단이 철도 중심에서 자동차로 크게 분산되었다. 그러나 도시화와 산업화에 따른 여객과 화물의 이동이 급증하면서 천안의 위상은 더욱 높아졌다. 철도 교통의 중심에 새로이 고속도로라는 날개를 달게 된 셈이다.

21세기에 접어들며 천안의 철도는 새로운 전환기를 맞이하고 있다. 2004년 고속철도(KTX)의 개통, 2005년 수도권 전철의 개통, 그리고 2008년 장항선 철도의 복선화 및 현대화로 철도 교통의 요지가 된 천안의 위상은 더욱 중요해졌다. 제국주의 침략이라는 아픔으로 시작한 우리

수도권 전철과 KTX의 개통 21세기 천안의 철도는 새로운 전환기를 맞이하고 있다. 세계를 향해 거칠게 질주하는 우리의 철마, 그 중심에 천안이 있다.

의 철도 역사를 이제 우리가 다시 써 나가고 있다. 우리의 철도는 한반도를 넘어 만주와 시베리아를 지나 유럽으로까지 뻗어 나갈 것이다. 세계를 향해 힘차게 질주하는 우리의 철마, 그 중심에 천안이 있다.

● **참고 문헌 및 사이트**

• 천안역사교사모임, 『천안 지역사 학습자료』, 2006.

• 노형석, 『모던의 유혹 모던의 눈물』, 생각의 나무, 2004.

• 천안시, 『사진으로 보는 천안시정 40년사 1963-2004』, 천안시, 2004.

• 박천홍, 『매혹의 질주, 근대의 횡단-철도로 돌아본 근대의 풍경』, 산처럼, 2003.

• 한국철도공사 홈페이지(http://www.korail.go.kr).

• 천안시청 홈페이지(http://www.cheonan.go.kr).

• 천안제일고등학교 홈페이지(http://www.cj.hs.kr).

2
천안 속의 흔적

오랜 시간 한반도에 터를 잡고 살아온 우리 민족은 우리만의 고유한 역사적 흔적을 남겼다. 교과서에서 배운 유명한 문화재나 박물관에 전시된 국보급 보물들이 아니더라도 주변을 돌아보면 조상의 손때와 숨결이 묻어 있는 흔적은 헤아릴 수 없이 많다. 소중한 흔적들이 무관심 속에 방치되다가 사라지는 현실은 가슴 아픈 일이다.

천안과 관련된 수많은 유물·유적 중에서 고려시대 불교 유적, 조선시대 유교 유적 그리고 천안에 얽힌 이야기, 천주교 관련 유적 등을 조명하였다. 천흥사지와 봉선홍경사사적갈비는 고려의 숭불 정책과 천안의 위상을 확인할 수 있는 대표적인 불교 유적이다. 관아와 향교, 서원은 조선의 유교 통치 정책을 살펴볼 수 있는 소중한 유산이다. 비록 관아의 모습은 현재 직산현 관아밖에 남아 있지 않고 서원은 사라지고 없지만 그 흔적만큼은 찾아볼 수 있다.

천안 삼거리에 얽힌 능소와 박현수의 애절한 사랑 이야기, 천안 지명에 남아 있는 용 이야기, 박해를 피해 숨어든 천주교인들의 이야기 등도 천안에 깃든 흔적이다. 또한 천안삼거리공원에 세워진 '독립투쟁의사광복회원기념비'를 통해 1910년대 항일무장투쟁 단체인 대한광복회에서 목숨을 다해 나라를 되찾고자 활동한 천안 출신의 독립운동가도 만날 수 있다.

성스러운 오색구름이
머무는 천흥사지

"학교 종이 땡땡땡 어서 모이자. 선생님이 우리를 기다리신다."

이 노래를 모르는 사람은 없을 것이다. 그런데 이 노래 속의 '땡땡땡'이라는 종소리는 우리의 종소리가 아닌 서양의 종소리라는 것을 아는 사람은 과연 몇이나 될까.

우리 종은 '뎅~' 하는 소리를 낸다. 땡땡땡 소리는 조급하고 경솔한 느낌이 들지만, '뎅~'은 여운이 있고 깊은 소리이다. 이렇게 여운이 있고 깊은 소리를 내는 우리의 종 가운데 고려시대를 대표하는 동종이 바로 국립중앙박물관에 전시되어 있는 국보 제280호 천흥사 동종이다.

성스러운 산신이 서려 있는 사찰

현재의 천안은 경부선과 장항선을 잇는 교통의 요지로서 반도체를 비롯한 각종 산업의 중심지로 부상하고 있다. 천안이 역사적으로 중요한 위치로 자리 잡게 된 것은 고려 태조 왕건이 후삼국 통일을 위하여 천안을 전략적 거점으로 삼으면서부터이다.

고려 건국 후 후삼국 통일을 위해 왕건은 현재의 천안과 상주를 전략적 거점으로 삼고 후백제의 견훤과 대치하였다. 그리하여 술사 예방의 건의에 따라 천안부를 설치하고 경주 출신으로 천안과 관련이 깊었던 임언의 딸을 천안부원부인으로 삼아 11번째 비로 맞이하였다. 태조산, 성거산 등에 태조 왕건과 관련된 지명이 현재도 많이 남아 있으며, 천안 지역의 불교문화 유적 가운데 왕건과 관련된 것이 많다.

천흥사와 관련된 자세한 내력은 기록으로 남아 있지는 않다. 다만, 왕건이 직산 수헐원에 머무르던 당시 동쪽의 어느 산 위에 오색구름이 걸쳐 있는 것을 보고는 성스러운 산신이 있다고 여겨 제사를 지내게 하고 산 이름을 성거산이라 부르게 하였으며, 그 아래 절을 짓게 하였다고 전해질 따름이다.

왕건은 불교와 더불어 전통신앙인 산천신과 천신에 대해서도 깊은 믿음을 갖고 있었다. 왕건이 죽을 무렵 남긴 훈요십조에서 "우리 국가의 대업은 여러 부처님의 호위하는 힘에 의한 것이었다."라고 하면서도 "짐이 삼한 산천의 도움을 받아 대업을 이루었다."라고 한 데서 그 믿음을 찾아볼 수 있다. 또 연등회 · 팔관회의 지속적인 개최도 자손들에게 부탁하였는데, 팔관회는 천령과 오악 · 명산 · 대천 · 용신을 섬기는 행사였다. 성거산의 산 이름도 이런 믿음에서 비롯된 것이다. 왕건은 성거산 아래 절을 창건하여 후삼국 통일의 염원을 간절히 빌었고 결국 이루었다.

할아버지 왕건의 업적과 전통을 계승한 현종

천흥사라는 이름은 '하늘이 국가를 흥하게 할 것'이라는 의미이다. 천흥사는 태조 왕건이 창건한 것으로 추측된다. 오늘날 국립중앙박물관에 보관 중인 천흥사 동종을 만들어 천흥사를 더욱 크게 번창시켰던 왕은 왕건의 손자이자 고려의 8대 왕인 현종이다.

현종의 출생과 성장 과정은 아주 불우하였다. 현종은 태조의 8번째 아들인 안종 왕욱과 경종의 후비로 성종의 누이동생인 헌정왕후 사이에 태어난 아들이다. 태어나기도 전에 아버지는 귀양을 가고, 어머니는 그를 낳다가 죽었다. 성종의 배려로 유모의 손에서 자란 현종은 성종을 아버지로 착각하였을 정도라고 한다. 이를 본 성종은 현종을 안쓰럽게 여겨 아버지 안종 왕욱에게 보냈다가 아버지가 죽자 다시 개경으로 올라오게 하였다.

개경으로 올라온 현종의 생활은 여전히 순탄하지 않았다. 목종이 18세의 어린 나이로 왕위에 즉위하자, 목종의 어머니인 천추태후가 대신 정치를 하였다. 천추태후는 김치양과의 사이에서 낳은 아들에게 왕위를 물려주고자, 현종을 개성의 숭교사와 삼각산 신혈사로 보내 승려로 만들었다. 이후에도 김치양과 천추태후는 여러 차례 현종을 제거하려는 시도를 하였으나, 현종은 스님의 도움으로 무사할 수 있었다.

어린 시절 강제로 삭발하게 된 개인적인 경험과 끊임없는 암살 시도에 대한 두려움, 즉위 초년에 겪게 되는 거란의 침입을 격퇴해야 하는 시대적 과제 등으로 인해 현종은 자연스럽게 불교에 귀의하였다. 현종은 즉위하자마자 직극적인 불교 정책을 펴서 인사 조치와 교서를 반포하고 성종 대에 폐지된 연등회와 팔관회를 부활시켰다. 현종은 거란의 침입으로 나주까지 피난 갔던 때조차도 팔관회를 거행하였다.

이러한 현종에게 천흥사는 태조 왕건이 세운 사찰로 더욱 의미가 깊었다. 어려운 과정을 겪고 왕위에 오른 현종은 고려의 지배 체제를 정비하는 과정에서 할아버지 태조 왕건의 업적과 전통을 계승하고자 천흥사에 동종을 만들고, 천흥사를 크게 번창시킨 것으로 보인다.

깊은 여운으로 불심을 알리는 천흥사 동종

천흥사 동종은 국내에 남아 있는 고려시대 범종 가운데 가장 연대가 앞서는 문화재이다. 전체 높이가 174.2cm로 현재 국내에 남아 있는 고려시대 범종 가운데 가장 크다. 점점 크기가 작아졌던 고려시대의 종으로는 꽤 큰 편이며, 제작 수법이나 양식으로도 고려시대 종을 대표할 만하다.

종의 형태는 에밀레종으로 알려진 성덕대왕 신종으로 대표되는 항아리 모양의 신라 종보다 아가리 쪽이 좀 벌어진 편이나 전체적으로는 신라 종의 모습을 계승하였다. 그러나 부분적으로는 차이가 있다. 대표적으로 종 위에 종의 고리 역할을 하는 용뉴(龍紐)가 여의주를 물고 있는 용의 모습으로 표현되어 있는데, 신라시대 용보다 고개를 위로 쳐들고 있다. 또한 명문을 위패 모양의 틀 속에 새겼다는 점에서 신라 종보다 달라진 고려시대 종의 모습을 보여 주고 있다.

'성거산천흥사종명통화이십팔년경술이월일(聖居山天興寺鐘銘統和二十八年庚戌二月日)'이라는 위패 모양의 틀 속에 새겨진 명문을 통해 성거산 천흥사에서 만들어졌음을 알 수 있다. 또 통화는 요(거란)의

천흥사 동종(국보 제280호) 고려시대를 대표하는 종으로, 현재 국립중앙박물관에 보관 중이다. 명문을 통해 성거산 천흥사에서 쓰던 종임을 알 수 있다.

연호로 1010년(고려 현종 1년)에 주조되었음을 알 수 있다.

천흥사 동종은 그 명칭이 뜻하는 것처럼 원래 성거산 천흥사에 있던 종이 분명하다. 그러나 어떤 이유에서인지, 또 어느 시기인지 알 수 없으나 절이 폐사된 뒤 경기도 광주의 남한산성으로 옮겨졌다가 '이왕가박물관'의 진열품으로 수집되었다. 그 후 덕수궁 안에 건립된 '이왕가미술관'으로 다시 이전되었다가, 광복 이후 이름을 고친 '덕수궁미술관'의 소장품이 되었다. 1969년 5월에 국립중앙박물관에 일괄 인수되어 현재에 이른다.

흔적으로 남은 천흥사 옛터

천안시 서북구 성거읍 천흥리 일대는 당시에는 하나의 거대한 절터였던 것으로 보인다. 주변에 초석이 많이 남아 있고, '천흥사'라는 명문이 찍힌 기와조각들이 논밭에 널려 있었다는 사실을 통해 절의 이름이 '천흥사'였음을 알 수 있다. 또한 당간지주와 오층석탑의 위치가 상당한 거리를 두고 있어 당시 천흥사의 규모가 매우 컸음을 짐작할 수 있다.

이렇게 규모가 컸던 천흥사는 천흥 저수지의 축조로 상당 부분 유실되었으며, 폐사된 이후 그 주변 일대가 과수원으로 개간되고, 민가가 조성되어 현재 천흥사의 정확한 위치와 크기를 파악하기가 어렵다.

절에서는 불전이나 불당 앞, 절 입구에 부처의 위엄과 공덕을 드러내기 위해 깃발을 세우는데 이것을 '당(幢)'이라고 한다. 당을 달아 두는 장대를 '당간'이라 하며, 이 당간을 양쪽에서 지탱하는 두 돌기둥을 당간지주라고 한다. 천흥사 옛터에는 현재 당간은 없어지고 당간을 지탱해 주던 지주만 남아 있다. 높이가 3m 되는 당간지주는 현재 일부가 파손된 상태로 정비되어 있다. 본래 일정한 높이의 기단이 있었던 것으로 보이

천흥사지 당간지주(보물 제99호) 천흥사 옛터에는 현재 당간은 없어지고 당간을 지탱해 주던 기둥인 지주만 남아 있는데, 양 지주 사이가 60cm 간격을 두고 동서로 세워져 있다.

나, 흩어져 있던 것을 복원하여 완전하지 못하고 왼쪽 지주의 끝 부분 일부가 깨져 있다. 당간지주는 양 지주 사이가 60cm 간격을 두고 동서로 세워져 있다.

전체적으로 5.27m나 되는 천흥사지 오층석탑은 이층의 기단 위에 오층의 탑신을 올린 비교적 거대한 모습으로, 석탑의 규모가 점점 커지던 고려 초기의 흐름을 잘 보여 주고 있다. 현재 상륜부는 없는데, 오층 지붕돌도 1966년에 해체하여 복원할 때 근처에서 찾아 그나마 현재의 모습을 갖출 수 있게 되었다. 천흥사 동종에 새겨진 명문에 의하면 동종이 1010년(현종 1년)에 주조된 것으로 확인되는 바, 당간지주나 오층석탑도 동종과 같은 시기에 세워진 것으로 보인다.

태조 왕건의 후삼국 통일의 염원이 담긴 천안부, 그리고 할아버지 왕건의 업적과 전통을 계승하려던 현종의 의지가 꽃피운 천흥사의 위용을

고스란히 볼 수 없다는 아쉬움은 있지만 천흥사 동종, 당간지주, 오층석탑 등 남아 있는 유적이 천안 지역 역사의 찬란함을 일깨워 준다.

천흥사지 오층석탑(보물 제354호) 2층의 기단 위에 5층의 탑신을 올린 비교적 큰 석탑이다.

● **참고 문헌 및 사이트**

• 박성상, 『천안의 고려시대와 불교유적』, 천안박물관, 2009.

• 김갑동, 『홍경사 창건의 배경과 그 동향』, 성환문화원, 2008.

• 조경시, 『고려 현종의 불교신앙과 정책』, 한국사상사학회, 2007.

• 한국문화유산답사회, 『답사여행의 길잡이-충남』, 돌베개, 2004.

• 박영규, 『한 권으로 읽는 고려왕조실록』, 들녘, 1996.

• 백종오 외, 『천흥사지 학술조사보고서』, 성환문화원, 1994.

땅굴 왕자 현종과
봉선홍경사사적갈비

폐허가 된 사찰은 이름만 공허하고 　　　廢寺名空在

황폐한 비석은 글자만 홀로 남아 있네 　　荒碑字獨留

배회하여도 사람은 보이지 않고 　　　　徘徊人不見

황량하고 쓸쓸한 저물녘 구름만 시름에 젖네 　寥落暮雲愁

　　　　　　　　　　　　　　-신익상(1634~1697)

　일 번 국도를 이용하여 천안에서 평택 방면으로 가다 보면 '봉선홍경
사사적갈비'라는 표지판과 함께 허허벌판에 비석 하나만이 외로이 서 있
는 모습을 볼 수 있다. 오가는 차량이 내뿜는 매연과 소음 속에 먼지를
뒤집어쓰고 외롭게 서 있는 이 비석이 바로 천안 지역에 현존하고 있는
유일한 국보 지정 문화재인 봉선홍경사사적갈비(국보 제7호)이다.

　이 길고 어려운 비석 이름의 '봉선(奉先)'은 부모님을 받든다는 의미이
고, '사적갈비'는 절의 유래를 적은 비석을 뜻한다.

봉선홍경사사적갈비는 1021년에 고려 현종이 봉선홍경사라는 사찰을 짓고 이를 기념하기 위해 1026년에 세운 비석으로, 봉선홍경사의 창건에 관한 내용을 기록하고 있다.

봉선홍경사사적갈비(국보 제7호) 고려 현종이 봉선홍경사라는 사찰을 짓고 이를 기념하기 위하여 세운 비석이다. 봉선홍경사에 관한 내용을 기록하고 있다

땅굴 왕자 현종, 그의 특이한 이력

봉선홍경사를 세웠던 현종은 특이한 이력을 지닌 인물이다. 현종은 태조 왕건의 8남인 왕욱과 제5대 왕인 경종의 4비인 헌정왕후 황보 씨 사이에서 태어났다. 고려시대 경종의 부인인 헌정왕후가 어떻게 자신의 삼촌뻘 되는 왕욱과의 사이에서 현종을 낳았으며 현종이 왜 땅굴 왕자라고 불리게 되었을까.

경종이 죽고 난 이후 헌정왕후는 궁 밖에 나와 살았다. 헌정왕후는 자신의 집 근처에 왕욱이 살고 있다는 것을 알게 되었고 집이 가까운 것을 계기로 자주 왕래하였다. 그러다 보니 함께 지내는 시간도 많아졌고, 결국 둘은 정을 통하여 헌정왕후가 아이를 갖게 되었다. 이 아이가 바로 고려의 8번째 왕인 현종이다.

하지만 경종의 부인이었던 헌정왕후가 다른 남자의 아이를 가졌다는 것은 당시 모든 이들에게 받아들여질 수 없는 사건이었다. 이 사실은 당시 왕이면서 헌정왕후와 남매지간이었던 성종에게도 알려졌다. 성종은 크게 화를 내며 왕욱을 귀양 보냈고, 헌정왕후는 왕순(현종)을 낳다가 죽고 말았다.

비록 불륜으로 태어난 아이였지만, 왕순은 성종 자신의 조카이면서 사촌 동생이었다. 왕순을 불쌍하게 여긴 성종은 그를 유모에게 맡기고 궁에서 길렀다. 그러던 어느 날 성종이 찾아왔을 때 자신을 아버지라고 부르며 무릎 위로 올라오는 왕순을 가엾게 여긴 성종은 왕순을 아버지에게 데려다 줄 것을 명하였다. 아버지 왕욱이 사망하는 996년까지 귀양지에서 아버지와 함께 살았던 왕욱은 이듬해인 997년이 되어서야 개경으로 돌아오게 되었다.

같은 해 성종이 죽자, 목종이 왕위에 오르고 목종의 어머니인 천추태후가 섭정하게 되면서 왕순은 위태로운 처지에 놓였다. 목종이 아들을 낳지 못하자 왕권을 장악한 천추태후가 김치양과의 사이에서 태어난 아들을 왕으로 세우려 하였다. 그러자니 당연히 1003년에 대량원군에 봉해져 유일하게 왕위계승권을 가진 동생의 아들 왕순이 걸림돌이 될 수밖에 없었다.

이에 왕위를 노리고 있던 천추태후는 왕순을 개성의 숭교사에 억지로 보내 승려로 만들었고, 1006년에는 다시 삼각산의 신혈사로 보내 버렸다. 이후 왕순은 여러 차례 천추태후가 보낸 자객에게 살해될 뻔하였으나, 신혈사의 노승이 땅굴을 파서 그를 숨겨 준 덕분에 간신히 목숨을 건질 수 있었다. 그래서 땅굴 왕자라는 별명이 붙게 되었다. 그 후 1009년 (목종 12년)에 강조가 목종을 폐하고 대량원군 왕순을 옹립하여 왕으로 세웠으니 이가 바로 봉선홍경사를 창건한 현종이다.

불우한 어린 시절을 보내고 즉위한 뒤에는 끊임없는 거란족의 침입에 계속 시달렸던 현종에게 국가의 평안에 대한 소원과 함께 불운하게 세상을 떠난 부모님의 명복을 비는 것은 절실한 염원이었을 것이다. 또한 현종은 아버지 안종 왕욱이 생전에 불교에 대한 믿음이 깊어 사찰을 지으려고 하였으나 그 뜻을 이루지 못한 것을 안타까워하였다. 그리하여 현종은 아버지의 뜻을 받들어 1016년에 봉선홍경사를 세웠던 것이다.

봉선홍경사사적갈비와 봉선홍경사

봉선홍경사는 충청남도 천안시 서북구 성환읍 대홍리에 있었던 고려시대 사찰로 홍경사 또는 홍경원이라고도 한다. 이 사찰은 1021년(현종12년)에 부모의 명복과 국가의 평안을 빌기 위하여, 그리고 당시 이 지역을 여행하던 여행자의 보호와 편의를 위하여 세워졌다. 즉 불교 수행을 위한 사찰과 원의 성격을 함께 지녔던 사원이었다.

사찰이 세워진 성환역 부근은 호남 지방과 오늘날 서울을 잇는 갈림길로 강도가 자주 출몰하여 사람들의 왕래가 어려운 지역이었다. 이에 현종은 불법을 펴고, 길가는 사람들을 보호하기 위하여 200여 칸의 건물을 세웠다. 현종은 강민첨, 김맹 등을 별감사로 임명하여 일을 감독하게 하였다. 사찰이 완성된 후 봉선홍경사라 부르는 한편 사찰 서쪽에 객관 80칸의 광연통화원을 세우고 숙소와 양식을 마련하여 길가는 사람들에게 제공하였다. 이후 홍경사에서는 인종과 강종 때 국가의 안녕을 빌기 위한 법회가 개최되었으며, 고려 말 유명한 서예가 한수가 홍경사에서 임금의 장수를 기원하는 법회를 열기도 하였다. 이로 미루어, 봉선홍경사는 고려 왕실의 지속적인 관심과 지원을 받은 사찰이었음을 알 수 있다.

1177년(명종 7년) 3월에 공주 명학소의 망이 · 망소이 등이 봉기를 일으켰을 때, 절을 불태우고 승려 10인을 죽였으며 주지승을 핍박한 일이 있었다. 당시 홍경사도 다른 절들과 마찬가지로 백성을 수탈하여 원성의 대상이 되었을 것이다. 봉선홍경사는 망이 · 망소이의 난에 크게 파괴되었으나 그 후 복구되어 운영되었다. 그러나 조선시대 숭유억불 정책에 따라 쇠퇴의 길을 걸을 수밖에 없었고 결국 절의 창건에 관한 기록을 담은 갈비만 남게 되었다.

봉선홍경사사적갈비의 전체 높이는 2.8m이며 거북 모양의 비석 받침돌 위에 너비 1m의 비석이 세워져 있다. 비문은 2.4cm 크기의 해서체로 새겨져 있는데, '해동공자'로 일컬어지는 고려 유학자 최충이 글을 짓고, 당대의 서예가 백현례가 글씨를 썼다.

거북 모양의 받침돌은 머리가 거북이 아닌 용머리 형상을 하고 있는데 머리 양쪽에 물고기의 지느러미 같은 날개를 새겨 놓아 생동감을 더하고 있다. 받침돌의 용머리가 정면을 보지 않고 오른편으로 고개를 돌리고 있는 점이 여타의 귀부들과는 다른 점이라고 할 수 있다. 머릿돌에는 구름에 휩싸인 용을 새겼는데 모양이 매우 인상적이다.

현재 봉선홍경사 유적지는 오랫동안 방치되어 많이 훼손되고 봉선홍경사사적갈비, 석탑 파편 등

봉선홍경사사적갈비 비문 비신에 새긴 글은 '해동공자'로 불린 당대의 유학자 최충이 지었으며 글씨는 당대의 서예가 백현례가 썼다. 하나하나가 2.4cm의 크기로 해서체로 새겨진 글씨는 짜임새가 엄격하고 바르다.

봉선홍경사터 현재 봉선홍경사 유적지에는 일부 유물만 남아 있어서 전모를 거의 파악할 수 없다. 사적갈비도 절터 한쪽의 좁은 비각 안에 있다.

극히 일부 유물만 남아 있어 유적의 전모를 파악할 수가 없다. 하지만 봉선홍경사가 고려시대 왕실의 관심과 지원을 받으며 번성하였던 커다란 절이었던 것은 분명하다.

● **참고 문헌 및 사이트**

• 김갑동, 『홍경사 창건의 배경과 그 동향』, 성환문화원, 2008.

• 조경시, 『고려 현종의 불교신앙과 정책』, 한국사상사학회, 2007.

• 강현자, 『고려 현종대 봉선홍경사의 기능』, 한국사학회, 2006.

• 한국문화유산답사회, 『답사여행의 길잡이-충남』, 돌베개, 2004.

• 강현자, 『고려 현종대 봉선홍경사의 창건배경과 기능』, 중앙대학교대학원박사학위 논문, 2002.

• 백종오 외, 『봉선홍경사지 학술조사보고서』, 성환문화원, 2001.

• 박영규, 『한권으로 읽는 고려왕조실록』, 들녘, 1996.

• 최충, 「봉선홍경사기」, 『동문선』 제64권.

가는 길 살펴 주소서,
마애불 이야기

오랫동안 불교를 믿어 왔던 우리나라에서 불교 유적을 찾는 것은 그리 어려운 일이 아니다. 그 유적 중 한 종류가 마애불이다. 마애불이란 자연 암벽에 새긴 불상을 말한다. 바위를 신성하게 여기는 산악숭배 신앙이 마애불 조성에 큰 영향을 준 것으로 보인다. 천안에는 안서동 태조산 성불사에 천안성불사마애석가삼존16나한상 및 불입상, 성거읍 성거산 만일사에 만일사마애불, 풍세면 태학산에는 천안삼태리마애여래입상 등이 남아 있다.

석가남존이 새겨져있는 성불사 마애불

고려 태조 왕건은 왕위에 오른 후에 도선국사에게 전국 각지에 사찰을 세우도록 명하였다. 안서동 성불사 자리에 백학이 날아와 천연 암벽에 불상을 조성하다 완성하지 못하고 날아가 버렸다는 이야기를 들은 도

성불사 마애불 커다란 연화 좌대와 석가삼존, 십육 나한 상이 부조로 새겨져 있다.

선국사는 이곳에 사찰을 지어 성불사라 하였다.

　성불사의 대웅전은 석가모니불을 모시지 않고, 유리창을 통하여 뒤편 암벽에 새겨진 마애불을 볼 수 있도록 하였다. 마애불이 새겨진 바위에는 직각으로 꺾인 옆면에 커다란 연화 좌대와 석가삼존, 십육 나한상이 각각 부조로 새겨져 있다.

　어렴풋이 남아 있는 육계와 손의 형태, 옷 무늬 등은 고려 시대의 불상 양식을 따르고 있다. 아래가 넓게 벌어진 하의 밑으로 발가락이 뚜렷하게 표현된 오른발이 선명하게 남아 있으나 왼발은 떨어져 나가고 없다.

　석가삼존과 그 옆에 있는 보살과 십육 나한상은 마멸이 심하여 세세한 양식과 특성은 알 수 없으나 서로 마주 보는 모습, 수도하는 모습 등 매우 자유스럽고 다양한 자세들을 하고 있을 뿐만 아니라, 각각의 나한들 주위의 바위 면을 둥글게 파서 마치 감실이나 동굴 속에 있는 것처럼 표현하였다.

해가 저물어 만들지 못한 만일사 마애불

만일사 마애불 백학이 불상을 새기다가 날이 저물어 완성하지 못하고 하늘로 날아갔다는 설화가 전해진다.

성거산에 있는 만일사에는 다음과 같은 설화가 전해진다. 성불사에서 마애불을 조각하다 날아간 백학이 하늘에서 불상을 마련할 땅을 살핀 후 이곳에 내려왔다. 백학들은 부리로 불상을 새기다가 사람의 기척이 있으면 놀라 다시 하늘로 올라갔다. 그러기를 몇 차례 되풀이하다가 그만 '해가 늦어서[만일(晩日)]' 불상을 다 만들지 못하고 날아갔다고 한다. 그래서 사찰 이름을 만일사라 부르게 되었다는 것이다. 이를 증명이라도 하듯, 절 뒤 암벽에는 전체적인 형태는 윤곽만 확인될 뿐, 얼굴 모습이라든가 손 모양을 확인할 수 없는 마애불이 있다.

천안을 두루 내려 살피는 삼태리 마애불

천안시 동남구 풍세면 삼태리 태학산의 해선암 뒷산 기슭 큰 바위에 높이 7.1m나 되는 거대한 불상이 조각되어 있다. 이 불상을 천안삼태리 마애여래입상, 즉 삼태리 마애불이라고 부른다. 마애불 윗부분의 바위에는 건물이 있었던 흔적이 있다. 얼굴 부분을 또렷하게 조각하고 신체는 선을 이용한 표현 방식은 고려 후기 마애불의 일반적인 양식이다.

민머리 위에는 둥근 상투 모양의 머리묶음이 큼직하게 솟아 있다. 살이 올라 있는 넓적한 얼굴은 가는 눈, 커다란 코와 작은 입 탓에 더욱 경

삼태리 마애불 풍세면 태학산 중턱에서 자비로운 모습으로 아래를 바라보고 있다.

직된 인상을 풍긴다. 목은 짧아서 거의 없는 것같이 보이며 이로 말미암아 목주름을 나타내는 3줄의 삼도는 가슴까지 내려와 있다. 어깨는 넓기만 할 뿐 양감이 없으며 양 어깨를 감싸고 있는 옷은 묵직하게 처리되어 있다. 상체와 양쪽 옷자락에는 세로선의 옷 주름을 표현하였고, 하체에는 U자형의 옷 주름을 새겼는데 좌우가 대칭을 이루고 있어 도식화된 면을 엿볼 수 있다. 두 손은 가슴까지 올린 상태에서 왼손은 손바닥이 위로 향해 있으며 오른손은 왼손 위에 손등이 보이도록 하고 있다. 이는 고려시대 유행하던 미륵불상의 손 모양이다.

'하늘 아래 평안한 동네' 천안, 교통의 요지로 많은 사람이 오가는 곳, 이곳을 지나면서 옛날 사람들은 마애불에 기도하며 여행길의 무사함과 평안을 기원하였다.

● **참고 문헌 및 사이트**

• 이경화, 『한국 마애불의 조형과 신앙: 고려, 조선을 중심으로』, 전남대대학원, 2006.
• 사찰문화연구원, 『전통사찰총서 12』, 사찰문화연구원, 1999.
• 충남대 백제연구소, 『천안시 · 천원군 유물조사보고』, 충남대 백제연구소, 1983.
• 천안시청 홈페이지(http://www.cheonan.go.kr).

관아를 통해 본 조선시대 천안

  북으로는 경기, 남으로는 전북, 서로는 충북과 대전에 접하고, 동으로는 황해에 접한 땅. 이곳은 바로 우리 고장 천안을 포함하고 있는 충청남도이다. 충남은 현재 7개의 시와 9개의 군으로 이루어져 있다. 천안은 16개 지방 행정구역의 으뜸이며 대표 도시이다.

  천안을 고향으로 하는 사람들, 천안을 생활 근거지로 하는 많은 일반인과 학생들은 천안이 옛날이나 지금이나 크게 변하지 않았을 것으로 생각할 수도 있다. 어떤 면에서는 맞는 말일 수도 있다. 왜냐하면 천안이라는 지명이 오래되었기 때문에 지명에 한해서는 맞는 말이다. 하지만 현재의 우리 천안과 조선시대의 천안이 위치까지 같았을까.

  일단 천안이라는 지방 행정구역 명칭(국가가 정식으로 채택한 지명)이 이리저리 변한 것은 놔두더라도, 시대별로 천안이 포함하고 있는 영역의 변화상을 살펴보면서 과거와 현재의 천안이 어떻게 다른지를 알아보자.

조선시대 지방 행정의 메카 '관아'

'관아', 이 말 자체만을 놓고 본다면, 한자어이기 때문에 어렵게 생각될지도 모르지만, 실상은 그리 어려운 개념이 아니다. 쉽게 말해 관아는 공무원들이 모여서 행정 사무를 처리하는 국가 기관이다. 옛날에는 지금의 도청이나 시·군청 혹은 읍·면사무소, 경찰서나 소방서 등의 국가 기관을 통틀어서 관아라고 불렀다.

다만 조선시대에는 오늘날처럼 행정 업무가 세분화되어 있지 않았다. 당시에는 지방 행정구역의 사무 일체를 처리하는 기구가 바로 지방 관아였다. 『경국대전』에는 각 부·목·군·현의 지방 행정구역별로 반드시 지방 관아를 설치하고, 수령을 파견하여 그 구역의 사무 일체를 처리토록 하였다. 현재 우리 천안 지역은 조선시대 지방 행정의 메카였던 3개의 관아(지금의 시청·군청)로 구성되어 있다.

조선시대에는 3개 관아

조선시대의 천안은 지금과 어떻게 달랐을까. 현재 대한민국의 지방 행정구역은 '도'와 그 아래 '시·군'이라는 두 종류의 하위 지방 행정구역으로 이루어져 있다. 가령 우리 천안시는 충청남 '도' 천안 '시'로 되어 있는 형태이다. 그런데 조선으로 거슬러 올라가면 약간 달라진다.

가장 상위의 지방 행정구역으로 8개의 '도'가 있었고, 그 아래로 '부·목·군·현' 4개의 하위 지방 행정구역이 있었다. 현재의 하위 지방 행정구역 명칭과는 다르다. 쉽게 생각하면 현재의 시·군이 조선시대에는 'ㅇㅇ목' 혹은 '△△현' 등으로 불렸던 것이다.

조선의 지방 행정구역상으로 보면 천안은 충청 '도'에 천안 '군'으로 편성되어 있었다. 얼핏 보기에 조선시대의 천안 '군'이 현재의 천안 '시'로 이어졌다고 생각할 수 있지만, 그렇지는 않다. 지금의 천안은 조선시대의 천안 '군'만이 아니었기 때문이다.

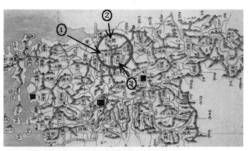

조선시대 충청도 지방 행정구역 지도(「여지도」 충청도 지도) - ① 천안군, ② 직산현, ③ 목천현 지도를 보면, 현재 천안시가 조선시대에는 3개의 군·현으로 편제되었음을 알 수 있다. 조선 세종 때 충청도는 4목·11군·40현의 행정구역으로 편제되어 있었다.

　오늘날 천안 지역에 조선시대 당시에는 3개의 지방 관아가 있었다. 쉽게 말해 지금의 천안에 시청(혹은 군청)이 3개가 있는 꼴이다. 그렇다면 조선시대에는 한 지방 행정구역에 여러 개의 지방 관아를 두어서, 한 지방의 행정 사무를 처리하게 했다는 말일까. 그렇지 않다. 조선시대에는 3개의 관아가 대등하고도 개별적인 지방 행정구역을 형성하였다.

　우선 그 하나는 천안 '군'이다. 현재 천안의 시내 지역과 광덕면, 풍세면 등이 해당한다. 또 다른 하나는 직산 '현'이다. 대략 현 천안의 북쪽 일대인 성환읍, 성거읍, 직산읍, 입장면 등이다. 마지막은 목천 '현'이다. 목천현은 현 천안의 동쪽 지역 일대인 목천읍과 병천면, 성남면, 북면, 동면 등이다. 그런데 오늘날 수신면은 천안 '군', 목천 '현', 직산 '현', 그 어느 지역에도 포함되어 있지 않다. 현재의 수신면은 인근 청주 '목'에 포함되어 있었다. 따지고 보면 조선시대에는 '목' 지역은 '군'이나 '현' 지역보다는 더 위상이 높은 곳이니, 오히려 수신면은 조선시대 3개의 천안보다도 훨씬 더 위계가 높은 행정구역에 포함된 셈이 된다.

직산현 관아 외삼문 경기 지방에서 호서 지방인 충청도에 경계로 들어서는 첫 고을이라는 의미에서 '호서 계수아문(湖西界首衙門)'이라는 현판이 걸려 있다.

직산현 관아

충청남도 유형문화재 제42호로 지정된 직산현 관아는 현재 충남 천안시 서북구 직산읍 군동리에 있으며(직산초등학교 옆), 세 관아 중 그 보존 상태가 가장 온전한 편이다. 남아 있는 유적으로는 지금의 군수라 할 수 있는 수령(현감)의 행정 집무실인 외동헌(동헌이라고 함), 수령의 관사(숙소)인 내동헌(내아라고도 함), 그리고 관아로 들어가는 관문인 외삼문과 내삼문(세 개의 문이 '一' 자로 나란히 있는 형태이기 때문에 삼문이라고 함), 공덕비 무리 등이 있다.

한편, 직산현 관아의 가장 밖에 있는 관문인 외삼문의 현판에는 '호서 계수아문(湖西界首衙門)'이라는 문구가 있다. 이는 경기 지방에서 호서 지방인 충청도의 경계로 들어서는 첫 고을이라는 의미로서 조선시대 직산현의 위상을 잘 보여 주고 있다. 또한 직산현은 삼남으로 가는 교통의 요지였으며 조선시대 여러 왕의 온천 행차 때 경유지 및 유숙지였다는 사실이 기록에 남아 있다.

천안군 관아

천안군 관아는 지금의 천안시 동남구 오룡동 천안중앙초등학교 자리에 있었지만 현재는 그 자취를 찾을 수 없다. 다른 장소에서 그 자취의 일부를 찾을 수 있다. 그 일부는 충남 천안시 동남구 삼룡동 천안삼거리 공원에 있는 영남루로 충청남도 문화재자료 제12호로 지정되어 있다. 이 영남루는 천안군 관아 내의 화축관이라는 건물로 들어가는 관문이었다. 또한 이 화축관은 조선시대 왕들이 온천 행차 때 사용하는 유숙지이기도 하였으며, 인조가 이괄의 반란을 맞아 서울에서 피신했던 별궁으로도 사용하여 중앙의 역사와 관련을 많이 맺은 곳이기도 하다.

현재 천안삼거리공원에 있는 영남루(충청남도 문화재자료 제12호)와 일제강점기 천안군 관아 외삼문 천안군 관아는 현 천안중앙초등학교 자리에 있었는데, 지금은 남아 있지 않다. 광복 이후까지 현존하였는데, 이후 차례차례 헐려 다만 영남루만이 천안삼거리공원으로 옮겨져 천안군 관아의 옛 자취를 느끼게 해 준다. 영남루는 그 출입 문루였다.

화축관과 그 관문인 영남루, 천안군 관아는 광복 이후까지만 해도 존재했지만, 시간이 지나면서 화축관은 헐리고 영남루도 1959년에 옛 위치에서 천안삼거리공원으로 이전되었다. 이제는 천안삼거리공원의 영남루만이 천안군 관아 옛 모습의 일부를 느끼게 해 준다.

목천현 관아

목천현 관아는 그 옛 모습이 가장 많이 남아 있지 않다. 목천현 관아 위치에 목천초등학교가 들어섰기 때문이다. 위치는 충남 천안시 동남구 목천읍 서리로 현재 목천초등학교이다. 지금은 목천읍사무소 앞쪽에 서 있는 공덕비 무리와 목천읍 지명 등을 통해 희미하게나마 목천현 관아의 옛 자취를 느껴 볼 수 있다.

목천초등학교 조선시대 목천현 관아가 있던 곳이다.

공덕비 무리 현재는 목천읍사무소 앞에 세워져 있다.

과거와 현재가 따로, 또 같이 이어져

현재의 천안과 조선시대의 천안은 같으면서도 또한 다르다. 같은 점은

'천안'이라는 지명에서 조선시대의 천안과 현재의 천안이 같다는 점, 조선시대의 천안 '군'이 현재 천안 '시'의 일부 지역을 구성하고 있다는 점이다. 다른 점은 조선시대의 천안은 현재 천안의 한 부분이긴 하지만, 그래도 그 전체는 아니라는 점이다. 즉 그 크기와 규모가 다르다는 것이다. 바로 조선시대의 천안 '군'의 대부분과 목천 '현', 직산 '현'의 대부분 지역이 현재 천안의 큰 바탕이 되었고, 여기에 청주 '목'의 수신면 지역이 합쳐져서 현재의 천안 '시'가 탄생한 것이다.

● 참고 문헌 및 사이트

• 백승명 역주, 『역주 신증동국여지승람』(전의현 · 천안군 편), 성환문화원, 2004.

• 백승명 역주, 『역주 신증동국여지승람』(목천현 · 직산군 편), 성환문화원, 2003.

• 안길정, 『관아를 통해서 본 조선시대 생활사』(상) · (하), 사계절, 2000.

• 규장각 한국학연구원 홈페이지(http://kjg.snu.ac.kr).

• 천안시청 홈페이지(http://www.cheonan.go.kr).

조선시대 공교육의 일 번지
'향교'

형형색색의 분필을 들고 짙은 녹색 칠판 뒤로 계속 무언가를 말하는 선생님과 초롱초롱 반짝이는 두 눈을 깜박이며 열심히 들으면서 무언가를 끄적이는 아이들, 이곳이 바로 우리 학교의 모습이다. 가르침과 배움이 있는 교육 기관, 이러한 학교는 우리나라에 언제부터 들어와 생긴 것일까. 근현대에 들어와 생긴 것이 아닌가 생각하는 사람들도 있는데, 실상 그 역사는 상당히 오래되었다. 372년(고구려 소수림왕 2년)에 중앙에 설립한 고구려의 국립학교 '태학'이 학교 교육의 기록상 가장 이른 것이다. 이로 미루어 보아, 고구려 때부터 학교 교육이 이루어졌음을 알 수 있다. 조선시대 천안 지역의 공교육 기관으로는 향교가 있었다.

조선시대의 지방 교육 기관, 향교와 서원

교육 기관, 즉 학교의 역사는 길다. 사회를 유지하기 위해 끊임없이 인재를 필요로 하는데, 그러한 인재들을 길러 내 공급하는 역할을 했던 기관이 바로 학교이기 때문이다. 처음의 교육 기관은 그 나라의 중심지에 국가 주도로 설립되었다.

시간이 흐르면서 교육 기관들도 발전하게 되었고, 중앙에만 있었던 교육 기관들은 점차 지방 곳곳에도 그 모습을 보이기 시작했다. 또한 개인 주도로 교육 기관이 설립되기도 했다. 그렇게 발전을 거듭한 결과, 조선 시대 지방 교육의 중심으로 등장한 것이 바로 향교와 서원이다.

같으면서도 다른 향교와 서원

향교와 서원은 각각의 특징이 있다. 향교나 서원은 오늘날 전국 각지에 가면 흔하게 볼 수 있는 학교와 같이, 조선시대 지방에 설치되었던 교육 기관이라는 공통점이 있다. 다만 두 교육 기관 모두 지방 교육 기관이기는 하지만, 현재에도 국공립학교가 있고 사립학교가 있는 것처럼, 그 당시에는 지방의 국공립 교육 기관은 향교이고, 사립 교육 기관은 서원이다.

향교와 서원은 지금의 교육 기관과는 다른 두 가지 특징이 있다. 첫째는 종교 제사 기능이다. 현재 대한민국이 종교의 자유를 인정하고 있는 것과는 달리, 조선은 철저하게 성리학을 신봉하는 유교 국가였다. 그 때문에 조선시대 모든 향교와 서원에는 유교의 발전에 큰 공을 세운 유학자들에 대하여 제사를 지내는 공간을 필수적으로 갖추고 있었다. 그런데 두 교육 기관은 차이점이 있다. 향교는 보편적으로 유교의 발전에 공을 세웠다고 생각되는 중국 및 우리나라의 성인과 유학자를 대상으로 제사 지냈지만, 서원은 설립 주체 세력의 성향에 따라 제사를 지내고자 하는 유학자를 선별하여 제사를 지냈다.

둘째는 향촌 교화 기능이다. 향촌이란 지금의 시나 군 정도의 지방 행정구역을 가리킨다. 교화란 무언가를 가르쳐 고치고 변화시키는 것을 말한다. 즉 지금의 시나 군 정도의 지방 행정구역에서 무언가를 가르쳐 고치고 변화시켜 나가는 것을 향촌 교화라 한다. 여기서 가르치는 것이 유교 교육이고, 유교적 풍속을 전파하고자 함이니, 어떻게 보면 첫째의 기능과도 뜻이 통한다. 그런데 두 교육 기관 모두 향촌에서 유교적 풍속을 진작시키고자 하나, 향교는 국공립 교육 기관이었기 때문에 중앙집권적 성격이 강하다면, 서원은 사립 교육 기관이었기 때문에 지방자치적 성격이 조금 더 강하다고 볼 수 있다.

공교육 일 번지, 천안 지역의 향교

천안 지역에도 공교육의 일 번지였던 향교가 있었다. 향교는 조선시대의 지방 행정구역 중 부·목·군·현이라는 단위에 해당하는 지방에 각각 하나씩 지방 관아 주변에 설치하였다. 부·목·군·현은 지금의 시·군 단위에 해당하는 행정 단위이고, 지방 관아는 시청 혹은 군청을 말한다. 즉 조선시대에는 향교를 현재 시·군에 해당하는 행정 단위에 하나씩 설치하여 중앙 집권을 보좌하거나 대변하였다.

현재의 천안시에 해당하는 조선시대의 행정구역은 천안군, 목천현, 직산현이었는데 1914년 일제강점기에 통합되었다. 이에 따라 조선시대에는 천안향교와 목천향교, 직산향교 등 3개의 향교가 오늘날의 천안 지역에 있었다.

그렇다면 천안의 3개 향교는 현재에도 존재하고 있을까. 천안군 관아(일부 현존), 목천현 관아(거의 망실), 직산현 관아(거의 현존)는 많이 파손되었지만, 이와 대조적으로 보통 지방 관아와 짝을 지어 설치되는 향교는 오늘날까지도 비교적 온전하게 남아 있는 경우가 많다. 그것은 교육, 선현 제사, 향촌 교화 등 향교의 세 가지 기능 중 향촌 교화 기능이 현재와도 연결되는 부분이 많았기 때문으로 생각된다. 현재에도 향교는 교육, 선현 제사 기능을 수행하고 있지만 지역사회 봉사 활동 및 소년소녀 가장 돕기, 일반인이나 청소년을 대상으로 한 전통 예절에 관한 캠페인이나 교육 교실 등을 열고 있다. 향교와 지역사회가 연결되는 측면이 더욱 커지고 있다.

500년 역사를 자랑하는 천안향교

천안향교는 현재 천안시 동남구 유량동 향교말에 있으며, 그 역사는 조선 초기까지 거슬러 올라간다. 그 입구에서 서 있는 약 500년가량 된 탱자나무가 천안향교의 역사를 잘 말해 주고 있다.

천안향교는 충청남도 기념물 제110호로 지정되어 있으며, 향교의 기본 공간들을 완벽하게 갖추고 있다. 천안향교는 경사진 언덕에 자리 잡고 있는데, 그 입구의 맨 앞에는 탱자나무와 홍살문, 하마비가 있다. 홍살문은 이곳이 향교임을 말해 주는데, 현재의 교문쯤 된다. 하마비에는 교육을 받기 위해서 오는 모든 이들은 말에서 내려 걸어서 올라오라는 내용이 담겨 있다. 오늘날 열심히 교문을 지나 학교를 향해 걸어 올라오는 학생들의 모습과도 별반 다를 것이 없는 것 같다.

홍살문을 통과하여 길을 따라 오르면 외삼문이라는 또 다른 출입문이 보이는데, 그 외삼문을 지나면 향교의 교육 공간이 나온다. 이곳에는 수업이 이루어지는 교실인 명륜당과 학생들의 기숙사인 동재와 서재가 있다. 이 교육 공간에서 한 번 더 내삼문이라는 출입문을 지나면 제사 공간으로 들어서게 된다. 이곳에는 성현들에 대한 종교 제사 기능을 위한 대성전과 성현들의 위패를 모시는 동무와 서무가 있다.

천안향교 대성전 동남구 유량동 향교말에 있다.

목천향교와 직산향교

목천향교는 현재 천안시 동남구 목천읍 교촌리 향교말에 있으며, 건립 시기는 조선 초기로 추정된다. 충청남도 기념물 제108호로 지정되어 있으며, 향교에 구성되는 기본 건물들을 완벽하게 갖추고 있다.

향교에 들어가기에 앞서 입구에는 민가들 사이로 홍살문이 있는데, 홍살문을 지나면 향교로 들어가게 되어 있다. 다만, 홍살문을 지나서부터는 천안향교와 약간 구조가 다른데, 외부 공간에서 교육 공간으로 들어가는 외삼문이 없는 것이 특이하다. 교육이 이루어지는 명륜당과 학생들의 동편 기숙사인 동재가 연이어 있다. 이 중 동재의 남쪽 한 칸 부분에 외부 공간과 교육 공간 사이의 출입구를 두었다. 내삼문을 통해 진입하는 제사 공간에는 대성전과 동무, 서무가 있다.

직산향교는 천안시 서북구 직산읍 군서리 향교골에 있으며, 역시 조선 초기에 건립된 것으로 추정된다. 현재 충청남도 기념물 제109호로 지정되어

목천향교 전경 동남구 목천읍 교촌리 향교말에 있다.

직산향교 명륜당 서북구 직산읍 군서리 향교골에 있다.

있으며, 향교를 구성하는 기본 건물 중에는 약간 부서져 현대에 들어와 복원된 부분들도 있다. 직산향교의 구성상 특징은 다른 두 향교가 크게 2개의 공간으로 나뉘어 있는 것과 달리 공간이 크게 3개 구역으로 나뉘어 있는 점이다. 교육 공간은 둘로 나뉘어 있다. 외삼문을 통과하면 외삼문과 명륜당 사이의 공간이 있고, 명륜당 양옆의 문을 통과하면 명륜당과 내삼문 사이의 공간이 있다. 명륜당과 내삼문 사이의 공간에 동재가 있고, 또한 서재는 원래는 부서졌다가 현대에 들어와 다시 복원되었다. 내삼문을 통과하면 제사 공간인 대성전이 있는데, 동무와 서무는 설립 시기부터 없었던 것으로 보인다.

싱그러운 바람, 화창한 날씨에 향교를

현대를 살아가는 대한민국 국민이라면 대부분 학교생활을 해 보았을 것이다. 국가의 주요 역할을 담당하던 교육 기관이 조선시대에 그것도 천안 지역에도 있었다는 것을 생각하지 못한 시민이 많을 것이다. 그나마도 다른 지역은 향교 자체가 없어진 곳도 많은데, 천안에는 옛 천안을 이루는 세 지역(천안군 · 목천현 · 직산현) 모두에 향교가 거의 온전한 형태로 남아 있다는 것은 참으로 대학도시 천안의 값진 유산이 아닐 수 없다. 싱그러운 바람, 화창한 날씨에 가족이 손을 잡고 천안 지역의 향교를 거닐어 보는 것도 자녀교육을 위해 매우 뜻깊을 것이다.

● 참고 문헌 및 사이트

• 충청남도천안교육청, 『천안교육사』, 충청남도천안교육청, 2007.

• 백승명 역주, 『역주 조선환여승람』 천안군 上 역사 · 지리편, 성환문화원, 2005.

• 백승명 역주, 『역주 신증동국여지승람』(전의현 · 천안군 편), 성환문화원, 2004.

• 백승명 역주, 『역주 신증동국여지승람』(목천현 · 직산군 편), 성환문화원, 2003.

• 임선빈, 『천안의 향교와 서원 · 사우』, 천안문화원, 2001.

조선시대 사교육의 일 번지
'서원'

공교육과 사교육에 대한 이야기는 학생뿐만 아니라, 일반인들도 신문이나 뉴스를 통해 많이 접했을 것이다. 사교육의 융성에 따라 정작 교육의 중심이 되는 공교육은 제대로 이루어지지 않고, 그에 따라 사교육에 더 의존하여 교육비용 부담이 커졌다.

지금 우리 사회의 심각한 문제 중 하나인 사교육의 역사도 오래되었다. 사교육은 고구려 때 각 지방에 경당이라는 사교육 기관을 설립했다는 기록으로 보아 삼국시대부터 존재했던 것으로 보인다. 조선시대 사교육의 일 번지였던 서원은 천안 지역에도 있었다.

조선시대에도 심각했던 사교육 문제

'사교육비로 부모님 등골이 휜다.'는 말처럼 우리 사회의 사교육 문제는 심각하다. 그런데 이러한 사교육 문제는 결코 현대에 들어와 새롭게 생긴 것이 아니다. 조선시대에도 오늘날과 마찬가지로 사교육과 공교육이 공존하였다. 바로 지방 교육의 중심인 향교와 서원이었다. 향교의 역사는 고려에서부터 비롯되지만, 서원의 역사는 조선 중기부터 시작하였다. 조선 중기에 새롭게 지배층이 된 사림이 향교와는 별도로 새로운 사교육 기관인 서원을 만들면서 사교육 문제가 생겼다.

향교와 서원이라는 교육 기관은 어떤 면에서는 상당히 비슷하게 닮아 있는 교육 기관이다. 지방의 교육을 책임지고 있다는 점도, 선현 제사와 향촌 교화의 기능이 있다는 점도 공통적이었다. 그런데 문제는 이렇게 비슷한 성격의 기관이 한 지역에 있었다는 점이다. 공교육 기관인 향교는 한 군현에 하나씩만 설치한다는 원칙이 있었는데, 거기에 새롭게 사교육 기관인 서원이 조선 중기에 등장한 것이다.

향교의 기능을 대치하게 된 서원

조선 중기에 설립된 서원은 시간이 지나면서 국가의 인정을 받아 지원을 받기에 이르렀다. 반면 향교는 힘이 약해졌고, 그 인적·물적 구성도 점점 부실해졌다. 향교는 군역을 피하는 장소로 전락하였고 교육적 기능은 서원이 대치해 나갔다. 시대의 흐름에 따라 향교의 기능들이 서원에 잠식되어 간 것이다.

그렇다고 향교가 없어지지는 않았다. 사교육이 성행한다고 국가에서 행하는 정규 교육 과정을 없애지 못하는 것처럼 말이다. 또한 서원이라는 사교육 기관이 엘리트 교육을 했다는 문제점도 있었다. 조선시대에는 오늘날의 공무원들과 같은 신분이 지배층을 형성했는데, 문반과 무반의 전·현직 공무원 일반을 지칭했던 말이 바로 양반이었다. 서원은 양반의 자식들만 교육시켜서 국가 관리로 만드는 교육 기관이었다. 하지만 향교는 신분에 따라 입학과 교육에 차이를 두지는 않았다.

그러나 서원의 교육 역사도 그리 오래가지는 못했다. 조선 후기 학파에 따라 붕당을 형성하여 의논을 활발하게 했던 선비 사회가 점차 지배층의 자기 희생정신이 사라지면서 양반들이 의무는 저버린 채 권리만 찾는 약육강식의 사회로 변해 갔다. 서원 또한 선비들의 밥그릇 싸움의 근거지가 되어 치열한 권력투쟁을 벌이면서 선비 정신을 타락시켰고, 결국 서원의 교육적 역할도 희미해져 버렸다. 조선 후기에 서원은 교육적인 역할보다는 제사 기능이 더 강했다. 서원에서는 나름대로 존경하는 인물을 내세워 제사를 지내는 한편, 자기 가문의 조상을 제사 지내는 문중 서원 성격의 서원들도 많이 등장하였다. 서원의 교육적 기능이 많이 희미해지고 붕당의 근거지가 되자 1871년 흥선대원군은 서원을 대폭 정리하였다.

양현사(검계서원)

조선시대 향교는 지방 행정구역별로 하나씩 필수적으로 설립했지만, 서원은 일반 개인이 주관하여 설립했기 때문에 원칙 없이 전국적으로 많이 설립되었다. 조선시대 양반 지배층이 점차 자신의 세력을 유지하기 위한 수단으로 교육 기관인 서원을 이용하기 시작했다.

천안 지역의 서원으로는 도동서원과 검계서원이 있었는데, 도동서원과 검계서원은 1871년 흥선대원군의 서원 정리 정책으로 철폐되었다. 다만, 검계서원만 이후 양현사로 복원되어 현재에 이르고 있다. 현재 천안시 동남구 풍세면 삼태리에 있는 양현사 내 전씨 시조 단소 및 재실이 충청남도 문화재자료 제297호로 지정되어 있다. 양현사는 '양현+사'라는 이름에서도 알 수 있듯이 교육적 목적보다는 고려 때의 문신인 '백헌

양현사(검계서원) 동남구 풍세면 삼태리에 있다.

전신'과 조선 중기 때의 문신인 '남악 이협'이라는 두 유학자의 위패를 모시고 제사를 지내는 사당으로서의 역할이 더 중시되었다.

도동서원

도동서원은 대유학자 한강 정구와 그 제자인 목천 출신 황종해로부터 비롯되었다. 정구는 조선 성리학 중에서도 동인 학파의 양대 거유인 퇴계 이황(남인 계통)과 남명 조식(북인 계통) 모두에게서 유학을 배워 성리학을 집대성한 인물이었다. 한강 정구의 사상은 제자인 미수 허목에 의해 근기 지방으로 전해졌으며 실학파인 성호 이익과 다산 정약용으로 이어졌다. 황종해는 학문과 덕행 및 효성이 깊은 것으로 이름난 사람이었다. 정구는 자신의 여러 제자 중에서도 특히 목천 출신 황종해의 학문을 인정하였다.

한강 정구가 만년에 목천의 번자울로 와서 목천 출신 선비들과 교육 기관을 세우려고 하였다. 때마침 공사 터에서 죽림이라는 문자가 새겨진 돌이 발견되었다. 그것은 일찍이 성리학의 창시자이자 중국의 대유학자인 주자가 만들었던 교육 기관인 죽림정사와 이름이 같았다.

이 뜻 깊은 우연에 정구도 역시 목천 번자울에 세운 자신의 교육 기관의 이름을 죽림정사라 하여 지역 선비들을 가르쳤다. 바로 이 죽림정사를 바탕으로, 정구 사후에 그 제자인 황종해가 스승의 뜻을 기리면서 1649년 죽림서원을 만든 것이 도동서원의 시작이었다.

죽림서원에서는 대유학자와 더불어 목천과 관계있는 유학자를 제사 지냈는데, 처음 황종해가 세웠을 당시에

검계서원 현판

검계서사 현판 검계서원은 이전에 검계서사로 불렸다.

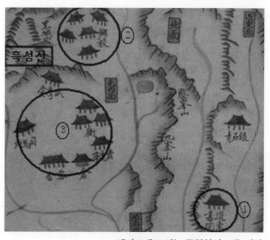

옛지도에 보이는 목천현의 교육 기관
①도동서원, ②목천향교, ③목천현 관아

도동서원 터 동남구 병천면 병천리 서원말에 있다.

는 주자만을 배향하였다. 황종해 사후에는 그 제자였던 목천 출신의 백곡 김득신이 죽림서원을 정비하였고, 주자 외에 김일손, 정구, 황종해도 제사를 지내게 되었다.

1676년 조선 숙종 때 천안 지역 최초이자 유일의 사액서원으로 선정되기에 이르렀고, 도동서원이라는 현판을 받아 이후에도 계속 발전해 나갔다. 하지만 시간이 흐름에 따라 도동서원도 점점 쇠퇴하였고, 서원의 난립에 따라 1871년 흥선대원군의 서원 정리 정책 때 철폐되었다. 천안 지역 유일의 사액서원이었지만 이후 복원되지 못하고 있는 점이 안타까움을 더하고 있는데, 현재 목천 지역의 유림들이 도동서원의 복원을 준비하고 있다고 한다.

향교와 서원 그리고 교육의 진정성

조선시대에 있었던 향교와 서원 중 어느 기관이 교육적 기능을 더 잘 수행했는지는 명확하게 말할 수 없다. 향교를 제치고 지방의 제일 교육기관이 된 서원도 얼마 안 가서 그 교육적 기능을 상실하였기 때문이다.

교육에서 가장 중요한 것은 진정성이다. 국가가 나라의 인재를 키우고자 실시한 공교육도 형식화되었을 때는 아무런 의미가 없다. 또한 개인이 설립했기에 개인의 목적이 상당 부분 가미될 수밖에 없는 사교육도 훌륭하고 바른 인재를 키우고자 했을 때 의미가 있는 것이다. 마치 사제지간이었던 한강 정구와 후천 황종해가 바로 천안 지역에 도동서원을 만들었던 것처럼 말이다. 그런 점에서 현재의 공교육 부실과 사교육 폐해 문제는 조선 후기의 향교와 서원의 문제와 맞닿아 있으며, 향교와 서원 교육의 진정성이란 무엇인가에 대해 진지한 고민을 해 볼 필요가 있다.

● 참고 문헌 및 사이트

• 충청남도천안교육청, 『천안교육사』, 충청남도천안교육청, 2007.

• 백승명 역주, 『역주 조선환여승람』, 성환문화원, 2005.

• 권선길 역주, 『국역 영성지』, 천안문화원, 2003.

• 임선빈, 『천안의 향교와 서원·사우』, 천안문화원, 2001.

천안 삼거리와 능소 이야기

천안 삼거리 능수버들은 흥

제멋에 겨워서 흥

축늘어졌구나 흥

에루화 좋다 흥

성화가 났구나 흥

천안삼거리공원의 능수버들 능수버들에는 능소 아가씨와 박현수 선비의 애련한 사연이 어려 있다.

이 민요는 천안 삼거리 하면 생각나는 「흥타령」의 일부분이다. 천안 삼거리는 삼남대로가 영남길과 호남길로 갈라지는 분기점이다. 한 길은 납안들 고개를 넘어 청주, 문경, 대구로 통하는 길이요, 또 다른 한 길은 도리티 고개를 넘어 공주, 강경, 전주로 통하는 길이다. 길이 세

천안 삼거리의 어제와 오늘 조선시대에 천안 삼거리는 한양에서 삼남 지방으로 가기 위해서는 반드시 들러야 했던 교통의 요지였다. 하지만 현재 천안 삼거리는 그 역할을 천안아산역, 천안나들목 등에 넘겨주고 시민들의 휴식처 역할을 하고 있다.

갈래로 갈라졌다 하여 삼거리라고 하였는데 후에 동네 이름까지 삼거리로 불렸다. 삼거리는 점차 번성하여 전국을 통해 모르는 이가 없을 정도로 명소가 되었다.

이렇게 조선시대 천안은 한양에서 삼남 지방으로 가기 위해서 반드시 거쳐야 했던 교통의 요지였다. 현대의 상황도 과거와 다르지 않다. 천안은 철도 교통을 비롯한 육상 교통의 요충지로 그 명성을 이어 가고 있다. 이는 예나 지금이나 천안의 지리적 위상을 보여 준다. 사람들이 교차하는 곳에는 언제나 스쳐 가는 사람들의 만남과 이별이 애달프게 서려 있게 마련이니 천안 삼거리에 관한 이야기들도 예외가 아니다. 만남과 이별의 애환을 담은 설화와 전설이 무수히 만들어져 사람들의 입에서 입으로 전달되었다. 천안 삼거리의 상징이 된 축 늘어진 능수버들, 그 버들을 능수버들로 부르게 한 「능소전」 이야기도 입에서 입으로 전해 내려오고 있다.

능소와 박현수의 운명적 만남

조선시대 천안 삼거리에서 장사가 가장 잘되는 집은 삼례네 주막이었다. 그 까닭은 삼례라는 주모가 과부인데다가 그 수양딸이 아주 미인이었기 때문이다. 사람들은 수양딸인 능소의 노랫가락에 술 한잔 들기를 원하였지만 능소는 지조가 강하여 뭇 사내들의 애간장만 태웠다.

저녁 해가 질 무렵, 초라한 선비가 삼례네 주막에 들어왔다.

"내놓을 돈은 변변치 못하오만, 하루 저녁 재워 주오. 다리가 아프고 지쳐서 사랑방을 찾아갈 기력도 없소."

이때 능소가 딱하게 여겨 길손을 갓방으로 인도하였다. 능소는 제 방에 들어가려고 선비가 있는 방 옆을 지났다. 방 안의 앓는 소리를 들은 능소는 딱한 생각이 들어 방에 불을 지피고, 자기 방의 헌 이불을 손님방으로 가져가서 덮어 주었다.

이 초라한 선비는 전라도 고부 땅에서 한양으로 과거를 보러 가는 박현수라는 선비였다. 박 선비는 공주에서 천안으로 넘어오는 도리티 고개에서 도둑을 만나 어머니가 챙겨 주신 돈과 은붙이를 빼앗기고 삼례네 주막에 당도한 것이었다. 능소는 이러한 박 선비를 정성으로 보살폈다. 능소는 심신이 지친 박 선비를 위해 미음을 끓이고 약을 데워 박 선비의 방으로 들어갔다. 박 선비가 능소의 얼굴을 살피니 세상에 흔치 않은 미인이었다. 어찌하여 주막에서 자라게 되었는지 능소에게 물었다.

능소의 사연이 깊을수록 밤도 깊어 갔다.

능소의 조부는 벼슬이 통정대부에 이르는 유학원이라는 인물이었다. 능소의 집안은 본래 남부럽지 않게 살았다. 하지만, 능소의 아버지 유봉서 대에 이르러 가세가 급격하게 기울었다. 유봉서는 어렸을 때의 호화롭던 생활을 깨끗이 잊고 현실에 충실하였다. 생활이 어느 정도 안정되어 갈 무렵 유봉서의 아내는 능소를 낳고 세상을 떠나고 유봉서는 어린 능소를 홀로 키우게 되었다. 능소가 일곱 살이 되던 무렵, 유봉서는 국경 수비에 동원되어 어린 능소를 어쩔 수 없이 천안 삼거리 삼례네 주막에 맡기게 된 것이었다. 유봉서는 떠나기에 앞서 천안 삼거리 세 갈래 길에 버들가지를 꺾어다 심었다.

그리고 능소에게 당부하였다.

"내가 너와 헤어짐이 걱정되어 버들을 삼거리 세 길가에 심어 놓았다. 너는 버들처럼 무성하게 자라거라. 그리고 기다리다가 저 버들가지처럼 손을 흔들며 이 아비를 맞이해 다오."

이렇게 해서 능소는 삼례네 주막에서 일을 거들며 자라게 된 것이었다.

두 남녀가 끝없는 말을 주고받는 사이 박 선비는 자기도 모르는 사이 능소의 손을 잡았다. 박 선비와 능소는 달콤한 사랑에 빠졌다. 사랑에 빠진 능소와 박 선비는 과거를 치르고 난 후 만날 것을 약속하며 이별하였다. 능소는 날마다 박 선비의 꿈을 꾸며 다시 만날 날을 기다렸다.

순수한 사랑의 결실이 흥겨운 가락으로

능소의 배웅을 받은 박 선비는 한양 가는 길을 재촉하였다. 한양에 도착하여 며칠 동안 여독을 풀고 삼월 보름날 과거 일정을 알리는 방을 보러 나갔다. 바짝 다가서서 읽어 보니 "어명으로 과거 날을 석 달 후로 연기한다. 과거 일정을 알리는 방은 오는 칠월 초열흘에 있을 터이니 그리 알도록 하라"는 내용이었다. 집이 먼 박 선비에게는 난감한 일이었다. 그때 마침 박 선비가 머물고 있는 방에 무명대사라는 스님이 찾아오게 되었다. 박 선비는 스님의 주선으로 과거시험을 치를 때까지 암자에 머물

천안박물관에 전시된 능소와 박현수 박현수 선비는 장원급제 후 천안 삼거리를 찾아 능소와 뜨거운 해후를 하게 된다. 왕의 허락으로 박현수와 능소의 결혼이 결정된 후 주변 사람과 함께 흥타령을 부르며 덩실덩실 춤을 춘다.

게 되었다. 박 선비는 과거시험에 응시하여 지금의 구술시험에 해당하는 면강에서 탁월한 실력을 발휘하여 장원으로 합격하였다. 과거시험에 장원으로 합격한 박 선비는 어명으로 홍문관 수찬에 임명되었다. 이때 형판 대감이 박 선비가 스물한 살의 노총각이라는 말을 듣고 지체는 좀 낮으나 똑똑하니 사위로 삼아야겠다고 생각하여 박 선비를 찾아와 자신의 딸과 혼례를 치를 것을 청하였다.

유력한 재상가의 청혼에도 박 선비는 능소와의 약속을 지키기 위하여 완강히 거절하였다. 형판 대감은 박 선비에게 청혼을 거절당한 후 속으로 크게 화가 났다. 하지만 박 선비는 이에 아랑곳하지 않고 능소를 찾아 천안 삼거리로 길을 떠났다.

박현수가 배신한 줄로만 알았던 능소는 드디어 천안 삼거리에서 박 선비를 만나 기쁜 나머지 손을 잡고 덩실덩실 춤을 추기 시작하였다. 수양어미 삼례도 따라서 춤을 추었다. 이를 구경하던 마을 사람들도 따라서 춤을 추었다. 지나는 길손도 박 선비와 능소의 사연을 듣고 한데 어울려 춤을 추었다. 누구의 입에서 흘러나왔는지 몰라도 흥겨운 타령이 가락으로 흘러 퍼졌다. 이 흥겨운 가락은 그 후 전국 방방곡곡으로 널리 퍼져서 우리 겨레의 멋과 흥을 돋워 주는 흥타령으로 발전하여 오늘에 이르렀다.

KTX 열차 천안은 예나 지금이나 육상 교통의 요지로 각광받고 있다. 빠른 속도로 나아가는 KTX 고속철도처럼 'FAST 천안'은 빠르게 발전할 것이다.

과거와 미래를 이어주는 천안

천안은 예로부터 한양과 삼남 지방을 잇는 교통의 요충지이다. 이러한 지리적 이점을 바탕으로 지금까지 그 명성을 이어 오고 있다. 옛날에는 축축 늘어지는 능수버들과 천안 삼거리가 천안을 상징하는 대표적 이미지 역할을 했다면, 지금은 철도와 고속도로가 천안의 이미지를 만들고 있다. 고속전철의 중추인 천안아산역, 경부선과 장항선의 분기점인 천안역, 경부고속도로의 천안나들목, 이 모든 것들이 천안이 사통팔달의 교통 중심지라는 이미지를 형성한다.

천안시는 이러한 지리적 여건을 적극적으로 이용하여 교통의 중심 역할을 하는 역세권과 톨게이트 주변을 개발하고 있다. 이제 천안은 세계적인 문화의 교차로가 되고자 전 세계 민속춤 공연단과 전국의 춤꾼들을 모여들게 하며 전국 최고의 천안흥타령춤축제를 매년 열고 있다. 이 모든 점이 전국이 천안을 주목하는 이유가 되고 있다.

● 참고 문헌 및 사이트

• 민병달, 『천안삼거리 능소전』, 천안향토사연구소 감수, 1986.

성거산에 자리 잡은
천주교 성지

성거산은 태조 왕건이 천안에 내려와 붙여 준 이름으로, 마치 성인이 살 만한 훌륭한 산이란 뜻이다. 해발 579m의 우뚝 솟은 성거산에는 아름다운 경관과 더불어 천주교 성거산 성지가 깊은 산속에 자리 잡고 있다.

이곳에는 그 옛날 자신들의 신앙을 지키고자 숨어들었던 천주교 신자들의 마을이 있었고, 모진 박해를 받아 영원히 잠든 그들의 작은 무덤들도 있다. 척박한 산속에 숨어 살면서 항상 두려움과 굶주림을 이겨 내고 신앙을

성거산 성지 성거산에 천주교 신자들이 들어온 시기는 1801년 신유박해 이후로 추정된다.

지키고자 했던 사람들이 있었다.

호랑이가 득실거리던 은거지

성거산에 천주교 신자들이 들어온 시기는 1801년 신유박해 이후로 추정된다. 천주교를 믿는다는 이유로 박해를 피해 자신들이 살던 마을에서 나올 수밖에 없었던 사람들이 하나둘 성거산 자락으로 들어와 소학골 마을을 이루게 되었다. 서들골 등 7개 마을이 1920년대까지 형성되었다. 이 마을들은 오랫동안 비밀을 유지하면서, 신자들의 신앙공동체로 발전해 나갔다.

성거산은 천주교 박해 시기에 한국인 신부들과 외국 선교사들의 주요 활동 무대이기도 했다. 김대건에 이어 한국인으로는 두 번째로 신부가 된 최양업 신부를 비롯해 선교사로 온 프랑스 신부들이 국내에 입국하여 활동하면서 이곳을 근거지로 삼기도 하였다. 특히 프랑스 선교사 중에서 칼래(N. A. Calais) 신부가 충청도 북부와 경기도, 경상도 일대를 관할하게 되면서 사목 중심지를 성거산 소학골로 옮겼다. 이후 칼래는 1866년 병인박해 이전까지 이곳을 중심으로 선교 활동을 벌였다. 당시 소학골 교우촌에 머물던 칼래 신부는 다음과 같이 소회를 밝히고 있다.

순교자들의 혼이 서린 곳 척박한 산속에서 숨어 살면서 항상 두려움과 굶주림을 걱정했던 사람들. 그들은 어쩌다가 이 산속으로 들어오게 되었을까?

"저는 제 담당 지역 사목 방문을 마치고 나면 여름 한철에는 서울에서 220리 떨어진 충청도 목천현 소학골 마을에서 쉬었습니다. 소학골은 독수리 둥지처럼 높은 곳에 자리 잡고 있으며, 호랑이가 득실거리고 숲이 우거진 산들로 둘러싸여 있기 때문에 찾아가기 어려운 곳입니다. 조용히 숨어 살기에는 매우 좋은 피신처입니다. 따라서 마치 들짐승처럼 사방에서 쫓기는 선교사가 평화로운 이곳에서만은 맑은 공기를 마시면서 누구에게 들킬 염려 없이 초가집에서 나와 여기저기 절경을 찾아 눈앞에 듬뿍 펼쳐진 자연의 아름다움을 만끽할 수도 있고, 별들이 반짝이는 하늘을 감상할 수도 있습니다."

이곳에 잠든 순교자들

두 명의 주교가 체포되면서 시작된 병인박해는 충청도 공주와 청주, 홍주, 해미 등지에서 신자들이 연달아 잡히면서 확대되어 갔다. 오랫동안 비밀을 유지하며 신앙생활을 해 오던 성거산 교우촌에도 모진 박해의 칼바람이 불어왔다. 1866년 음력 10월, 소학골 마을에도 화가 닥쳤다. 교우촌의 존재가 발각된 것이다. 병인박해 동안 소학골을 비롯한 성거산 일대에서 많은 천주교 신자들이 체포되어 서울 등으로 압송되었다. 남은 신자들도 끝까지 신앙을 지키다가 순교하였다. 수많은 신자와 여러 선교사가 체포되어 순교하던 와중에도 이곳에서 사목 활동을 하던 칼래 신부는 박해를 피하여 경북 문경까지 피신하였다가 결국 조선을 떠나게 되었다. 그 밖에도 여러 프랑스인 신부들이 성거산을 찾아와서 숨어 지내던 교인들을 격려하고 미사를 집전하였다. 이후 시대가 변하여 신앙의 자유를 얻게 되자 신자들이 하나둘씩 마을을 떠났고, 결국 1920년대를 전후하여 성거산 자락의 천주교 교우촌은 모두 사라지게 되었다.

줄무덤 순교자들의 줄무덤 병인박해 때 소학골을 비롯한 성거산 일대에서 많은 천주교 신자들이 체포되어 서울 등으로 압송된 후 끝까지 신앙을 지키다가 순교하였다.

현재 성거산 성지에는 박해 기간에 순교한 신자들 이외에도 성거산 교우촌에서 살다 간 많은 무명 신자들의 무덤이 있으며, 제1·제2 줄무덤에는 각각 38, 36기의 묘가 조성되어 있다. 천안 시내에서 그리 멀지 않지만, 강원도 어느 산골보다도 깊은 산속에 있는 성거산 성지. 얼마 전 천안시에서는 이곳에 대한 역사적 가치를 인정하여 문화재 지정을 추진하여 2008년에 충청남도 기념물 제175호로 지정되었다. 지금은 전국에서 많은 천주교인이 방문하는 순례지로 각광받고 있다.

● **참고 문헌 및 사이트**

• 천주교 대전교구 성거산 성지, 『성거산 성지 자료집』, 천주교 대전교구, 2007.

• 성거산 성지 홈페이지(http://sgms.zerois.net).

용의 기개를 간직한 천안

낙타의 머리에 사슴의 뿔……

토끼눈, 암소의 귀, 뱀의 목……

개구리 배, 잉어 비늘……

매의 발톱, 범 발바닥……

중국의 고문헌에 묘사된 용의 모습이다. 한마디로 용은 한 가지 모습으로 정의될 수 없는 상상의 동물이다.

힘과 선의 수호신, 용

용에 대한 기대감은 동양과 서양이 조금 다르다. 서양에서는 용의 출현이 두려움이었다. 가뭄과 서리 등으로 피해를 주는 존재였고 사람들에게 불을 내뿜어 파괴를 일삼는 나쁜 동물이다. 하지만 서양의 무시무시

용오름 현상 바다나 강 한가운데 하늘에 수많은 먹구름이 몰려 있을 때 갑작스러운 기압 차이 때문에 밑에 있는 공기가 하늘로 빨려 들어가는 현상을 말한다.

한 괴물과는 달리 동양의 용은 힘과 선의 수호신이다. 이런 용의 이미지는 중국에서 만들어져 우리나라와 일본으로 전래되었다. 중국에서 최고의 신성과 권위를 상징하게 된 용은 한·중·일에서 같은 의미로 자리잡아 동양인의 정신세계와 일상생활에 큰 영향을 끼쳤다.

현대에서도 용은 희망과 성취를 상징한다. 용꿈을 꾸면 좋은 일이 생길 거라고 기뻐하고, 어떤 일에 대해 좋은 결과가 나타날 것으로 기대한다. 그래서 용꿈을 꾸면 복권을 사기도 하고 증권에 투자하기도 한다. 횡재를 한 사람에게 "용꿈을 꾸었나"라는 말로 그 효력을 믿는 표현을 하기도 한다.

용의 출현

옛날부터 용은 연못이나 강, 바다와 같은 물속에 살며, 비나 바람을 일으키거나 몰고 다닌다고 여겨져 왔다. 용이 신처럼 여겨지면서 그 거주지는 바닷가 용궁이거나 구름 낀 하늘이라는 믿음도 생겼다. 더구나 바다에서 우연히 용오름 현상을 본 사람들이 '용이 승천하는 걸 보았다'고 말함으로써 그런 믿음을 부채질했다. '용오름' 또는 '용솟음' 현상이란 바다나 강 한가운데 하늘에 수많은 먹구름이 몰려 있을 때 갑작스러운 기압 차이 때문에 밑에 있는 공기가 하늘로 빨려 들어가는 현상을 말한다. 이 과정에서 물기둥이 솟구쳐 구름까지 뻗치므로 마치 바다에서 무언가 솟아 올라가는 것처럼 착시 현상을 일으킨다. 옛날 사람들은 이러한 과학적 원리를 모르는 까닭에 용이 승천하는 걸 보았다고 주장한 것이다.

용은 물과 불가분의 관계가 있는데, 용과 물의 상관성은 용정(용우물), 용호(용호수), 용지(용못), 용소(용연못), 용강 등의 지명을 통해서도 잘 나타나고 있다. 물은 농사짓는 데 꼭 필요하므로 우리 민족은 가뭄이 심할 때에 용에게 제사를 지내며 비를 내려 달라고 빌었다.

농악대가 천천히 우물 주위를 맴돌다가 춤과 농악이 점점 빨라지고 한참 고조되었을 때 농악을 뚝 그치면서 우물을 향하여 "물 좀 주소, 물 좀 주소. 용왕님네 물 주소. 뚫어라, 뚫어라. 물구멍만 펑펑." 하고 기원한다. 이처럼 용은 풍농과 풍어를 기원하는 민간 신앙의 대상으로서 상징적 의미를 지니고 있다.

역사 속에서 살펴본 용

용이 등장하는 문헌, 설화, 민속 등에서 용은 반드시 어떤 앞일을 예시해 주는 예언자로 출현한다. 용이 출현하고 나서 성인이 탄생하였든가, 군주나 큰 인물이 세상을 떠났다든가 등의 기록이 있는가 하면 농사의 풍흉, 변방 군사의 동태, 민심의 흉흉 등의 국가적인 길흉사가 따르는 기록이 있다.

용은 미래를 예시해 주는 신령한 동물로 숭상되었을 뿐 아니라 건국 시조의 어버이를 상징하기도 한다. 신화 속에서도 용과의 혼인이 많이 나타난다. 신라의 석탈해는 아버지가 용이고, 고려 태조 왕건은 작제건과 용녀(龍女)의 소생인 용건의 아들이다. 또 백제 무왕인 서동은 과부인 어머니가 연못의 용과 혼인하여 낳은 자식이었다. 후백제 시조 견훤은 부잣집 딸이 지렁이와 교혼하여 낳았다고 하는데 지렁이는 용과 유사하다고 볼 수 있다. 특히 고려의 시조 왕건의 할머니가 용녀가 된 까닭은 태조가 된 왕건이 선조를 용궁에 결부시켜 왕의 혈통을 합리화하기 위해서이다. 그리고 용 비늘을 왕통의 상징으로 삼았던 것도 용을 매체로 천제(天帝)와의 관련성을 나타내려고 한 것이다.

자연스럽게 용은 그 권위로서 임금을 나타내었다. 즉, 임금의 얼굴은 용안, 임금이 나랏일을 볼 때 앉던 평상은 용상, 임금의 옷은 곤룡포라고 하였다. 특히 임금의 즉위를 용비라고 하는데, 조선 초기 조선 건국을 찬송한 『용비어천가』의 '용비'가 이 뜻이다.

다섯 용이 구슬을 다투는 삼국의 중심, 천안

왕건이 고려를 건국한 후 어느 날이었다. 술사 예방이 전국을 둘러보고 돌아와 태조에게 지금의 천안 땅을 가리키며 말하기를 "이곳이 삼국의 중심이고, 다섯 용이 구슬을 다투는 자세이므로, 큰 관청을 설치하면 백제가 스스로 항복할 것입니다."라고 하였다. 이 말을 들은 태조는 몸소 산에 올라 산천을 둘러본 후 만족스러워하면서 부(府)를 두기로 하여 이곳을 천안부로 삼고 도독을 두었으니, 훗날 주변의 1군 7현을 관할하는 큰 고을이 되는 기반이 마련되었다. 당시 천안은 후삼국 세 나라의 국경이었다. 고려의 태조 왕건은 이 때문에 천안을 군사적 요충지로 삼았던 것이다. 왕자산성을 쌓고, 군사훈련장인 강무장을 설치하였으며, 왕자산에 유려왕사와 마점사를 지어 머물기도 하였다. 오늘날의 '천안'이라는 지명은 이때 처음 등장하였다.

그러면 '오룡쟁주(五龍爭珠)'의 다섯 마리 용과 구슬은 어디일까. 풍수지리설에서는 용을 산줄기로 표현한 것으로, 오룡이란 다섯 개의 산줄기인데, 다섯 개의 산줄기가 여의주를 상징하는 남산을 향하여 있다. 그래서 이 다섯 용이 얻으려고 하는 여의주가 천안 중앙시장 건너편 사직동에 있는 남산이라고 한다.

이런 이유 때문인지 현재에도 천안에는 용과 관련된 지명이 많이 남아 있다. 동 이름에 오룡동, 쌍용동, 삼룡동, 구룡동, 용곡동이 있고, 읍·면 지역에도 운용리, 용암리, 용원리 등의 마을 이름이 있다.

오룡쟁주형 도시, 천안

천안의 민속놀이 중에 오룡쟁주놀이가 있다. 이 놀이를 하는 가운데, 여의주는 오룡 중에 한 마리 용이 차지하는 것이 아니라 오룡이 모두 힘을 합해야만 쟁탈할 수 있다. 이

오룡쟁주 천안삼거리공원에 있는 용 조각상으로 오룡이 구슬을 놓고 다투는 모습을 형상화한 것이다.

는 오룡쟁주형 도시인 천안과 천안 시민의 단결된 정신과 화합을 의미한 다고 할 수 있다.

현재 수도권과의 인접성을 장점으로 가장 역동적인 도시로 평가받는 천안. 이는 풍수지리에서도 나타난 다섯 마리 용의 꿈틀거리는 기상이 영향을 끼친 것이 아닐까.

● **참고 문헌 및 사이트**

• 리영순,『동물과 수로 본 우리 문화의 상징체계』, 도서출판 훈민, 2006.

• 박영수,『유물 속의 동물 상징 이야기』, 내일아침, 2005.

• 천안문화원,『천안의 땅 이름 이야기』, 1999.

• 사이버충효체험관 홈페이지(http://www.chunghyo.net).

대한광복회와 천안

우리는 대한의 국권을 회복하기 위하여 죽음으로써 원수 일본을 완전히
몰아내기로 천지신명에게 맹세한다.

-『광복단 선언문』

천안삼거리공원에는
여러 개의 비가 세워져
있는데, 그중에는 '독립
투쟁의사광복회원기념
비'라는 것이 있다. 이
것은 1910년대의 대표
적인 항일 독립운동 단
체인 대한광복회 소속
으로 활동한 천안 출신

독립투쟁의사광복회원기념비 동남구 삼룡동 천안삼거리공원에 있다.

의 독립운동가 7명의 공적을 기리는 비이다. 장두환, 유창순을 비롯하여 성달영, 김정호, 조종철, 유중협, 강석주가 그들이다.

대한광복회의 결성

대한광복회는 1910년대 일제의 무단통치기에 국내 민족운동이 봉쇄되어 침체한 상황 속에서 항일 독립운동을 전개했던 대표적인 단체였다. 대한광복회는 국내에서 군자금을 조달하여 만주에 독립군 기지를 건설하고 독립군을 양성, 국내로 진입하여 독립을 쟁취하고자 하였다. 이에 따라 비밀 · 폭동 · 암살 · 명령의 4대 강령을 마련하고, 전국 각지에 항일투쟁을 위한 비밀기지를 건설하였다. 또한 전국 각지의 부호들로부터 군자금을 모금하거나 친일적 성향의 부호들을 처단하는 활동을 전개하였다.

대한광복회의 시작은 1913년 경상북도 풍기에서 조직된 풍기광복단에서 찾는 것이 일반적이다. 이후 중산층 계몽 지식인들이 중심이 되어 활동하던 조선국권회복단이 풍기광복단과 결합하면서 점차 조직이 확대 · 개편되었다. 이에 따라 전국 각지에 지부를 설치하였으며, 만주에도 거점을 설치하여 본격적인 독립투쟁을 전개하였다.

대한광복회의 조직은 조선국권회복단을 이끌었던 박상진을 총사령으로 하여, 그 밑에 부사령과 지휘장을 두어 군대식 체계를 갖추었다. 각 지방의 지부 조직은 1915년에서 1917년 사이에 조직되었으며, 활동이 가장 활발한 지역은 경상도와 충청도, 황해도, 평안도였다. 특히 충청도 지부는 예산 출신의 김한종이 지부장을 맡았고, 여기에 천안 출신의 장두환과 유창순을 비롯한 충청 지방의 유력 인사가 활동하였다.

대한광복회에 가입한 단원의 숫자도 꾸준히 증가하여 1917년경에는 약 400명에 이르렀다. 이후 계몽운동과 비밀결사, 대한제국 군인 출신 등 다양한 경력을 가진 사람들이 합류함에 따라 외형적인 성장뿐 아니라 조직 내부의 역량도 한층 강화되었다.

천안 출신 대한광복회 독립운동가들의 활동

장두환은 대한광복회 충청도 지부장이었던 김한종과 더불어 주도적인 역할을 한 인물이다. 1915년부터 전국 각지에 지부가 조직되는 과정에서 김한종은 채기중과 함께 대구에서 박상진을 만나 충청도 지부 설치를 논의하였다. 김한종은 예전부터 친분관계가 있던 장두환을 만나 광복회의 목적과 내용을 설명하고 가입을 권하였다. 이에 장두환은 광복회 회원이 되었을 뿐만 아니라 자신이 가지고 있던 상당한 액수의 재산을 활동 자금으로 기부하였다. 광복회에 가입한 지 두 달 후 장두환은 김한종의 집에서 총사령 박상진을 만났다. 박상진은 장두환에게 만주 지역에서 활동할 것을 요청하였다. 그러나 부모님을 봉양하고 있던 장두환은 만주 지역에서의 활동 대신에 활동 자금을 내놓고 거주지인 천안을 중심으로 활동을 전개하였다. 장두환은 천안과 아산, 연기 지역의 부호들에게 대한광복회 명의의 포고문을 발송하고, 그들로부터 군자금을 모금하였다.

장두환의 활발한 활동으로 충청도 지부의 군자금 모금은 다른 지역보다 활발하게 이루어졌으나, 시간이 지나자 상당수의 부호가 친일 경향을 보이면서 군자금 모금이 어려워졌다. 이에 지부장 김한종은 친일 부호들을 처단하기로 했다. 김한종은 천안에서 장두환과 만나 아산 도고면장 박용하를 처

장두환 천안 출신으로 대한광복회 활동으로 피체되어 옥사하였다.

단하도록 지시하였다. 박용하는 광복회의 군자금 모금을 거절하였을 뿐만 아니라 통고문을 일본 헌병대에 넘겨주었고, 도고 지역의 주민을 괴롭히는 악인으로 인식되었기에 처단 대상이 된 것이다. 장두환은 대한제국 군인 출신인 김경태와 임세규로 하여금 대한광복회 명의의 사형선고문을 박용하에게 전달하고, 그 자리에서 사살하도록 하였다. 또한 장두환은 김한종과 함께 충청도 지부의 조직을 확대하기 위한 목적으로 여러 애국인사를 찾아다녔는데, 장두환은 천안과 아산 지역을 중심으로 광복회 회원 모집을 전개해 나갔다. 그리하여 장두환은 천안 지역에서 유중협, 조종철, 강석주 등을 가입시켰다.

유창순은 수신면 출신으로 홍주 의병에도 참여한 인물이다. 그는 1913년 경상북도 풍기에서 채기중, 유장렬, 한훈 등과 함께 풍기광복단을 조직하였다. 이후 전부터 알고 지내던 충청도 지부장 김한종의 권유로 대한광복회에 가입하여 선전 부문을 담당하였다. 박상진은 경북 칠곡의 친일 부호인 장승원에게 군자금 모금을 요청하였으나 거절당하였다. 오히려 장승원이 그 내막을 일본 관헌에게 밀고하자, 박상진은 장승원의 처단을 명령하였다. 유창순은 채기중, 강순필과 함께 장승원을 처단하고 장승원의 집에 불을 질러 버렸다.

성달영은 성정동을 중심으로 충청도 지역에서 군자

유창순 경북 칠곡의 친일 부호였던 장승원 처단에 앞장섰던 동남구 수신면 출신의 대한광복회원이었다.

금 모금을 위해 적극적으로 활동하였다. 특히 그의 집은 대한광복회 충청도 지부의 비밀 연락 거점으로 이용되기도 하였다.

강석주는 유창순의 권유로 광복회에 입단하여 충청도 지부의 군자금 모집에 참여하였다. 또한 친일을 일삼던, 도고 면장 박용하를 처단할 때 그의 집에서 사형 선고문을 작성하였다. 박용하를 직접 처단한 김경태를 도피시키기 위한 자금도 제공하였다.

그 밖에 김정호, 조종철과 유중협은 천안을 중심으로 각종 정보를 수집하고 군자금을 모금하는 활동을 전개하였다.

일제의 탄압과 대한광복회의 해체

군자금을 모금하기 위해 발송한 포고문을 받은 친일 부호들이 일본 헌병에게 이를 신고하면서 비밀조직이었던 대한광복회의 존재가 알려졌고, 광복회 회원이었던 이종국이 일본 헌병에 밀고하여 이른바 '대한광복회사건'이 일어났다. 총사령 박상진을 비롯하여 채기중, 충청도 지부장 김한종과 장두환, 유창순, 김경태, 성달영 등 중심인물들이 모두 체포되어 투옥되었다. 박상진과 김한종, 김경태, 채기중은 사형을 당하였고, 장두환은 징역 7년형을 선고받고 수감 중 사망하였으며, 유창순은 8년간 복역하고 사면되었다가 사망하였다. 그 밖에 많은 사람들이 체포되어 옥고를 겪었다.

이처럼 많은 회원이 체포되고 목숨을 잃으면서 대한광복회는 사실상 와해되었다. 그러나 체포를 피한 인물들과 옥고를 치르고 나온 인사들이 광복단결사대나 주비단 등을 조직하여 항일 독립운동을 계속하였고, 대한광복회의 명맥을 계속 이어 갔다.

● 참고 문헌 및 사이트

• 김희주, 『일제하 대한광복회의 조직변천과 그 특질』, 한국학 중앙연구원, 2004.

• 이성우, 『대한광복회 충청도 지부의 결성과 활동』, 충남대학교 대학원, 1998.

• 김희주, 『대한광복단연구』, 동국대학교 대학원, 2002.

• 대한광복단기념관 홈페이지(http://www.kwangbokdan.com).

3
삶이 평안한 천안

　애국충절의 자랑스러운 역사를 가진 천안에는 과거보다 더 화려한 현재와 미래가 있다. 오룡쟁주(五龍爭珠)의 도시 천안은 시간이 흐를수록 더욱 힘차게 약동하고 있다. 사통팔달 교통의 중심지인 천안에서는 마음만 먹으면 전국 어디든 쉽게 갈 수 있다. 또한 120여 개의 초·중·고교와 12개의 대학이 소재한 교육의 도시이기도 하다. 최근에는 IT 산업의 메카로도 급부상하고 있다.

　이제 천안은 인구 60만을 돌파하여 100만 인구의 광역 도시를 향해 질주하고 있다. 하늘 아래 가장 평안하고 시민이 중심이 되는 쾌적한 도시 천안, 자랑스러운 역사를 기반으로 더욱 도약하는 미래 도시가 되기를 꿈꿔 본다.

오늘의 천안이 되기까지

우리가 사는 천안은 천안군과 목천현 그리고 직산현의 세 지역으로 발전해 오다가 1914년에 천안군으로 통합되었다.

1964년에 천안시와 천원군으로 나뉘었다가, 1995년에 다시 통합되어 오늘에 이르렀다.

천안군

천안군은 고려 태조 때 천안부를 설치한 데서 유래한다. 고려 성종 때 명칭을 환주(歡州)라고 바꾸었고, 도단련사를 두었다가 목종 때 폐군이 되었는데 그 이유는 알 수 없다. 현종 때부터 다시 천안이라 칭하였는데, 충선왕은 군명을 영주(寧州)라 개칭하였고 공민왕 때에 다시 천안부로 불리게 되었다.

조선에 이르러 1413년(태종 13년)에 행정구역을 개편할 때 영산군(寧山郡)

이라 개칭하였고, 1416년(태종 16년)에 다시 천안으로 환원되어 지금에 이르고 있다.

목천현

목천현은 고대에 마한의 영지였는데, 온조왕이 위례성에 도읍하고, 동북 백 리의 땅을 마한 왕에게 양도받으니 바로 목천이 그 남쪽에 해당한다고 전하고 있다.

백제는 이곳에 대목악군을 설치하였으며, 삼국 통일 후 신라의 영토가 되자 경덕왕 때 대록군으로 명칭을 변경하였다. 고려 초기에는 목주(木州)라고 개칭하고 조선 초기에는 목천현으로 개칭하였다. 그 후 변동 없이 내려오다가 1910년 국권 피탈 이후 일제의 행정구역 통폐합으로 1914년 천안군으로 병합되었다.

직산현

직산현은 본래 마한 목지국(目支國)의 옛터로 마한 50여 나라의 중심지로 비정되며 백제의 초도라고 비정되는 위례성이 있었던 지역이다. 고구려의 영역이었을 때부터 사산현(蛇山縣)이란 이름으로 불리다 고려시대에 들어 직산이란 명칭을 얻었다. 조선시대에도 직산으로 불렸으며, 연산군 때 잠시 경기도에 속했다가 중종 때 다시 충청도에 속하였다. 이후 큰 변동 없이 내려오다가 국권 피탈 이후 목천현과 마찬가지로 1914년 천안군으로 병합되었다.

일제강점기 천안군의 탄생

일제는 1906년 통감부 시기부터 전국의 지방 행정구역 개편을 시도 하였으나 지방의 강한 반발에 직면하여 유보하였다. 1914년에 이르러 전국 360여 개 고을을 축소 조정하여 12부 220군으로 개편하였는데, 그때 목천·직산·천안이 합쳐져 천안군으로 개편되었다.

세 군현이 통합된 천안군의 영성면은 1917년 천안면으로 개칭하였으며, 1931년 천안읍으로 승격하였고 1963년에 천안시가 되었다. 2013년 은 시 승격 50주년이 되는 해이다.

광복 이후의 천안

1948년 대한민국 정부가 수립된 후에도 계속 천안군으로 존속되다 가, 천안읍이 인구 5만이 넘고 도시의 형태를 갖추자 1963년 1월 1일 천안읍과 환성면이 합쳐져 천안시로 승격되고, 남은 지역은 천원군이 되었다.

천안시는 지방 도시로 발전을 거듭하여 1983년에 인구 15만이 넘는 도시로 성장하였으며, 1984년 9월 1일에 시정 조직에 '국' 제도가 처음 으로 시행되어 도약하는 도시의 면모를 갖추면서 약진을 거듭하였다.

천안시가 된 천안읍과 환성면을 제외한 12개면은 천원군이라 개칭하였는데, 천원군이란 명칭은 유서가 없는 행정 편의적 입장에서 나온 이름이다. 시군의 명칭이 같으면 혼동이 일어나므로 각각 다른 명칭을 붙인 것이다. 당시 충주의 중원군, 청주의 청원군의 예에 따라서 천원군으로 정하였다. 그러나 군민들이 천원군이라는 명칭에 거부감을 보였기에 1991년 다시 천안군으로 환원하였다. 이로써 천안군과 천안시는 일체감을 형성하여 1995년 통합시로 발전하기에 이르렀다.

다시 하나로

인구 5만 이상이면 시로 승격할 수 있어 전국에 분포한 인구 5만 이상의 많은 읍들이 시로 승격하였다. 시군이 분리되어 새로운 행정구역이 생겨나자 자연스럽게 행정공무원의 수도 늘고 예산도 크게 증가하였다. 그러나 소규모 행정단위별로 도시계획을 수립하여, 거시적 안목에서 볼 때 국토이용계획이 효율적으로 시행되지 못하자, 문민정부가 출범한 이후 지방자치제를 부활시키면서 행정 경비 절감과 행정 능률 향상을 위하여 주민의 의사를 물어 다시 시군 통합이 이루어졌다.

1994년 천안시와 천안군도 시민과 군민들에게 통합에 대한 찬반 의견을 물었다. 그 결과 천안시민은 압도적으로 통합에 찬성하였으나 천안군민은 반대 의사가 많아 부결되었다. 하지만 시군이 통합해야만 천안이 발전할 수 있다는 여론이 우세하여 다시 천안군민에게 통합 찬반을 물었고, 이번에는 통합 찬성 의사가 압도적으로 많았다. 천안은 1995년 5월 10일, 시군으로 분리된 지 33년 만에 다시 통합되었다.

천안시는 시군 통합으로 더욱 발전하여 2008년에는 서북구, 동남구 2개의 일반구가 설치되었으며, 2020년에는 인구 100만을 수용하는 대도시를 목표로 발전을 거듭하고 있다.

● 참고 문헌 및 사이트

• 천안시청 홈페이지(http://www.cheonan.go.kr).

농공업의 조화로운 발달을
이룬 천안

『세종실록지리지』「천안군편」에는 천안시 지명을 '도솔(兜率)'이라고 기록하고 있다. 도솔은 '유토피아'와 같은 의미로 가장 이상적인 사회를 뜻한다. 옛날부터 천안이 이렇게 살기 좋은 고장으로 알려진 이유는 무엇일까.

우선 천안은 산천과 큰 강은 없으나 하천이 발달하여 물이 풍부하다. 천안시 주변에는 차령산맥에 딸린 산들이 솟아 있다. 북동부에 만뢰산(612m), 중앙부에 성거산(579m), 태조봉(422m), 남서부에 광덕산(699m), 망경산(600m) 등이 있다. 하천은 금강의 지류인 미호천이 남동부로 흐르고, 입장천·성환천이 북서부로 흘러 안성천으로 유입되며, 남부는 풍세천이 북동쪽으로 흘러 곡교천으로 유입된다.

하천 주변의 평지는 땅이 비옥하여 농업에 적합하다. 서·북부 내륙 평야지에는 과수·영농이 발달하였고, 동·남부의 중산간지는 고소득 작물과 관광지로 개발되어 있다. 이런 가운데 지역의 대부분이 15° 이하의 비교적 평탄한 지형으로 다양한 토지 이용이 가능한 것이 이점이다.

　이러한 지리적 이점으로 천안은 농·목축업이 발전하였고 수도권과 가깝고 교통이 편리하여 대규모 산업단지가 건설되는 지역으로 성장하고 있다.

천안의 농업

　농업은 평택평야, 풍세평야, 성거평야에서 이루어지며, 주요 농작물은 쌀, 고추, 사과, 배, 참외, 포도, 호두, 잎담배 등이다. 성환읍은 성환 개구리참외가 유명하였으나 지금은 배 생산지로 유명하며, 풍세면은 고추, 잎담배, 호두, 광덕면은 밤, 호두, 입장면은 포도 재배가 활발한데, 특히 거봉포도는 특산물로서 전국 최고의 품질을 자랑한다. 특산물로 유명한 호두과자는 전국적으로 널리 알려졌다.

　구릉지가 많고, 수도권과 인접하여 축산업도 활발한데, 성환읍을 중심으로 직산읍, 병천면, 풍세면에 축산단지가 조성되어 있고 성환읍에는 국립축산과학원 축산자원개발부가 있다.

　현재 천안시에서는 소비자들에게 신뢰를 판다는 정성으로 천안 농·특산물을 대표하는 '하늘그린' 브랜드를 구축하고 안전한 농산물 생산에 소홀함이 없도록 노력하고 있다. '하늘그린' 브랜드화는 지역적인 목적을 포함하여 국내 농·특산물의 특징과 효능을 널리 알리고, 외국 농산물과의 경쟁에서 우위를 차지하도록 하는 데 그 목적이 있다. '하늘그린'은 하늘(天)과 그린(Green)의 합성

하늘그린 하늘(天)과 그린(Green)의 합성어로서 맑고 깨끗한 하늘을 대자연에 그린, 천안의 고품질 농산물이라는 이미지를 담고 있다.

천안시의 산업단지

어로서 천안의 맑고 깨끗한 하늘(天)을 대자연에 그린, 즉 친환경 천안의 고품질 농산물이라는 뜻이다. 천안의 하늘과 자연친화적인 초록의 이미지인 그린을 표현함과 동시에 '하늘에 그리다'라는 의미를 담고 있다.

대규모 산업단지 조성

천안은 수도권과 가깝고 사통팔달의 교통 여건을 자랑하고 있어 대기업은 물론 중소기업들이 공장 입주를 위해 탐을 내는 도시다. 이와 같은 여건 덕분으로 천안 지역에는 여러 곳에 산업단지와 농공단지가 산재해 있다. 차암동, 성성동에 제2산업단지, 성성동, 백석동에 제3산업단지와 외국인 전용단지, 직산읍에 제4산업단지, 성남면에 제5산업단지, 성거읍 천흥리에 천흥산업단지, 직산읍 마정리에 마정산업단지, 직산읍 삼은리에 산업기술단지가 있다. 또한 천안 지역에 자리 잡고 있는 4개 농공단지(백석 농공단지, 직산 농공단지, 동면 농공단지, 목천 농공단지)에 입주한 기업들의 가동률이 100%를 기록하고 있어 지역경제 활성화는 물론 고용 창출 효과를 크게 보고 있다. 현재는 60만 명의 천안시 인구 중 제조업에 종사하는 이가 전체 인구의 35%에 이를 정도이다.

첨단산업의 메카

요즘 천안을 대표하는
산업으로 반도체와 LED
등의 디스플레이 산업,
차세대 전자 산업을 빼
놓을 수 없다. 이들 산업
에 대한 얘기는 들어 봤

첨단 산업의 메카 천안 우리 주위에서도 디스플레이 산업을 쉽게 찾아볼 수 있다.

어도 구체적으로 LED라든가 디스플레이 산업이 무엇을 뜻하는지 모르
는 경우가 많을 것이다. 쉽게 말하면 반도체는 컴퓨터, 전화, 게임기, 카
메라, 가전제품 등에 필수적으로 들어가는 부품이다. 앞으로 로봇 산업
이나 재생에너지 산업에도 많이 쓰일 것으로 예상하고 있다. 반도체 산
업은 천안 탕정지구 삼성전자 반도체에서 주도하고 있고 몇 개의 중소기
업들이 그 뒤를 잇고 있다.

디스플레이 산업은 멀티미디어를 키워드로 하는 IT 산업을 구성하
는 핵심 요소이다. 우리가 매일 사용하는 휴대전화기 키패드의 반짝거
림, 가전제품, 전광판, 자동차 조명, 교통 신호등에 이르기까지 디스플레
이 산업이 미치지 않는 곳이 없다. 이러한 디스플레이 산업의 중심이 바
로 우리 고장 천안이다. 삼성 SDI 사업장은 이 중에서도 2차 전지, LED
를 생산하는, 세계 최대 규모의 첨단제품 생산의 메카이며 앞으로는 친
환경 · 에너지 사업으로 중심축이 이동될 예정이다.

천안의 미래 산업

오늘날 천안시는 KTX와 수도권 전철 개통으로 수도권과의 접근성이

천안시의 도시 브랜드 슬로건 'FAST 천안'

FAST 천안은 First(제일의 도시), Abundant(풍부한 도시), Satisfied(만족스러운 도시), Technologic(첨단산업 도시) 천안을 의미하며, 천안시의 빠른 성장과 역동성을 형상화하여 표현하고 있으며, '희망이 넘치는 미래 도시 천안'의 비전을 지향하고 있다.

좋아지고 기업 투자와 도시 개발이 활발히 이뤄지면서 경제 규모도 급속도로 성장하고 있다. 앞으로 천안시는 대도시의 기틀을 견고히 다지고 시민의 삶의 질을 높이는 데 역량을 집중하며, 2020년에는 인구 100만 명이 거주하는 도시로 성장할 수 있도록 뒷받침하는 등 세계 속의 '월드 베스트 천안' 실현을 목표로 삼고 노력하고 있다.

이를 위해 기업 유치를 더욱 촉진하면서 산업단지 추가 조성도 서두르고 있다. 천안에는 이미 10여 개 산업단지에 2,000여 개의 첨단 기업이 입주해 가동 중이다. 시는 밀려드는 기업을 수용하기 위해 천안 제5산업단지, 풍세산업단지, 천안 제3산업단지, 영상문화복합단지를 확장 및 추가 조성하고 있다. 천안은 이제 한국 산업의 중요한 중심지가 되었으며 특히 IT를 비롯한 첨단 산업과 수출의 중요도가 날이 갈수록 커지고 있어 장래가 매우 밝다.

● **참고 문헌 및 사이트**

• 천안시청 홈페이지(http://www.cheonan.go.kr).

• 천안 삼성 SDI 홈페이지(http://www.samsungsdi.co.kr).

• 하늘그린 홈페이지(http://www.skygreen.go.kr).

천안의 휴양지

천안은 교통의 발달과 경제의 급속한 성장으로 많은 발전을 하였다. 이에 따라 최근 천안의 인구도 급증하였다. 빠른 속도로 발전하는 도시에서 한 발짝 벗어나 천안 시민의 마음과 몸을 편안하게 쉬게 할 수 있는 휴양지도 과거보다는 훨씬 많아진 편이다. 천안 지역에는 문화 수준의 향상과 가정 친화적인 분위기에서 삶의 질을 높일 수 있는 휴양지가 많다.

「흥타령」으로 유명한 천안삼거리공원

천안시 동남구 삼룡동에 있는 천안삼거리공원은 민요 「흥타령」으로 유명한 천안 삼거리를 기념하여 만든 공원이다. 삼거리공원은 예전 삼거리가 있었던 장소에서 약 200m 정도 떨어진 곳에 조성되었다. 1970년대부터 조성된 능수버들이 곳곳에 있고 연못가에는 옛 천안군 관아에서

천안삼거리공원 동남구 삼룡동에 있는 천안삼거리공원은 민요 「흥타령」으로 유명한 천안 삼거리를 기념하여 만든 공원이다.

이전된 화축관(임금이 온양온천 행사 시 임시 거처로 사용하던 곳)의 문루로 추정되는 영남루가 있다. 그 밖에도 삼룡동 삼층석탑, 홍대용시비, 독립투쟁의 사광복회원기념비, 2·9 의거 기념탑, 대한민국어린이헌장탑, 천안노래비, 흥타령비, 천안상징조형탑 등이 있다.

천안삼거리공원은 소풍이나 가족 나들이하기에 적합한 곳으로 우리 지역의 문화재도 감상하고 주변을 거닐며 현재와 과거의 만남을 느낄 수 있는 장소이다.

태조 왕건의 이름을 딴 태조산공원

태조산은 천안시 동남구 유량동에 있다. '태조산'이라는 이름은 고려 태조 왕건이 이 산의 서쪽 기슭에서 군사들을 훈련한 일에서 유래되었

태조산공원 1987년에 공원으로 조성되었다. 시민들의 심신 단련을 위한 시설과 각종 편의시설이 구비되어 있다. 가족·학교·직장 단위의 방문객들이 많이 찾아오고 있다. 또한 조각 작품을 전시해 놓은 조각 공원이 있다.

다. 1987년에 공원으로 조성되었으며, 시민들의 심신 단련을 위한 시설과 편의시설이 설치되어 가족·학교·직장 단위의 방문객들이 찾아오고 있다. 또한 조각 작품을 전시해 놓은 조각 공원도 있어 아이들의 체험 활동 장소와 사진 촬영지로 적합한 곳이다.

학이 춤을 추는 태학산휴양림

태학산휴양림은 천안시 동남구 풍세면 삼태리에 있는 휴양림이다. 이곳에는 고려시대의 전형적인 불상 양식을 한 보물 제407호 천안삼태리마애여래입상이 있다. 이 불상은 거대한 산정바위에 서 있는 모습의 부처님이 새겨져 있다. 태학산은 '학이 춤을 추는 형태'로 생겼다 하여 붙여진 이름이다. 태학산에는 다양한 종류의 자생화와 수목이 분포되어 있

태학산휴양림 학이 춤을 추는 형태로 생겼다 하여 태학산이라고 불린 곳으로 역사와 자연을 두루 느낄 수 있는 휴식 공간이다.

고, 특히 소나무 군락이 있어 가족 단위 휴양에 적당하다. 이곳은 역사와 문화, 그리고 자연을 함께 느낄 수 있는 복합 공간으로 천안 시민들에게 각광을 받고 있다.

한국 전통 정원 식물원인 동산식물원

천안시 동남구 동면 덕성리에 있는 동산식물원은 원예학을 전공하고 정년퇴임한 대학교수가 조성한 개인 식물원이다.

원래 이 식물원은 영리 목적이 아니라 조성자의 노후 건강관리와 취미 생활 등에 목적을 두고 세워졌으나, 면적 증가와 주변의 공개 권유에 따라 공익재단 운영 체제를 도입할 예정이다.

이 식물원은 한옥과 식물이 아름답게 꾸며진 곳이다. 이곳은 자연친화적 식물원 조성, 한국의 전통적인 경관 조성, 모든 조형물이 한국의 전통

동산식물원 개인 식물원으로 한옥과 식물이 아름답게 꾸며진 곳이다.

문화와 민속적 창작품이라는 점, 체험 관광으로 한국 정원의 아름다움과 뿌리 깊은 문화를 느낄 수 있다는 특징이 있다. 게다가 앞으로 참살이와 건강 증진의 장소로 발전시킬 계획이다.

활쏘기나 종치기 등 다양한 체험 활동 공간과 결혼식이나 행사를 치를 수 있는 장소도 조성되어 있다. 연인이나 가족이 함께 나들이하여 한적한 산길을 거닐며 자연을 마음껏 느낄 수 있는 장소이기도 하다.

종합 휴양시설을 갖춘 천안상록리조트

천안시 동남구 수신면 장산리에 있는 천안상록리조트는 종합 휴양시설을 갖추고 있는 휴양지이다. 어린이 놀이시설, 골프장, 아쿠아피아 등 다양한 시설을 갖추고 있다. 또한 자연 속의 호텔로 도심에서 맛볼 수 없는 자연의 싱그러움과 자연교육 현장의 장점을 두루 갖추고 있다. 도심에 지친 현대인들이 가족과 함께 안락한 휴식을 취하기에 더없이 좋은 조건을 갖추고 있어서 다른 지역 주민에게도 많이 알려진 휴양지이다. 특히 워터파크 및 골프장 등이 있어 중부권의 최대 종합 휴양시설로 주목받고 있다.

　이 밖에도 천안 예술의 전당, 남산공원(동남구 사직동), 허브파라다이스(동남구 수신면 신풍리), 리각미술관(동남구 유량동), 자연누리성(동남구 광덕면 원덕리) 등 다양한 휴식 공간이 천안의 곳곳에 자리 잡고 있다.

　2013 천안 국제 웰빙 식품 엑스포의 개최로 천안의 건강한 음식 문화가 널리 알려졌고, 각양각색의 휴양지는 건강한 몸과 마음을 만들 수 있는 웰빙 도시로 성장할 수 있는 발판이 되고 있다.

● 참고 문헌 및 사이트 ━━━━━━━━━━━━━

• 한국관광공사 홈페이지(http://korean.visitkorea.or.kr).
• 허브파라다이스 홈페이지(http://www.herbparadise.co.kr).
• 자연누리성 홈페이지(http://www.자연누리성.com).
• 동산식물원 홈페이지(http://www.dongsangarden.com).
• 천안시청 홈페이지(http://www.cheonan.go.kr).

축제, 천안을 말하다

축제의 사전적 의미는 축하하여 제사를 지냄 또는 경축하여 벌이는 큰 잔치나 행사를 이르는 말로 정의된다. 그렇다면 우리에게 축제는 어떤 의미가 있을까.

축제의 기원은 종교 행사에서 비롯되었다. 하지만 현재에는 어떤 특정한 주제를 가지고 즐기는 행사로 인식되고 있다. 지금의 축제는 크게 영화, 춤과 같은 문화가 주제가 되는 문화 축제, 지역색을 많이 띤 특산물 축제, 그리고 역사적 사실이나 인물을 기념하는 축제 등으로 구분하기도 한다. 여러 축제가 각각 주제나 형식은 다를지라도 사람들이 함께 즐거움을 나눈다는 점에서는 크게 다르지 않다. 그러므로 현재의 삶을 살아가는 우리 자신에게 칭찬하는 마음을 담아 축제를 즐기면, 오늘날의 축제는 크게는 축제의 뜻을 돋우고, 개인적으로는 생활 속에서 지친 심신을 달래는 활력소가 되어 줄 것이다.

우리 고장 천안에서도 '천안흥타령춤축제', '천안 국제 e-Sport 문화

천안흥타령축제 천안흥타령축제는 대한민국 대표 민요인 흥타령의 춤 · 노래 · 의상을 주제로, 다양한 춤과 음악이 한데 어우러진 춤 축제로 신명 · 감동 · 화합의 한마당 축제의 장을 만들어 내고자 한다.

축제', '아우내봉화축제', '천안 판 페스티벌', '입장거봉축제', '천안호두축제', '성환배꽃축제', '성환배축제', '거봉포도와이너리축제' 등 다양한 축제가 열리고 있다.

「흥타령」을 타고 세계로

2003년부터 시작한 천안흥타령춤축제의 전신은 1987년부터 개최된 '천안삼거리문화제'이다. 천안삼거리문화제가 백화점식의 축제로 진행되었다면, 천안흥타령축제는 단일 주제인 '춤'을 중심으로 한 문화제이다. 춤은 가장 본능적인 표현의 한 방법이며, 효과적인 몸짓에 예술미가 더해진 것으로 누구에게나 익숙한 주제이다.

천안흥타령춤축제는 대한민국 대표 민요인 「흥타령」의 춤 · 노래 · 의상을 주제로 하여 다양한 춤과 음악이 한데 어우러진 춤 축제로 신명 · 감동 · 화합의 한마당을 만들어 내는 데 그 의미가 있다. 그러므로 천안흥타령춤축제에서는 한국 무용, 현대 무용, 재즈 댄스, 댄스 스포츠 등 다양한 장르로 남녀노소와 외국인까지 아우르는 춤판을 벌이며 치르는 경연대회와 차분한 진행 속에서 흥겹고도 화려한 거리 퍼레이드를 볼 수 있다. 또한 부대행사로 진행되는 다양한 볼거리와 즐길거리, 먹을거리는 참여하는 사람들로 하여금 축제를 즐기는 참맛을 느낄 수 있도록 해 준다.

2008년 천안흥타령춤축제는 115만 명 방문, 204억 원의 생산 유발 효과를 내며, 출범 6년 만에 2009년 문화체육관광부 지정 최우수 축제로 선정되는 성과를 거두었다. 지역 특색을 잃지 않으면서 춤이라는 주제를 가지고 천안 지역만의 축제가 아닌 세계의 문화까지 흥겹게 한 곳에 모으는 축제로 발전하고 있다.

천안 국제 e-Sports 문화축제

천안 국제 e-Sports 문화축제는 2001년 제1회 사이버전국체전으로 시작하여 2007년부터 천안 e-Sports 문화축제로 개최되다가 2009년에는 '천안 국제 e-Sports 문화축제'로 거듭나게 되었다. 2009 천안 국제 e-Sports 문화축제 때는 아시아에서 최초로 열리는 'ESWC 2009 Asia Masters of Cheonan' 대회에 5개 종목(스페셜포스, 피파

2009 천안 국제 e-Sports 문화축제 '2009 천안 국제 e-Sports 문화축제' 는 천안이 e-Sports의 중심 도시로 도약하는 계기가 되었다.

온라인2, 워크래프트3, 카운터스트라이크1.6, 스타크래프트)에 국내외 20여 개국 선수단 550여 명이 참가하였고, 국제 디지털 콘텐츠 콘퍼런스, 게임 IT 콘텐츠 전시회, 취업박람회 등이 열려 기업과 인재 모두에게 기회의 장을 제공하였다. 부대행사로 컴플 페스티벌도 열려 국내외 선수단 및 관람객이 함께 즐길 수 있는 명실상부한 세계 e-Sports 축제로 자리매김하고 있다.

천안시는 e-Sports의 저변 확대 및 산업화를 위한 e-Sports 문화축제의 개최로 e-Sports의 중심 도시로 도약하고 있다.

아우내봉화축제

아우내봉화축제는 1919년 4월 1일 천안시 병천면 아우내장터에서 일어났던 아우내만세운동의 정신을 계승하기 위한 축제이다. 유관순 열사 및 독립투사들의 업적과 정신을 국내외에 널리 알리고 계승 · 발전시키고자 3 · 1운동의 본고장인 아우내장터에서 매년 2월 말일 열리고 있다.

아우내봉화축제는 1979년에 처음 개최된 이래 해를 거듭할수록 내실이 다져져 지금은 천안을 대표하는 축제 가운데 하나로 자리매김하였다.

아우내봉화축제는 각종 테마 공연과 함께

아우내봉화축제 천안시 병천면 아우내장터에서 일어났던 아우내만세운동의 정신을 계승하기 위한 축제로 유관순 열사 및 독립투사들의 업적과 정신을 국내외에 널리 알리고 계승 · 발전시키고자 3 · 1운동의 본고장인 아우내장터에서 매년 개최되고 있다.

사적관리소 광장부터 아우내장터까지 행진하는 횃불시위 재현과 봉화탑 점화 등 그때의 함성과 애국심을 고취하는 행사로 진행된다.

아우내 독립만세운동을 알리던 봉화로 상징되는 아우내봉화축제는 3·1절 전야에 개최되는 까닭에 전국에 방송되어 3·1절의 분위기를 고조시키기도 한다. 또한 시민들의 축제 참여는 천안에 사는 한 시민으로서 천안 사랑과 나라 사랑의 마음을 다지는 좋은 계기가 된다고 할 수 있다.

판 페스티벌

천안 판 페스티벌은 천안의 도심에서 천안 시민이 만들어 내는 온 갖 문화의 향연이다. 여느 축제가 그렇듯 축제를 완성하는 것은 준비하는 사람과 참여하는 이의 호흡이다. 그런 면에서 보면, 천안시와 천

판 페스티벌 다양한 장르의 천안 예술이 정형화된 무대를 벗어나 시민과 어우러지는 판이 벌어진다.

안예총이 주최하고 '천안 판 페스티벌 조직위원회'가 주관하는 천안 판 페스티벌은 다양한 장르의 천안 예술이 정형화된 무대를 벗어나 시민과 어우러지는 판(People Art Nature)이 벌어지므로, 청명한 숲을 거닐듯 신선한 문화의 공기를 마시며 예술의 자유를 만끽함에 부족함이 없다.

특산물에 살고 특산물을 즐기고

입장거봉축제(거봉포도와 함께하는 입장면민 한마음축제)는 지역 특산물 거봉포도를 주제로, 1993년부터 2003년까지 입장거봉축제로 열리다가 주관단체의 사정으로 중단됐으나, 5년 만인 2008년 부활하여 지역 주민의 화합 축제로 다시 열리게 되었다.

성환배축제는 1995년부터 천안시 성환읍의 특산품인 성환 배의 우수성을 홍보하고 생산 농가의 매출 확대를 위해 소비자가 보고, 즐기고, 참여할 수 있는 행사로 매년 10월에 개최되고 있다. 배 재배 농가의 대외경쟁력 향상과 소비를 촉진하고 생산자와 소비자의 화합을 도모하는 축제이다.

천안호두축제는 2006년부터 주민 화합의 체육행사를 중심으로 마련됐지만, 2007년부터 생산 농가와 주민이 추진위원회를 조직해 천안 호두의 명성을 널리 알리고자 체험 축제로 확대하여 국내 호두의 주산지인 광덕산 일대에서 다채롭게 열리고 있다.

거봉포도와이너리축제는 2006년 흥타령축제와 연계되는 축제로 시작하여 2009년에는 '2009 천안웰빙식품엑스포'와 연계하여 개최되었다. 거봉포도 및 거봉포도 와인 시식과 와인 만들기, 손수건 천연염색 체험 행사 등을 진행하며, 대중의 와인에 대한 높은 관심만큼이나 특색 있고 즐거운 축제로 발돋움하고 있다.

요즈음 각종 특산물 지역 축제를 보면 축제의 장에 특산물은 있어도 특산물 생산자는 없어 축제라기보다는 호객 행위로 시끄러운 시장 통을 보는 듯하여 실망스럽기 그지없다. 따라서 특산물 축제가 가야 할 길은 특산물에 대한 홍보 및 판매 차원과 더불어 생산자의 노고도 함께 위로하는 지역 주민 화합의 성격도 많이 가져야 할 것이다. 그렇게 함으로써 진정한 시민의 축제, 생산자와 소비자가 맞닿아 어울리는 축제로 성대해질 것이다.

너와 내가 참여하는 축제

천안 시민과 더불어 전국 나아가 세계의 축제로 뻗어 나가는 천안흥타령춤축제와 IT 강국의 일면이라 할 수 있는 e-sport의 성장과 발전의 한가운데에 천안이 서 있음을 알려 주는 천안 e-Sports 문화축제 및 천안의 특산품이 주제가 되어 열리는 특산품 축제 등을 보노라면 현재와 미래의 천안을 엿보기에 부족함이 없을 듯하다.

그리고 축제의 흥망성쇠를 떠나서 축제 자체가 가지고 있는 주제의 의미와 즐거움을 나누고 베푸는 축제로 발전시키기 위해서는 우리 모두의 참여가 필요하다. 더불어 축제를 충분히 즐겨주는 것이 축제를 대하는 기본자세일 것이다.

● 참고 문헌 및 사이트

• 천안시청 홈페이지(http://www.cheonan.go.kr).
• 예총천안시지부 홈페이지(http://caart.or.kr).

천안의 특산물

　'하늘 아래 가장 평안한 곳'이란 뜻을 담고 있는 천안은 사람이 살기에 안락하고 평안한 지역이다. 천안에서는 예로부터 배, 포도, 호두와 같은 여러 농산물의 명성이 전국적으로 알려졌고, 근래에는 병천 지역의 아우내 순대가 사람들 사이에 입소문이 퍼져 유명세를 타고 있다.

역사 속의 천안 특산물

　천안 하면 떠오르는 유명한 특산물로는 성환 배, 입장 거봉포도, 광덕 호두 그리고 병천 순대를 들 수 있다. 그렇다면 오늘날 천안을 대표하는 특산물들은 과거에도 유명했을까. 1910년대부터 편찬된 『조선환여승람』 천안군편에는 당시 천안군의 토산품으로 배와 포도, 호두 등을 들고 있다. 오늘날 천안의 유명한 특산물은 일찍부터 고품질을 자랑했던 지역의 산물임이 틀림없다. 현재 천안시는 전통을 자랑하는 천안의 특산물을 가지고 '하늘그린'이라는 공동 브랜드를 개발하여 확실한 품질 보증 절차를 통해 천안 지역 농·특산물의 브랜드 가치를 높이고 있다.

성환 배, 나주 배를 뛰어넘어 세계로

성환은 예전부터 전라남도 나주와 더불어 우리나라 배의 대표적인 산지이다. 성환 지역은 물 빠짐이 좋은 구릉지대로 배농사의 최적지이다. 예로부터 "배 하면 성환 배와 나주 배"라고 할 정도로 유명한 성환 배는 당도가 높고 단단하며 과즙이 풍부한 배로 널리 알려졌다. 천안시는 '하늘그린'이라는 천안 공동 브랜드를 통해 성환 배의 브랜드 가치를 높이고 있으며, 지속적인 해외 수출로 그 품질을 입증받고 있다.

배는 예전부터 백일해의 특효약으로 알려져 왔다. 배에는 육류를 분해하는 효소가 들어 있어 육류를 양념에 잴 때에도 사용된다. 또한 배에 많이 들어 있는 칼륨은 고혈압을 유발하는 체내의 염분을 배출시키는 역할을 하기도 하며, 발암 물질이나 유해 물질을 체외로 배출시키는 작용을 하는 것으로도 알려졌다.

『본초강목』에 의하면 배는 위궤양, 변비, 이뇨 작용 촉진에 효과가 있으며, 담·해열·기침 등에도 탁월한 효과가 있으며, 숙취 및 갈증 해소에도 적합하며, 기관지 계통에도 좋은 과일이라고 한다.

성환 배 성환은 물 빠짐이 좋은 구릉지대로 배농사의 최적지이다. 성환 배는 예로부터 당도가 높고 단단하며 과즙이 풍부한 배로 유명하다.

전국 거봉의 절반을 차지하는 입장 포도

거봉포도는 오래전부터 천안의 토산품 중 하나일 정도로 천안에서 많이 생산되었다. 오늘날에도 거봉포도는 천안의 대표적인 특산물로 입장에서 전국 생산량의 60%가 생산되고 있다. 입장의 거봉은 위례산성을 중심으로 한 광활한 구릉과 평야지대에서 재배되며, 포도 알이 크고 씨가 적으며 당도가 높아 감칠맛이 나는 최고의 품질을 자랑한다.

거봉포도는 1937년 일본에서 개발된 품종으로, 1968년 입장과 성거 지역을 중심으로 뿌리를 내린 후 현재 천안의 북부 지역에서 생산되어 천안의 특산물로 자리 잡았다.

포도는 당분이 많이 들어 있어 피로 회복에 좋고, 비타민이 풍부하여 신진대사를 원활하게 한다. 또한 포도는 알칼리성 식품으로 근육과 뼈를 튼튼하게 하고, 이뇨 작용을 돕는다. 빈혈에 좋고, 바이러스 활동을 억제하여 충치 예방에 도움이 되며, 항암 성분이 있어 암 억제에도 효과가 있다. 신경세포를 만드는 신경효소의 활동과 효능을 증진시켜 알츠하이머병이나 파킨슨병 등 퇴행성 질병을 예방하는 데도 도움을 준다.

포도는 영양제로도 손색없는 대용식으로, 인슐린의 도움 없이 에너지로 전환되는 포도당이 많아 포도만 먹어도 허기를 느끼지 않는다.

입장 거봉포도 입장의 거봉은 위례산성을 중심으로 한 광활한 구릉과 평야지대에서 재배되며, 포도 알이 크고 씨가 적으며 당도가 높아 감칠맛이 나는 최고의 품질을 자랑하는 포도이다.

광덕의 호두와 호두과자

많은 사람들이 천안 하면 가장 먼저 떠올리는 특산물이 호두과자이다. 아마 기차를 타 본 사람이라면 기차에서 파는 호두과자를 먹어 보지 않은 사람은 거의 없을 것이다. 천안은 철도 교통의 요지로 호두과자는 천안을 지나는 철길을 따라 전국으로 퍼져 나갔다. 호두과자는 일제강점기인 1934년 조귀금 · 심복순

광덕 호두 호두는 표고 400m 이하 따뜻한 곳에서 자라고, 흙 깊이가 깊고 비옥한 골짜기나 하천변의 습기가 있는 비옥한 사질 양토를 좋아하는데 천안시 광덕면 일대가 생육의 최적지이다.

부부가 개발하였다. 천안에서 호두과자가 처음 만들어질 수 있었던 근본적인 바탕은 광덕이 호두의 주산지였기 때문이다. 광덕은 호두의 주산지로 유명하고 광덕사 앞에 있는 호두나무는 천연기념물 제398호로 지정되어 있다.

광덕의 호두는 껍데기가 얇고 알이 꽉 차기로 유명하다. 호두는 해발 400m 이하 따뜻한 곳에서 자라고, 흙 깊이가 깊고 비옥한 골짜기나 하천변의 습기가 있는 비옥한 사질 양토를 좋아하는데 천안시 광덕면 일대가 생육의 최적지이다.

한때 전국 호두 생산량의 60% 이상을 차지했던 광덕 호두는 요즘은 청설모의 번식과 재배지의 환경 변화로 말미암아 수확량이 많이 줄어 어려움을 겪고 있다. 하지만 광덕 호두의 품질은 예나 지금이나 변함이 없다. 호두가 자라기 좋은 사계절 날씨와 자연환경을 가지고 있는 천안의 광덕이야말로 속이 꽉 찬 호두의 최적 생산지일 것이다.

병천 순대와 순댓국 병천 순대는 순대 속에 야채를 넣어 다른 순대와 비교해 돼지내장 냄새가 거의 나지 않고 맛이 깔끔해 많은 사람들의 입맛을 사로잡고 있다.

병천 순대, 그 정갈한 맛

순대는 돼지의 창자에 두부, 숙주나물, 파, 표고버섯, 고기 등을 양념하여 속을 채운 후 쪄내는 음식으로 해독 효과가 뛰어나고 철분, 비타민 B2·F 등도 풍부하다고 한다. 날씨가 싸늘해지는 겨울이 오면 사람들은 따뜻한 국물을 생각한다. 특히 추운 겨울 뜨거운 순댓국에 다진 양념을 풀고, 밥 한 공기를 넣어 크게 한 숟가락 먹으면 어느새 움츠러들었던 몸이 풀리면서 마음마저 푸근해진다. 순댓국은 광복 이후 지갑이 넉넉하지 않았던 서민들의 빈속을 달래 주었던 대표적인 서민의 먹을거리였다.

천안시 병천 지역은 순대가 유명하다. 병천 시장 근처의 몇 집에서 시작된 순대의 명성이 입에서 입으로 전해져 이제는 병천 하면 순대를 떠올리게 되었고 브랜드가 되어 전국적인 마니아층을 확보하고 있을 정도이다.

순대의 종류는 많지만 지존은 하나, 병천 순대

현재 전국 각지 순대의 종류는 그 수를 헤아리기 어려울 정도로 다양하다. 함경도 명태순대, 민어 부레로 만드는 가보(어교순대), 개고기로 소를 만드는 개장순대, '아바이 순대'로 불리는 오징어순대, 소 창자에 선지를 넣어 만드는 선지순대, 양고기를 주재료로 만들어 먹었다는 순대, 경기 용인의 돼지창자로 만든 백암순대, 논산의 연산순대, 3·1독립만세운동으로 유명한 천안 병천의 아우내장터에서 유래했다는 병천 순대 등이 있다. 순대는 다양한 이름만큼이나 그 맛도 다양하다. 취향에 따라 선호하는 순대도 다르겠지만, 그중 병천 순대는 깔끔한 맛으로 미식가들에게 최고의 순대로 인정받는다. 병천 순대는 순대 속에 야채를 넣어 돼지내장 냄새가 거의 나지 않고 야채의 향이 풍부해서 많은 사람들의 입맛을 사로잡고 있다.

맛으로 승부한 병천 순대

아우내장터는 18세기부터 있었지만, 병천 지역에 순댓국집이 많아진 것은 최근래이며, 아우내만세운동 현장에 병천 순대 거리가 조성되면서 전국적인 유명세를 얻기 시작했다. 병천 순대가 다른 지역 순대보다 비교 우위를 점하고 있는 경쟁력은 깔끔한 맛이다. 하지만 병천 지역은 지리적으로 고속철도, 수도권 광역전철, 버스터미널과 20km 정도 떨어져 있어 접근성이 그리 쉽지는 않다. 이처럼 버스 이외의 대중교통 수단은 마땅치 않으나, 자가용을 이용하는 사람들은 목천 I/C를 이용하면 아주 쉽고 편리하게 접근할 수 있다. 나아가 천안·청주 공항 간 전철이 건설되면 여행객의 접근은 한층 더 용이해질 것이다.

병천 순대가 지리적 한계를 극복하고 천안 지역의 대표 음식으로 거듭나기 위해서는 여러 가지 노력이 필요할 것으로 보인다.

첫째, 모둠 순대, 순댓국 같은 천편일률적 메뉴에서 탈피해야 한다. 다양한 소비자의 욕구를 맞춘 다양한 식재료, 다양한 조리 방법을 개발하여 어린아이부터 어르신까지 병천 순대를 찾게 해야 할 것이다.

둘째, 순대는 서민 음식의 대표 역할을 자처해 왔다. 하지만 서민뿐 아니라 다양한 사람들이 순대에 빠져들 수 있도록 고급화에도 힘을 기울여야 할 것이다.

셋째, 병천 순대 관련 지역 축제를 열어 적극적인 홍보를 기울여야 한다. 병천 지역에는 아우내 봉화축제, 단오절 민속축제 등 여러 축제가 있다. 순대를 주제로 하는 지역 축제를 개최하면 좋을 것 같다.

'여자의 변신은 무죄'라는 말이 있다. 이 말은 여자에게만 해당하는 말은 아닐 것이다. 맛과 멋, 재미를 추구하는 현대인의 기호에 성공적으로 다가가는 병천 순대로 변신을 모색하여 맛의 향연을 펼쳐 나가기를 기대해 본다.

● **참고 문헌 및 사이트**

• 백승명 역주, 『역주 조선환여승람』, 성환문화원, 2005.

• 천안시 편, 『천안의 문화재』, 천안시, 2005.

• 이병희, 『뿌리 깊은 한국사 샘이 깊은 이야기-고려』, 솔, 2002.

• 하늘그린 홈페이지(http://skygreen.go.kr).

• 성환읍사무소(http://www.cheonan.go.kr/dong/index.asp?bms=1022).

• 입장면사무소(http://www.cheonan.go.kr/dong/index.asp?bms=1026).

• 광덕면사무소(http://www.cheonan.go.kr/dong/index.asp?bms=1028).

천안에 있는 박물관과 기념관

천안박물관

천안은 예로부터 영·호남과 충청도 사람들이 만나고 서로 어우러지는 교통의 중심지였다. 현재의 천안 삼거리가 그 장소인데, 천안삼거리공원 바로 옆에 천안의 과거를 담는 공간이 마련되었다. 천안박물관이 바로 그곳이다.

천안시 동남구 삼룡동 일원에 조성된 천안박물관은 2008년 9월 22일에 문을 열었다. 지상 2층과 지하 1층의 본관 및 옥외 건축물 6개 동으로 이루어진 천안박물관은 6개의 전시실과 3개의 수장고를 비롯하여 도서실과 강의실, 야외공연장 등의 부대시설을 갖추고 있다.

지상 2층에 마련된 제1전시실인 천안 고고실에는 천안의 고고학과 관련된 자료를 전시하고 있다. 최근 천안시 일대의 급속한 개발과 함께 이루어진 여러 차례의 발굴 조사를 통해 밝혀진 청동기시대를 비롯한 선사시대의 천안, 직산 백제 초도설, 백석동 백제 토성 등 주로 백제와 관련된 주제로 고대 천안 지역의 위상을 살펴볼 수 있도록 꾸며져 있다.

제2전시실인 천안 역사실에는 조선시대 천안 지역의 역사 및 문화, 향촌 사회의 생활 모습을 주제로 전시하였다. 국보 제7호로 지정된 봉선홍경사사적갈비와 국보 제280호로 지정된 천흥사지 동종의 복제품 및 암행어사로 유명한 박문수 초상화, 광덕사 면역사패교지 등을 전시하고 있다. 또한 『천안읍지』를 통해 조선시대 천안의 모습을 살펴볼 수 있으며, 당시 생활상도 볼 수 있도록 했다.

제3전시실은 천안 삼거리실이다. 천안 삼거리는 과거 삼남 사람들의 만남의 광장이었다. 주막에서 술을 한두 잔 걸치면서 오가던 그 옛날의 천안 삼거리 모습을 재현해 놓아 관람자들은 마치 시간 여행을 하는 듯한 기분을 느끼게 된다. 이곳은 옛 천안의 낭만적 이야기를 보고 들을 수 있는 흥미로운 전시실이다.

제5전시실은 교통전시실이다. 현재 천안은 장항선과 경부선이 분기하는 교통의 요지이다. 근대 교통의 도입 이전에도 삼남대로가 모이는 중심지였다. 조선시대 봉수대와 성환역 찰방, 천안역의 과거와 현재 모습을 전시해 놓았다. 그 당시 교통수단이었던 가마와 연등도 볼만하다.

제6전시실은 어린이전시실이다. 어린이들이 유물을 직접 보고 만지고 체험함으로써 우리 유물과

천안박물관 영·호남과 충청도 사람들의 문화가 만나고 서로 어우러졌던 천안 삼거리 옆에 천안의 과거를 담은 천안박물관이 개관하였다.

천안박물관 천안 삼거리실 주막에서 술을 한두 잔 걸치면서 오가던 그 옛날의 천안 삼거리 모습을 재현해 놓아 관람자들은 마치 시간 여행을 하는 듯한 기분을 느끼게 된다.

역사를 가슴으로 느낄 수 있는 공간이다. 전시 유물을 탁본하고 퍼즐도 맞추어 볼 수 있다. 왕이 타던 어차나 증기기관차도 타 볼 수 있다. 애니메이션을 보면서 역사적 인물들을 만나 볼 수도 있다.

그 밖에도 제4전시실로 색다른 주제에 따라 문을 여는 기획전시실이 있다.

현재 천안박물관은 무료로 운영되고 있으므로, 학교나 가족 단위로 부담 없이 문화 체험 활동을 하기에 적당한 장소이다. 앞으로 더욱 내실 있는 운영과 많은 유물을 확보하여 전시한다면, 천안뿐만 아니라 다른 지역에서 많은 관람객이 찾아오는 명소로 자리 잡을 수 있을 것이다.

독립기념관

천안 사람이라면 누구나 한번쯤은 가봤을 독립기념관은 천안의 상징적인 공간이라고 할 수 있다. 독립기념관은 근대 이후 굴절된 역사와 함께 상처받은 민족의 정기를 회복하고 민족혼의 산실 역할을 하기 위해 1987년 설립되었다. 이곳은 7개의 전시관 및 야외 전시장과 각종 부대시설로 이루어져 있다.

제1관 '겨레의 뿌리관'은 선사시대 이래 조선 후기까지 우리 겨레의 문화유산과 국난 극복에 관계된 자료들을 전시하고 있다.

제2관 '겨레의 시련관'은 1860년대부터 1940년대, 즉 개항기에서 일제강점기까지를 주제로 하고 있다. 『독립신문』 창간호, 을사늑약 전문, 개항기 거리의 모습 및 을사늑약 체결 모형과 일제강점기 독립투사를 연행하고 탄압한 형무소 연출 모형, 일본군 장교 군복 및 모자, 창씨개명 등을 표시한 호적, 일제가 수탈해 간 생활용품 등의 자료를 전시하고 있다.

제3관 '나라 지키기관'은 의병전쟁과 애국계몽운동으로 대표되는 구한말의 국권회복운동을 주제로 전시하고 있다. 『관동창의록』, 『송사집』, 안중근의사 단지혈서 엽서, 민영환 유서 등의 자료를 전시하고 있다.

제4관 '겨레의 함성관'은 우리 민족 최대의 항일독립운동인 3·1운동을 주제로 전시하고 있다. 2·8독립선언서, 3·1독립선언서, 태극기 목각판, 유관순 수형 기록표, 3·1운동 당시 목각판으로 태극기를 찍어 내는 장면 모형 등의 자료를 전시하고 있다.

제5관 '나라 되찾기관'은 일제강점기에 조국 독립을 되찾기 위해 국내외 각지에서 전개된 항일무장투쟁을 주제로 전시하고 있다. 무장독립군 상, 독립군의 피 묻은 태극기, 서로군정서 군자금 영수증, 이회영 의복, 조선혁명선언, 한국광복군 서명문 태극기, 독립전쟁 연출 모형, 윤봉길

겨레의 집 독립기념관의 상징이자 중심 역할을 하는 건물로, 고려시대 건축물인 수덕사 대웅전을 본떠 지었다.

의사 의거 재현 모형, 한국광복군총사령부 성립 전례식 재현 모형 등의 자료를 전시하고 있다.

제6관 '새 나라 세우기관'은 일제강점기 민족문화 수호운동과 민중의 항일운동, 그리고 대한민국임시정부의 활동을 주제로 전시하고 있다. 『조선어큰사전』, 『한국통사』, 신간회 강령 및 규약, 대한민국임시헌장, 대한민국임시정부 임시의정원 태극기, 광주학생독립운동 재현 모형, 대한민국임시정부 요인 밀랍 모형 등의 자료를 전시하고 있다.

제7관 '함께하는 독립운동관'은 일제강점기에 조국 광복을 위해 국내외에서 전개된 다양한 항일독립운동을 주제로 한 체험 전시관이다. 첨단 매체를 이용한 다양한 디스플레이 방식과 작동 장치 등을 통해 나라 사랑 정신과 역사를 체험할 수 있는 공간으로 구성되어 있다.

그 밖에도 전시관 외부에는 애국선열의 애국적인 마음과 행적이 담긴

구 조선총독부 철거 부재 전시 공원 '우리 역사 바로 세우기'의 하나로 광복 50주년을 맞아, 일제 잔재를 청산하고 민족정기를 회복하기 위해 철거한 조선총독부 건물 부재로 공원을 조성, 과거사를 청산하고 밝은 미래를 지향하는 토론의 장으로 활용하고 있다.

시와 어록을 새긴 애국시와 어록비, 조선총독부를 해체하고 남은 부재로 조성한 '구 조선총독부 철거 부재 전시 공원', '광개토대왕릉비의 실측 모형', '북관대첩비 실측 모형', '삼학사비' 등을 전시하고 있다.

특히 광복 63주년이었던 2008년부터 기존 전시관을 대대적으로 리모델링하여 보다 입체적으로 우리 역사를 배울 수 있는 체험의 장으로 탈바꿈하였다. 관람자가 직접 전차나 인력거를 타 볼 수 있는 기회를 제공하고, 대한민국임시정부가 있던 상하이의 거리를 재현해 놓는 등 기존의 평면적인 전시공간을 탈피함으로써 많은 시민들로부터 긍정적인 평가를 받고 있다. 국민들의 성금을 모아 건립한 독립기념관을 다시 국민들에게 되돌려 준다는 의미에서 2008년부터 입장료를 무료화했다.

우정박물관

우정박물관은 1884년 우정총국의 설치와 함께 시작된 우리나라 근대 우편제도의 역사와 관련 자료를 체계적으로 전시하여 시민으로 하여금 충실한 교육 · 문화적 공간으로 활용하고자 건립되었다.

최초의 우정박물관은 일제강점기인 1938년에 만들어진 체신박물관인데 6 · 25전쟁 때 소실되었다. 1972년에 서울특별시 종로구 견지동에

우정박물관 2개의 전시실에 일반 사료 500여 점, 국내외 우표 3,200여 점을 전시하고 있다.

체신기념관을 개관하였다. 1985년 서울중앙우체국에 개관한 우정박물 관을 2004년 2월 천안시 동남구 유량동의 정보통신공무원교육원으로 이전하였다.

우정박물관은 우정역사관과 우정문화관 등 2개의 전시실에 일반 사료 500여 점 및 국내외 우표 3,200여 점을 전시하고 있다. 전시되지 못한 자료도 일반 사료 23,000여 점, 우표 27만여 점에 이른다. 국경일을 제 외하고 연중 개관하며, 관람료는 무료이다.

● **참고 문헌 및 사이트**

• 천안박물관 홈페이지(http://museum.cheonan.go.kr).
• 독립기념관 홈페이지(http://www.i815.or.kr).
• 사이버 우정박물관 홈페이지(http://www.postmuseum.go.kr).

제3부

천안과
천안
사람들

천안과 천안 사람들

역사는 과거 사람들의 삶에 대한 이야기이다. 그중엔 나라에 몸을 바쳐 충성을 다한 영웅도 있고(忠), 평생 학문에 자신의 모든 것을 걸었던 지식인도 있으며(知), 눈물겹게 아름다운 사랑을 나누다가 간 사람들도 있다(愛). 그리고 평범한 우리 이웃들의 일상적 삶(生)도 있다. '천안과 천안 사람들'은 바로 그 사람들의 삶에 대한 이야기이다. 심나와 소나 부자, 우학유, 유청신과 호두과자를 만든 조귀금 씨 부부, 김부용과 김이양, 김시민, 박문수, 안정복, 홍대용, 김득신, 유관순, 이동녕, 이범석, 이기영, 조병옥 등은 대표적인 천안 사람들이다. 그들은 누구보다도 치열한 삶을 살고 각자의 분야에서 최고의 경지를 개척했던 인물들이다.

그러나 더 중요한 것은 우리가 기억하지는 못하지만 가장 위대한 삶을 살았던 평범한 사람들, 더 많은 역사 속의 우리다. 기억되지 못하는 사람들, 우리가 없었다면 그들도 없었을 것이다.

천안의 평민 영웅,
심나와 소나

    삼국 통일하면 가장 먼저 떠오르는 사람은 누구일까. 삼국 통일의 주역인 김유신 아니면 그에 맞서 싸웠던 5천 결사대를 이끈 백제 계백 장군, 나당 연합을 이끌어 냈던 김춘추와 그의 아들 김법민(훗날 문무왕), 백제 의자왕과 삼천 궁녀 이야기, 우리는 주로 이들을 기억하고 있다.

    역사는 왕족 또는 귀족 출신의 몇몇 영웅들을 기억하지만, 그 뒤에 있던 수많은 평민의 땀과 눈물은 기억하지 못한다. 치열했던 삼국 통일 시기에 왕족도 귀족도 아니었던 평민 출신의 두 영웅이 있었다. 천안 출신이지만 천안 사람에게조차 너무나 생소한 그 이름, 심나와 소나 부자가 바로 그들이다.

평민 출신인 아버지와 아들

    심나와 소나에 대한 기록은 『삼국사기』에서 확인할 수 있다. 『삼국사기』「열전」은 50명의 인물을 기록하고 그들과 관련 있는 인물 36명의 기록을 부록으로 싣고 있는데, 평민 출신은 많지 않다. 이 중 심나 부자의 이야기가 신라의 김유신, 고구려의 연개소문, 백제의 계백 등 삼국시대 역사적 획을 그었던 유명한 인물들과 나란히 실려 있다. 사실 심나 부자는 평민 출신으로 고향과 변방을 지킨 일개 군관에 불과하였다. 과연 그들의 어떠한 행동이 김부식의 마음을 움직여 『삼국사기』에 심나 부자의 이야기를 기록하게 된 것일까.

『**삼국사기**』 1145년(인종 23년) 고려 유학자 김부식이 편찬하였다. 『삼국사기』「열전」에는 천안 출신의 평민 영웅 심나와 소나 이야기가 실려 있다.

심나와 소나 부자는 신라 사람이며, 사산(지금의 직산)이 고향이다. 두 사람이 활약한 시기는 약간의 차이가 있다. 아버지인 심나는 삼국 통일 전쟁의 막바지 백제와의 싸움에서 활약하였고, 아들인 소나는 신라가 삼국 통일을 위해 당과 치열한 전쟁을 벌이던 시기에 활약하였다. 심나 부자는 삼국 통일의 완성이라는 민족사적 격동기에 활약했던 대표적인 평민이었고 그들의 활약과 충성심이 『삼국사기』를 찬술한 김부식을 감동시켜 「열전」에 그 사연이 실리게 된 것이다.

아버지 심나, 신라의 비장

아버지인 심나는 황천이라는 이름으로도 불렸는데, 삼국 항쟁 시기의 막바지에 백제와 치열하게 싸웠던 신라의 군관이다. 당시 백제는 원래 영토였던 사산의 북동부 지역을 되찾고자 하였기 때문에 신라와 백제의 싸움이 끊이지 않았다. 심나는 매우 용맹하여 항상 선두에서 싸웠는데 그는 가는 곳마다 견고한 적의 진지를 돌파하였다.

선덕여왕 때 신라가 백제를 공격한 적이 있었는데, 백제 역시 정예병을 투입하여 기습 공격하자 신라군은 큰 혼란에 빠져 퇴각하였다. 이에 심나는 퇴각하는 신라군의 뒤쪽에 홀로 서서 칼을 뽑아 들고 성난 눈으로 크게 꾸짖으며 백제군을 공격했는데, 그 위풍당당하고 날렵한 기세에 백제군은 압도되어 덤벼들지 못하고 후퇴하고 말았다.

아들 소나, 나당 전쟁의 영웅

나당 연합으로 백제와 고구려가 멸망하자 당은 신라 영토까지 욕심을 내어 본격적인 나당 전쟁이 시작되었다. 아버지 심나는 죽고 아들인 소나가 활약하였다. 금천이라고도 불린 소나는 용맹한 기풍이 아버지보다도 훨씬 더하였다. 이에 소나의 용맹을 잘 알고 있던 한주의 도독 유공은 왕에게 청하여 소나를 최전선인 아달성으로 보내 북방을 방어하도록 하였다. 당시 북방에서는 당나라 군대뿐만 아니라 당나라의 사주를 받아 움직이는 말갈인과의 싸움이 끊이지 않았다.

당시의 '주'는 신라의 지방 행정구역 명칭으로 지금의 '도' 단위 지방 행정구역에 해당하며, 한주의 범위는 대략 지금의 황해, 경기, 충청 지역에 해당한다. 또한 도독은 지금의 도지사 개념과 유사한데, 도독이라는 직위는 그 지방의 행정권뿐만 아니라 군사권까지 행사할 수 있다는 점에서 도지사와는 성격이 약간 다르다. '성'은 마찬가지로 신라의 지방 행정구역 명칭이며, '주' 단위의 하위 개념으로 이해하면 되는데, 지금의 시·군쯤에 해당된다. 아달성은 지금의 강원도 서북단 쪽으로, 경기도 이천과는 다른 지역이다. 그렇게 해서 소나는 가족들을 남겨 두고 고향을 떠나 국경지대로 부임하였다.

나당 전쟁이 막바지로 접어든 675년(신라 문무왕 15년), 하루는 아달성의 태수 한선이 성내의 백성에게 아무 날, 아무 시에 성 밖에 농사를 하러 갈 것이라 공고하였다. 때마침 이 사실을 알아챈 말갈인의 간첩이 추장에게 보고하였고, 이를 틈타 말갈인들이 공격을 감행하였다. 말갈인은 당시 한반도 북부와 만주 지역에 살던 민족인데, 중국 당나라의 사주를 받아 신라의 국경을 자주 침범하곤 하였다.

건장한 백성이 대부분 성을 떠난 때를 노려 말갈인들이 약탈을 감행하니, 성내에 남아 있던 힘없는 노인과 어린이들은 손 놓고 당할 수밖에 없었다. 한차례 분탕질을 치고 나서 말갈인들이 돌아가려는 즈음, 때마침 성 밖에서 위급한 상황을 전해 들은 소나가 싸울 채비를 하고 급히 성으로 되돌아왔다. 말갈인들과 맞닥뜨린 소나는 칼을 빼어 들고 적을 향해 큰 소리로 꾸짖었다.

"너희들은 신라에 심나의 아들 소나가 있다는 사실을 모르느냐. 나는 실로 죽기가 두려워 살고자 하는 사람이 아니다. 싸우고자 하는 놈은 어서 나와 싸워 보자!"

적진으로 돌진하여 수많은 적을 베어 넘기자, 적들은 감히 접근하지 못하고 다만 그를 향하여 활을 쏠 뿐이었다. 이에 소나도 활을 쏘았는데, 날아오는 화살이 벌떼와 같이 많았다. 싸움은 아침부터 저녁까지 계속되었는데, 결국 말갈족의 무리가 패하여 물러났지만, 소나도 수많은 화살을 맞아 전사하고 말았다.

평민 전쟁 영웅, 잡찬에 추증

싸움이 끝나고 말갈의 무리가 달아나 안정을 되찾은 다음 아달성 백성이 소나의 주검을 찾았다. 몸에 화살이 무수히 꽂혀 마치 고슴도치와 같았다고 전하는데, 소나의 죽음이 얼마나 장렬했던가를 알 수 있다.

소나의 전사 소식이 전해지자 신라 문무왕은 눈물을 흘려 옷깃을 적시

등급	관등명	진골	6두품	5두품	4두품	복색
1	이벌찬					
2	이찬					
3	잡찬					자색
4	파진찬					
5	대아찬					
6	아찬					
7	일길찬					비색
8	사찬					
9	급벌찬					
10	대나마					청색
11	나마					
12	대사					
13	사지					
14	길사					황색
15	대오					
16	소오					
17	조위					

신라의 골품제도 신라의 골품제도는 1등급부터 17등급까지 있었다. 두 번째 계급인 6두품도 6등급 아찬까지만 승진할 수 있었다. 평민 출신으로서 심나 부자가 오로지 최고 귀족인 진골만이 임명될 수 있었던 3등급 잡찬에 오른 것은 가히 신분제 사회에서는 엄청난 파격이라 할 수 있다.

면서 "부자가 모두 나라의 일에 용감하였으니, 가히 대대로 충의를 이루었다고 하겠다."라고 칭송해 마지않았다. 그리고 이례적으로 잡찬 벼슬에 추증하니 평민 출신의 군관으로는 파격적인 대우가 아닐 수 없었다.

잡찬이란 신라에서 세 번째 등급의 높은 관직이며, 오로지 신라의 최고 신분인 진골 귀족만이 임명될 수 있었다. 신라의 천 년 역사에서 나라를 위해 전쟁에서 전사한 이들이 한두 명이 아니었지만 심나와 소나 부자처럼 파격적인 대우를 받은 적은 없었다.

다시 살아난 심나 부자

『삼국사기』「열전」에 실린 심나와 소나 부자의 용맹한 업적과 기상은 영웅이라고 불러 손색이 없다. 우리는 역사 속에서 수많은 인물을 만난다. 그들을 기억하는 순간, 그들은 우리 곁에 새순처럼 불어나 생명을 드러낸다. 심나와 소나 부자를 찾아 『삼국사기』「열전」을 펼치는 순간, 절체절명의 위기 속에서도 호방한 기세를 내뿜었던 그들의 기상이 오뉴월

무더위 속에서도 서릿발처럼 살아 숨 쉬며 우리 곁에 다가오고 있다.

● 참고 문헌 및 사이트

- 황서규, 『직산의 오충신』, 성환문화원, 1998.

- 김부식, 『삼국사기』권 제47, 「열전」제7 소나.

- 사이버충효체험단 홈페이지(http://chunghyo.net).

- 천안시청 홈페이지(http://www.cheonan.go.kr).

충절을 지킨 고려 무인,
우학유

1170년 정중부를 비롯한 무신들이 쿠데타를 일으켰다. 1270년까지 100년간 지속한 고려 무신정권 시대의 시작이었다. 정중부, 경대승, 이의민, 최충헌 등으로 이어지는 고려 무신정권 하면 떠오르는 것은 아마도 그들끼리의 암투와 배신, 그리고 강한 자가 살아남는다는 씁쓸한 교훈, 오늘의 동지가 내일의 적이 되는 일이 비일비재하였고, 그것은 그 시대를 살아가는 생존 방식이었다. 하지만 그 진흙탕 같은 혼란 속에서도 충절을 빛낸 천안의 인물이 있었다. 바로 목천 출신의 무인 우학유였다.

충절의 고장, 목천 출신

목천(木川)은 5개의 하천이 모이는 모양이 나무 목(木) 자와 같다 하여 붙여진 이름이라고 한다. 후삼국시대 왕건이 이곳을 점령하여 도착했을 때, 이곳 주민들은 "우리는 백제인으로서 고려에 세금을 낼 수 없다."라면서 저항하였다. 나아가 백제 부흥운동을 일으키자, 고려 태조는 목주에 사는 사람들의 성씨를 짐승의 성으로 바꾸어 버렸다. 그래서 탄생한 것이 목천 우씨(소), 목천 상씨(코끼리), 목천 마씨(말), 목천 돈씨(돼지), 목천 장씨(노루) 등이다.

이렇듯 백제에 대한 충성심을 버리지 않았던 목천에

목천읍 전경 옛 이름은 목주(木州). 백제가 망한 뒤에도 지역 사람들이 백제 부흥 운동을 일으키자 고려 태조는 목주에 사는 사람들의 성씨를 가축의 성으로 바꾸어 버렸다. 이렇듯 백제에 대한 충성심을 버리지 않았던 고을에서 우학유 장군이 태어났다.

서 우학유 장군이 태어났다. 우학유의 아버지 우방제는 힘이 센 장사인데 무인으로 출세하였다. 그는 성품도 곧아 항상 자기 직분에 충실했을 뿐 아니라 아들 우학유에 대한 교육열도 남달라 엄하게 가르쳤다고 전해진다. 우학유는 아버지의 뒤를 이어 무관으로 벼슬길에 올랐다. 『고려사』에는 우학유의 성품이 "뜻이 크고 의젓하여 기개가 있었다."고 기록되어 있다. 그는 왕의 호위를 맡았는데, 충성스럽고 근면함이 비할 데 없었다.

무신정변의 불길

12세기 중반 고려는 중요한 역사적 갈림길에 서 있었다. 이 당시 권력을 잡고 있던 문벌 귀족은 대대로 고위 관직을 역임하여 폐쇄된 권력을 유지하려고 하였다. 이로 말미암아 과거를 통해 진출한 신진 관료들이나 무신들은 정치에 소외되어 불만이 많았다. 이러한 사회적 모순은 결국 이자겸의 난(1126년)과 묘청의 서경 천도 운동(1135년)이 일어나는 원인이 되었다.

이 사건으로 고려 왕실의 권위는 땅에 떨어졌고, 무신들은 낮은 봉급과 문신들의 멸시와 차별로 불만이 극에 달했다.

> 왕이 천수사와 흥원사 두 절에 행차하였다가 술에 취하여 유숙하였는데 시종 관원과 호위하는 군사들은 모두 식사를 하지 못하였다.
>
> -『고려사』 의종 17년 2월.

> 역졸들이 각자 양식을 가지고 왔는데 한 역졸은 몹시 가난하여 식량을 가져오지 못하였으므로 일하는 사람들이 모두 밥을 한술씩 모아서 먹었다. 하루는 그의 아내가 음식을 가지고 와서 말하기를 "친한 사람을 불러서 함께 먹도록 하십시오."라고 하였다. 가난한 역졸 남편이 말하기를 "집이 가난한데 어떻게 식량을 마련하였소. 남자와 사통하여 얻은 것이요, 아니면 도적질하여 얻은 것이요."라고 하니 그 아내가 말하기를 "얼굴이 추하니 누가 나와 사통할 것이며 성격이 옹졸하니 어찌 도적질할 수 있겠습니까. 다만, 머리를 잘라서 식량을 구했을 뿐입니다."라고 하면서 남편에게 머리를 보이니 남편은 흐느껴 울며 먹지를 못하였고 듣는 사람도 슬퍼하였다.
>
> -『고려사』 의종 21년 3월.

하급 군인들은 이처럼 생활고에 시달리고 고위 무신들도 종종 문신들과 왕의 측근 세력들에게 무시를 당했다. 왕을 모신 잔치 자리에서 김부식의 아들이었던 김돈중이 대장군 정중부의 수염을 불태운 사건은 무신을 천시하는 대표적인 사건이다.

진정한 무인의 길

같은 관료로서 나라를 위해 일하지만 제대로 대접받지 못하는 현실에 불만을 품은 무신들이 1170년(의종 24년)에 칼을 빼어 들었다. 이들이 바로 이의방, 이고, 채원 등이다. 비교적 낮은 관직에 있던 이들은 곧 자신들과 뜻을 같이하는 동료를 모으기 시작하는데 이때 물망에 오른 유력 인사가 우학유 장군이었다. 사람됨이 남달랐고 기개가 있어 많은 동료에게 신임을 받고 있던 우학유가 적임자라고 생각한 이의방과 이고는 그의 집으로 찾아갔다.

"지금 우공 말고 누가 있겠는가?"

우학유가 대답하기를,

"공(公)의 뜻은 장하나 나의 아버지가 항상 나에게 말하기를 '무관이 문관에게 굴한 지 오랜지라 어찌 분하지 않겠으며, 그들을 제거함은 썩은 것을 부러뜨림과 같이 쉬운 일이기는 하나, 문관이 해를 당하면 화가 우리에게 돌아올 것이 너무나 명백하니 너는 이를 삼가야 한다.'라고 하셨네. 나의 아버지는 비록 세상을 떠났지만, 말씀은 아직 귀에 남아 있으므로 죽는 한이 있더라도 공들의 말을 따르지 못하겠소."라고 하였다.

이에 실망하여 돌아간 이고와 이의방은 정중부를 찾아가 그를 설득하였고, 마침내 1170년 4월 보현원에서 무신정변을 일으켰다. 이때 문신만이 살해된 것이 아니라 이에 반대하는 무신들도 무수히 살해되었는데도 정중부, 이고, 이의방 등이 우학유에게만은 적대 행위를 하지 못하였다. 그만큼 우학유는 동료들에게 인정받는 무인이었던 것이다.

반란을 일으킨 무신들과 맞대결은 하지 않았으나 왕의 호위는 게을리하지 않았으니 의종이 보현원에서 목숨을 부지하여 환궁할 수 있었던 것은 우학유 같은 무신이 있었기 때문이다. 우학유는 보현원의 무신정변

때 협력을 하지 않아 득세한 무신들에게 많은 핍박을 받았다.

때로는 목숨의 위협을 느낀 적도 한두 번이 아니었다. 그러니 아무리 지조와 의리에 강한 우학유라 하더라도 자구책을 마련하지 않을 수 없었다. 그러나 아버지의 교훈을 머리에 새겨 둔 그는 지조를 꺾어 무신 편에 가담할 수 없던 차에, 이의방의 집에서 혼인 제의가 있어 이것마저 거절할 수 없어 양가가 혼인하였다. 우학유는 명종 때까지 충절을 지키며 왕을 지켰고, 1179년에 벼슬이 동지추밀원사에 이르렀다.

우학유의 행적은 『고려사』「열전」제13, 『동국여지승람』「목천조」에 등재되어 있고 각종 읍지에도 빠짐없이 수록되어 있다. 『동국여지승람』「목천조」에는 고려시대 인물로 우학유 한 사람만 등재된 것으로 보아 우학유의 인물됨이 매우 훌륭했음을 알 수 있다. 우학유는 자신의 앞날을 한 치도 내다볼 수 없는 혼란한 상황에서도 나라와 왕을 위해 군인으로서 본분을 다하였다.

● 참고 문헌 및 사이트

• 『고려사』.
• 김대연, 『무신정권의 발생원인론』, 도서출판 다운샘, 2002.
• 김창현, 『정중부 정권의 성립과 운영』, 도서출판 다운샘, 2002.
• 천안시청 홈페이지(http://www.cheonan.go.kr).

호두와 유청신,
호두과자와 심복순

　많은 사람이 '천안의 명물' 하면 '호두과자'를 가장 먼저 떠올릴 것이다. 쌀과자도 아닌 호두과자, 이런 특이한 과자가 어떻게 천안의 명물로 자리 잡았을까. 그런데 더 특이한 것은 호두과자의 주원료인 호두의 원산지가 우리나라가 아니라는 사실이다.

호두의 본래 이름은 호도(胡桃), 이름 그대로 '오랑캐의 복숭아'란 뜻의 과일이다. 이런 호두가 우리가 사는 천안과 관련이 깊다.

호두 가래나무과의 낙엽교목인 호두나무의 열매로, 마치 뇌 모양을 닮았다 하여 '호두를 먹으면 머리가 좋아진다.'는 이야기가 있다.

오랑캐의 과일, 호두

　호두를 비롯하여 우리에게 친숙한 여러 농작물이 중국 한나라 때 외교관 장건의 봇짐 속에 숨겨져 중앙아시아 지역에서 중국으로 넘어왔다. 고소한 맛에 종자의 모양이 마치 복숭아씨처럼 생긴 이 과실을 오랑캐 나라에서 가져왔다 하여 호도(胡桃)란 이름을 붙였다. 우리나라도 중국 사람이 부르는 이름 그대로 받아들였다. 다만 오늘날은 '호도'가 아니라 '호두'가 한글 맞춤법에 맞는 이름이다.

우리나라에서 가장 오래되고 큰 호두나무는 천안에서 남쪽으로 약 20km쯤 떨어진 광덕사에 있다. 고려 말 원나라와 고려의 외교관계가 어수선할 때 유청신이란 문신이 있었는데, 그는 몽골어를 능숙하게 구사한 덕분에 통역관 신분으로 출세의 가도를 달렸다. 그러나 말년에 권력 투쟁의 줄서기를 잘못한 탓으로 『고려사』 「열전」에서 간신에 오르는 불명예를 얻은 인물이다. 그가 충렬왕 때 원나라에 갔다가 왕을 모시고 돌아오면서 호두나무 묘목과 열매를 가져왔다고 알려졌다. 가져온 묘목은 광덕사 경내에, 열매는 자신의 고향 집 뜰 앞에 심어서 오늘에 이르렀다는 것이다.

천연기념물 광덕사 호두나무

광덕사에는 대웅전으로 들어가는 보화루 앞을 비롯하여 절 안에 호두나무 몇 그루가 자라고 있다. 이 일대는 유청신이 우리나라에서 호두나무를 처음 심은 곳이라 하여 '유청신 선생 호도 시식지'라는 표지석이 붙어 있다. 하지만 이 호두나무는 우리나라에 처음 심은 호두나무라기보다는 현재 가장 오래된 호두나무로 보는 것이 타당할 듯하다. 왜냐하면 초기 철기시대 유적인 광주 신창동 유적에서 호두가 발굴되었고, 신라의 민정문서에도 호두나무에 대한 기록이 나오기 때문이다.

천연기념물 제398호로 지정된 나무는 가장 크게 자란 보화루 앞의 호

유청신 선생 호두 시식지 천연기념물 제398호로 지정된, 우리나라에서 가장 오래된 호두나무 앞에 서 있는 표지석으로, 이곳에 처음으로 호두를 심었다고 전해진다.

두나무다. 둘레는 4.5m이며 줄기는 허리춤 높이에서 둘로 갈라진다. 높이는 18m로 측정되었으나, 현재 죽은 가지를 잘라 내었으니 이보다는 조금 낮을 것이다.

유청신에 대한 역사적 기록

『고려사』「열전」에서는 유청신을, "유청신의 첫 이름은 비이며, 장흥부의 고이부곡 사람이고, 조상이 모두 부곡 아전이었다. 그 당시 제도에서 부곡 아전은 공로가 있어도 5품을 넘지 못하였다. 그런데 유청신은 어려서부터 사람이 트이고 담기가 있었으며, 몽골어를 습득해서 누차 원나라로 왕의 사명을 받들고 왕래하면서 응대를 능숙하게 하였다. 이로부터 충렬왕의 총애와 신임을 받아서 낭장이 되었다."고 소개하고 있다.

유청신은 원 간섭기에 몽골어에 능통한 친원 세력으로 승승장구하였다. 정6품의 낭장이 된 이후 승진을 거듭하여 1294년(충렬왕 20년)에는 정3품의 우승선이 되었고, 1296년에는 종2품의 부지밀직사사에 임명되어 재상의 반열에 올랐다. 다음 해에 세자(충선왕)의 요청에 의하여 관원들을 감찰하는 감찰사의 으뜸 벼슬인 감찰대부에 임명되었으며, 조인규·조인후와 함께 원나라에 파견되어 충렬왕의 왕위를 충선왕에게 전해 주는 전위표를 받아 왔다.

1298년 충선왕이 즉위하자 유청신은 주요 관직에 중용되었다. 그러나 불과 1년도 안 되어 충렬왕이 복위하고, 충선왕파로 여겨지던 조인후를 중심으로 반란을 계획하였다는 한희유 무고사건이 일어나자 여기에 연루되어 원나라에 압송되었으며, 1299년 충선왕 지지자들과 함께 파직되었다.

호두 전래 사적비 광덕사 계곡 옆으로 나 있는 길을 따라 올라가는 광덕사 입구 좌측에 있는 호두 전래사적비이다.

그 뒤 다시 복직되어 정2품의 관직에 올랐으며, 당시 원나라에 억류되어 있던 충선왕의 환국을 위해 노력하다가 1307년 충선왕이 원나라 무종 옹립의 공으로 실권을 장악하자 정2품인 도첨의찬성사로 중용되었다. 이때 원나라 황제로부터 청신(淸臣)이라는 이름을 하사받아 개명하였다.

1310년(충선왕 2년) 정승에 임명되고, 고흥부원군(정1품)에 봉해졌으며, 1313년에 다시 정승에 올라 1321년까지 재임하였다.

충숙왕이 원나라로 소환되자 왕을 따

라 원나라에 갔으며, 원나라에 계속 머물면서 오잠과 함께 고려 국가 자체를 없애고 원나라에 설치된 지방 관청인 행성을 두어 고려를 통치하자는 입성책동(立省策動)을 벌였으며, 충숙왕이 정사를 제대로 돌보지 못한다는 무고를 하기도 하였다. 입성책동이 실패하고 1325년에 충숙왕이 환국하자, 처벌받을 것이 두려워 고려에 돌아오지 못하고 원나라에서 죽었다.

우리나라 최초의 호두나무

고등학교 국사 교과서에는 다음과 같은 통일신라시대 민정문서의 내용이 있어 눈길을 끈다.

> 토지는 논·밭, 촌주위답, 내시령답 등 토지의 종류와 면적을 기록하고, 사람들은 인구, 가호, 노비의 수와 3년 동안의 사망, 이동 등 변동 내용을 기록하였다. 그 밖에 소와 말의 수, 뽕나무, 잣나무, 호두나무의 수까지 기록하였다.
>
> -『고등학교 국사』.

일본에서 발견된 신라 '민정문서'는 755년(경덕왕 14년)에 만들어졌는데 여기에는 추(楸)라는 이름의 호두나무가 실려 있다. 교과서에도 추를 호두나무로 번역하고 있다. 또 『고려사』에 실린 「한림별곡」의 가사에 나오는 당추자(唐楸子)란 구절은 호두가 당나라에서 왔다는 뜻이라고 풀이한다. 따라서 호두나무가 들어온 정확한 연대는 알 수 없으나 적어도 당나라와 문화 교류가 빈번하던 통일신라시대 이전이라는 주장도 상당한 설득력이 있다.

호두가 천안 지역의 토산물로 소개된 기록은 조선 초기에 간행된 『세종실록지리지』와『동국여지승람』에서는 보이지 않고, 천안군의 읍지로 1852년에 간행된 『영성지』에서 찾을 수 있다.

발상의 전환이 만든 호두과자

천안 호두과자를 처음으로 세상에 내놓은 심복순 할머니에게 호두과자는 분신이나 다름없다. 호두과자는 일제강점기인 1934년 조귀금·심복순 부부에 의해 태어났다. 그 산실이 천안시 대흥동 '학화 호도과자'이다. 당시 일본인들도 천안 지방의 특산물인 호두를 원료로 호두양갱을 만들어 팔았지만, 호두과자에까지는 생각이 미치지 못했다.

신혼 초 남편 조귀금은 새로운 제과를 만들고 싶어 했다. 부인 심복순 여사는 "광덕산 호두는 껍데기가 얇고 맛이 매우 고소하고, 흰 팥 또한 그리 흔하지 않은 곡물이지만, 고유한 맛이 아주 독특하다."면서 이를 가지고 과자를 만들자고 남편에게 말했다. 또한 "이왕 호두로 과자를 만든다면 이전에는 없었던 호두 모양의 과자를 만들자."고 제안하였다. 남편은 흙으로 수많은 형태를 만들어 제빵 기계를 연구하여 서울 을지로의 철물공작소에서 호두 모양의 틀을 제작했다. 이것으로 기존에 일본인들도 생각하지 못한 호두 모양의 과자, 즉 호두과자가 탄생한 것이다. 단순히 호두를 넣는 과자에서 모양까지 호두로 바꾼 이 부부의 발상 전환은 후일 천안을 호두과자의 중심지로 만들어 주었다.

부부는 상호를 '학화 호도과자'로 지었다. 학처럼 오래도록 호두과자의 이름이 빛나기를 기원하는 의미를 담았다고 한다. 광복 직후 홍익회의 전신인 '갱생회'에 호두과자를 납품하면서 학화 호두과자는 전국적으로 알려지기 시작했다. 열차를 타고 오가는 사람들의 입에서 입으로, 손에서 손으로 퍼져 나가게 된 것이다. 70여 년의 세월 동안 '천안의 명물'

로 전 국민의 사랑을 받아 온 호
두과자는 우리의 생활 문화, 제
과 문화의 중요한 자리를 이어
가고 있다.

우리나라 사람이라면 누구나
'천안의 명물' 하면 호두과자를
떠올린다. 홍익회에 납품하게 된
호두과자는 철도 교통이 활성화
되면서 그 명성이 전국적으로 알
려지게 되었다. 그러나 천안의
호두과자가 그 이름을 전 국민에
게 알릴 수 있었던 가장 중요한
이유는 그 깊은 맛일 것이다. 천
안 호두과자의 깊은 맛, 그 맛의
비결은 과연 어디에서 온 것일
까. 우수한 품질과 맛, 광덕사의
오래된 호두나무, 그리고 과자를

호두과자 조귀금 · 심복순 부부가 천안의 호두로 호두과자를 만
들어 세상에 처음 내놓았다.

천안 광덕사 호두나무 광덕사 경내로 들어가는 보화루 앞의 천
연기념물 제398호로 지정된 호두나무이다. 크기만 보아도 수령이
400년임을 짐작할 수 있을 정도다.

처음 세상에 내놓은 조귀금 · 심복순 부부의 열정, 이 세 가지가 하나로
어우러진 맛이 아닐까. 천안 호두과자에는 어느 순간 갑자기 등장했다
없어지는 요즘의 과자들과는 확연히 다른 역사의 맛이 묻어 있다.

● **참고 문헌 및 사이트**

• 천안시 편, 『천안의 문화재』, 천안시, 2005.
• 이병희, 『뿌리 깊은 한국사 샘이 깊은 이야기-고려』, 솔, 2002.

나이를 초월한 사랑,
김부용과 김이양

이 세상에는 삼십 객 노인이 있는 반면에 팔십 객 청년도 있는 법이니까
나이 같은 것은 거론할 필요조차 없다.

－『미인별곡』.

천안 광덕사 인근에는 조선시대 기생이었던 운초 김부용과 세도가 연
천 김이양의 무덤이 있다. 이승에서 못다 한 사랑을 저승에서 꽃피우고
자 했던 김부용은 평생 동안 사랑했던 김이양 곁에 묻히고 싶어 했다.

그 유언에 따라 김부용의 무덤은 김이양의 무덤 가까이에 있다. 그러
나 최근에 김이양의 무덤은 다른 곳으로 이장되었다. 당대 최고의 미모
와 지성을 갖춘 기생과 권력과 재산을 갖춘 연로한 정치인의 운명적 만
남과 사랑, 단순히 기생과 양반의 스캔들이라 치부하기엔 그들이 남긴
이야기가 예사롭지 않다.

본래 조선시대 기생은 천한 신분이었으나 그들의 소양조차 천한 것은

아니었다.

기생은 말을 알아듣는 꽃이라는 뜻의 '해어화(解語花)'라고 불렸다. 기생은 선비들과 어울려 문학적 교류를 나눌 수 있는 수준 높은 예능 종사자였다. 노래, 춤, 악기는 물론이고 시와 문장 또한 기생의 기본 소양이었다.

김부용은 송도의 황진이, 부안의 이매창과 더불어 시와 노래에 매우 능했던 조선의 3대 기생 중 한 명으로 꼽히는 당대 최고의 예능인이었다. 김부용과 김이양의 사랑 이야기는 무려 50여 년 이상의 나이 차이에도 불구하고 서로의 문학세계에 대한 이해와 존중 그리고 인간적 배려와 신뢰를 바탕으로 만들어졌다.

운명적 만남과 사랑

김부용의 출생 연대는 정확하게 알 수 없으나 1800년대 초반쯤으로 보고 있다. 그녀는 평안남도 성천군 삼덕면 대동리 현봉 마을에서 무산 12봉우리의 정기를 받고 태어났다고 알려졌다. 운초(雲楚)라는 호는 '성천 무산 12봉우리가 중국 초나라 무산에 있는 12봉우리와 같이 아름답다.'고 하여 지은 것이라고 한다. 가난한 선비 집안의 외동딸로 태어났으나 어려서 부모를 잃고 작은아버지에게 글을 배웠다고 한다. 이유는 알 수 없으나 그 후 기생이 되었고 뛰어난 예술적 기질 탓에 지역의 문사들과 많은 교류를 하였다. 그녀의 시에서 알 수 있듯이 늘 도도함과 자신감이 넘치는 당당한 조선의 여성이었다.

부용화 　　　　　　　　　　　　　芙蓉花
부용화가 곱게 피니 온 땅이 붉어라 　　　芙蓉花發滿池紅

사람들은 부용꽃이 내 얼굴보다 예쁘다고 말하네	人道芙蓉勝妾容
아침녘에 둑 위를 걷고 있노라니	朝日妾從堤上過
사람들은 어찌하여 부용화를 보지 않나	如何人不看芙蓉

　당시 성천은 인근 지방의 중심지로서 유명한 고적도 많았고 풍류객들이 모여들던 곳이었다. 연회가 많다 보니 그녀의 시적 능력이 세상에 널리 알려졌다. 그런 그녀에게 인생의 반려자가 될 사람이 나타났으니 바로 연천 김이양이다. 김이양은 천안 광덕 출신으로 당대 최고의 세도 가문이었던 안동 김씨 사람이었다. 그는 예조 · 이조 · 병조 · 호조 판서 등을 두루 역임한 고위층이었을 뿐만 아니라 자연과 풍류, 문학을 즐길 줄 아는 문사였다.

　김이양이 평양 감사 시절이던 77세에 김부용과 운명적으로 만났다. 당시 김부용은 관기의 신분이었고 나이는 19세 전후였다. 58년의 나이를 초월한 운명적 사랑이 시작된 것이다. 얼굴이 고울 뿐만 아니라 시와 노래에도 빼어난 재능을 지닌 운초와 그녀의 재능을 알아 준 연천은 금방 사랑에 빠졌다. 그러나 평양에서의 그들의 사랑은 그리 길지는 못했다. 연천이 호조 판서를 제수받고 한양에 입성하면서 이별하게 된 것이다. 연천과 생이별을 한 운초는 재회할 날을 기다리며 그리움을 시로 승화시키는데, 이것이 바로 운초를 일류 시인으로 만든 보탑시(글자가 차례로 늘어나 탑 모양을 이루는 시) 인 「부용상사곡」이다.

芙蓉相思曲

別
思
路遠
信遲
念在彼
身留玆
紗巾有淚
雁書無期
香閣鍾鳴夜
鍊亭月上時
依孤枕驚殘夢
望歸雲恨遠離
日待佳期愁屈指
晨開情札泣支頤
容貌憔悴把鏡下淚
歌聲嗚咽對人含悲
掣銀刀斷弱腸非難事
躡珠履送遠眸更多疑
朝遠望暮遠望郎何無信
昨不來今不來妾獨見欺
浿江成平陸後鞭馬騎來否
長林變大海初乘船欲渡之
見時少別時多世情無人可測
好緣短惡緣長天意有誰能知
一片香雲楚臺夜神女之夢在某
數聲良覷奈樓月弄玉之情屬誰
欲忘難忘强登浮碧樓可惜紅顔老
不思自思乍倚牡丹峯每歎綠髮衰
獨宿空房下淚如雨三生佳約寧有變
孤處香閨頭雖欲雪百年貞心自不移
罷春夢開竹窓迎花柳少年總是無情客
推玉枕攬香衣送歌舞者類莫非可憎兒
千里待人難待人難甚矣君子薄情豈如是
三時出門望出門望悲哉賤妾苦懷果何其
惟願寬仁大丈夫決意渡江舊緣獨下欣相對
勿使軟弱兒女子含淚歸泉哀魂月中泣相隨

부용상사곡

이별하니
그립습니다.
길은 멀고도 멀고
글월은 더디옵니다.
생각은 님께 있으오나
몸은 이곳에 머뭅니다.
비단 수건은 눈물에 젖었건만
가까이 모실 날은 기약이 없습니다.
향각에서 종소리 들려오는 이 밤에
연광정에서 달이 떠오르는 이때에
쓸쓸한 베개에 의지했다가 잔몽에 놀라 깨어
돌아오는 구름 바라보니 멀리 떨어져 있음이 슬픕니다.
만날 날 수심에 가득 차 날마다 손꼽아 기다리며
새벽이면 정다운 글월 펴 들고 턱을 괴고 우옵니다.
용모는 초췌해져 거울을 보니 눈물만 하염없이 내리고
목소리도 흐느끼니 사람 기다리기가 이다지도 슬픕니다.
은장도로 장을 끊어 죽는 일은 어려운 일이 아니나
비단신 끌며 먼 하늘 바라보니 의심만 많아집니다.
아침에도 멀리 바라보고 저녁에도 멀리 바라보나 낭군은 어찌 그리 신의가 없습니까.
어제도 안 오시고 오늘도 안 오시니 첩만 홀로 속고 있는 것은 아닌가요.
대동강이 평지가 된 뒤에나 말을 몰고 돌아오시려 합니까.
긴 숲이 바다로 변한 뒤 노를 저어 배를 타고 돌아오시렵니까.
이별은 많고 만남은 적으니 세상사를 누가 알 수 있으며
악연은 길고 호연은 짧으니 하늘의 뜻을 누가 알 수 있겠습니까.
운우무산에 행적이 끊기었으니 선녀의 꿈을 어느 여자와 즐기시나요.
월하봉대에 피리 소리 끊기었으니 농옥의 정을 어떤 여자와 나누고 계십니까.
잊고자 해도 잊기가 어려워 억지로 부벽루에 오르니 안타깝게도 홍안만 늙어 가고
생각지 말자 해도 절로 생각나 몸을 모란봉에 의지하니 슬프도다! 검은 머리 자꾸 세어 가고
홀로 빈방에 누우니 눈물이 비 오듯 하나 삼생의 가약이야 어찌 변할 수 있으며
혼자 잠자리에 누웠으나 검은 머리 파뿌리 된들 백년 정심이야 어찌 바꿀 수 있으랴!
낮잠을 깨어 창을 열고 화류계년을 맞아들여 즐기기도 했으나 모두 정 없는 나그네뿐이고
베개를 밀어내고 향내 나는 옷으로 춤도 춰보았으나 모두가 가증한 사내들뿐입니다.
천리에 사람 기다리기 어렵고 너무도 사람 기다리기 어려우니 군자의 박정은 어찌 이다지도 심하십니까?
삼시에 문을 나가 멀리 바라보고 문을 나가 바라보는 애처로운 천첩의 심정은 과연 어떠하겠습니까?
오직 바라옵건대 관인하신 대장부께서는 강을 건너오셔서 구연의 촛불 아래 흔연히 대해 주시고
연약한 아녀자가 슬픔을 머금고 황천객이 되어 외로운 혼이 달 가운데서 길이 울지 않게 해 주옵소서.

자화상

거문고와 노래 시와 술 그림이면
내 인생 바로 그것 신선경 되다네
강산은 변치 않고 기다린 듯 말이 없고
꽃과 새는 벗이 되어 시샘을 하지 말라

자화상 김부용의 시, 그의 묘로 가는 길에 있다.

죽어서도 함께하고자 했던 사랑

그녀의 간절한 사모의 마음을 알아줬던 것일까. 연천은 운초를 기생의 명부에서 빼내어 작은 부인으로 삼았다.

한양에서 재회한 그들은 남산에 '녹천당'이라는 초당을 지었다. 그래서 지인들은 그녀를 '초당 마마'라고 불렀다. 연천은 남은 삶을 운초와 함께 유명한 문인들과 어울리면서 그녀의 문학세계를 더욱 넓혀 주었다. 운초는 신위라는 당대 최고의 문인과 시를 나누었고, 당대의 실세였던 김조순과도 교류하였다. 또한 자신처럼 기생에서 양반의 작은 부인이 된 죽서, 금원, 경춘 등과도 용산의 삼호정에서 자주 모이며 '삼호정시단'을 만들기도 하였다. 운초는 삼호정시단을 통해 여류 시인으로서 더욱 이름을 날렸다. 문학적 소양뿐만 아니라 인간관계의 폭도 넓었던 여인이었다.

김부용의 묘 운초 김부용은 송도 황진이, 부안 매창과 더불어 조선 중기에 시를 잘 짓고 노래도 잘하는 유명한 3대 기생의 한 사람이다. 당대 세도가인 김이양과 나이를 초월한 사랑을 이룬 주인공으로 김이양의 작은 부인이 되었다.

김이양은 운초의 문학적 능력을 인정하고 사랑했으며 더욱더 빛나게 해 준 반려자였다. 그리고 운초를 단순한 첩이 아니라 아내로서 대우하였다. 그 증거로 천안 광덕사 안에 있는 본부인 산소에 갔을 때 운초를 정경부인의 자격으로 데리고 갔다고 한다.

김이양은 1845년 92세로 천수를 다하고 세상을 떠났다. 그들이 만나 인생의 반려자가 된 지 15년 만의 일이었다. 운초는 다음과 같은 시를 지어 연인이며 지아비이자 어버이 같았던 연천을 떠나보냈다.

<table>
<tr><td>연천을 떠나보내며</td><td>哭淵泉老爺</td></tr>
<tr><td>풍류와 기개는 산수의 주인이요</td><td>風流氣槩湖山主</td></tr>
</table>

경술과 문장은 재상의 재질이라	經術文章宰相材
모셔 온 지 십오 년 오늘에야 눈물 흘리니	十五年來今日淚
바다로 막힌 인연 누가 다시 이어줄꼬	峨洋一斷復誰裁

영원한 사랑의 동반자와 함께

운초는 주변 지인들과 함께 먼저 떠난 김이양에 대한 그리움을 시로 달래었으며 "내가 죽으면 대감마님이 계신 천안 광덕의 태화산 근처에 묻어 달라."는 유언을 남기고 50세쯤 세상을 떠났다. 그리고 유언처럼 광덕산 기슭에 묻혔다. 다만 첩실인 까닭으로 김이양과 함께 묻힐 수는 없었다. 하지만 50이 넘는 나이 차를 초월한 이들의 사랑 앞에 무덤 사이의 거리가 그리 대수일까. 이들의 사랑은 아름답고도 영원하다.

『미인별곡』4 김부용을 세상에 알린 정비석의 작품이다.

김부용이라는 인물과 그 무덤에 대한 실체는 1972년 소설가 정비석의 『명기열전 4-김부용전』을 통해 알려졌다. 그는 천안 광덕사 주변에서 동네 촌로들의 증언을 토대로 김부용의 무덤으로 추정되는 무덤을 찾았다. 천안시 문화 관련 단체가 중심이 되어 김부용 무덤을 정비했으며, 추모제를 올리고 있다.

나이를 초월한 연천과 운초의 영원한 사랑이 천안시 광덕면 광덕사 인근 산기슭에 조용히 잠들어 있다.

● 참고 문헌 및 사이트

- 천안향토사연구소, 『운초 김부용의 생애와 문학』, 천안합동인쇄공사, 2004.

- 심영구, 『조선 기생 이야기』, 미래문화사, 2003.

- 정비석, 『미인별곡』4, 고려원, 1989.

- 『순조실록』.

- 『헌종실록』.

진주대첩의 영웅,
충무공 김시민 장군

임진왜란 하면 가장 먼저 떠오르는 인물은 이순신 장군이다. 이순신 장군의 시호가 충무공이라는 것은 누구나 다 아는 사실이다. 이순신은 바다를 통해 전라도 진출을 시도한 왜군을 막아 냈다는 점에서 그 업적을 높이 평가받고 있다.

그런데 임진왜란 당시 이순신 장군 못지않게 뛰어난 전공으로 진주대첩을 승리로 이끈 김시민 장군이 천안 출신이며, 시호도 이순신 장군과 같은 충무공이라는 사실을 아는 사람은 많지 않다.

충무공 김시민 장군 영정 장우성 화백이 그린 영정으로 충북 괴산군 충민사에 모셔져 있다.

용감했던 어린 시절

김시민은 1554년(명종 9년) 8월 27일 현재 천안시 동남구 병천면 가전리 백전 마을에서 태어났다. 이곳은 김시민의 외가인 창평 이씨들이 대대로 자리를 잡고 살던 지역이었다. 김시민의 할아버지는 조광조의 문하로 기묘사화를 당한 사림 계열이고, 아버지 김충갑 역시 양재역 벽서사건에 연루되어 인근의 수신면 장명 마을에 유배 와 있었다. 이때 첫 부인과 사별한 김충갑은 백전 마을 이성춘의 첫째 딸과 결혼하였는데 그 사이에서 김시민이 태어났다.

김시민은 어려서부터 병정놀이를 즐겼는데 언제나 앞에 서서 지휘하였다. 9세 때 느티나무와 거북바위 앞을 흐르는 냇가에 살면서 사람과 동물을 잡아먹는 큰 뱀을 화살로 쏘아 죽였다고 한다. 이러한 이야기는 김시민이 어린 시절부터 매우 용맹하였음을 말해 준다. 지금도 백전 마을 어귀에는 느티나무와 거북바위가 있는데, 이곳이 '뱀을 쏘아 죽인 곳'이라는 뜻에서 사사처(射蛇處)라고 불리는 곳으로, 2004년 충청남도 기념물 제166호로 지정되었다.

무관의 길

김시민은 사림 계열의 집안으로 성리학적 전통의 영향을 받아 평소 학문에 열중하였다. 그러나 무인의 소질도 많아 어머니 창평 이씨의 반대에도 불구하고 25세 되던 해인 1578년 무과에 급제하였다. 김시민은 자신이 옳다고 믿는 것에는 절대 뜻을 굽히지 않는 기개가 높은 사람이었다. 훈련원 근무 시절 군사들의 기강 해이와 허술한 무기 관리 상태를 고쳐 보고자 병조 판서를 찾아가 대책을 마련해 줄 것을 건의했다가 무시

당하기도 하였다. 이때 현실
과 타협하지 않고 벼슬을 버
리고 낙향함으로써 자신의
옳음을 실천하였다.

1583년 여진족으로 조선
에 귀화한 니탕개가 난을 일
으키자 김시민이 다시 등용
되었는데, 이때 이순신, 신
립, 이억기 등과 함께 출전하

사사처 김시민 장군이 어렸을 때 '뱀을 쏘아 죽인 곳으로' 2004년 충청
남도 기념물 제166호로 지정되었다.

여 공을 세워 군기시 판관에
임명되었다. 1591년에 진주 판관에 임명되었다. 모든 일을 공명정대하
게 처리하여 관리들의 신망을 얻었으며 덕으로 다스려 백성들의 존경을
받았다.

임진왜란 3대 대첩인 진주대첩

임진왜란은 일본의 도요토미 히데요시가 '명나라를 치기 위함이니 길
을 빌려 달라.'는 명분으로 조선을 침략한 전쟁이다. 전쟁 초기에는 조선
이 일방적으로 싸움에 밀렸지만, 시간이 지나면서 전세를 역전시키기 시
작했다. 이것은 전열을 정비한 관군의 활약과 전국 각 지역에서 일어난
의병의 눈부신 활약 덕분이었다. 이 가운데 이순신 장군의 한산도대첩,
김시민 장군의 진주대첩, 권율 장군의 행주대첩을 임진왜란의 3대 대첩
이라 한다.

1592년 임진왜란이 일어나자 국방에 소홀했던 조선은 힘없이 무너졌
다. 경상도에서 전라도로 넘어가는 길목에 있던 진주는 호남 곡창지대를

지키는 전략적 요충지로서 매우 위험한 상황이었는데, 목사까지도 갑작스럽게 병사하였다. 후임으로 김시민이 진주 목사로 임명되었는데, 이것은 진주 판관으로 있을 때 능력을 인정받은 결과였다.

진주 목사를 제수받은 김시민은 흩어진 민심을 수습하고 무너진 진주성과 무기를 보수하는 등 일본군의 공격에 치밀하게 대비하였다.

일본군 3만여 명은 1592년 10월 5일부터 10월 10일까지 6일간 진주성을 포위하고 공격을 감행하였다. 김시민은 3,800여 명의 병력으로 일본군의 공격에 대응하였다. 진주성전투 이전부터 다양한 실전 경험으로 무장한 김시민은 솔선수범하는 실천성과 유비무환의 정신을 바탕으로 민ㆍ관ㆍ군을 하나로 결속시켰다.

또한 성 안의 여자와 노인에게 남장을 시키거나 악공에게 악기를 연주시키는 등 뛰어난 심리전을 전개하여 막강한 전력을 자랑하던 일본군의 사기를 꺾었다. 그뿐만 아니라 단기전을 예상하여 군량미 확보보다는 무기 확보와 무기 운영 체계에 집중하였다. 일본군에게는 장기전으로 오판하도록 하는 뛰어난 전략전술을 구가하였다.

임진왜란 초기 일본군은 4월 14일 부산에 상륙한 이후, 조선군의 별다른 저항 없이 5월 2일 한양을 점령하고 6월 13일에는 평양을 함락시켰다. 이후 일본은 쉽게 조선 전역을 점령할 것으로 보았으나 이순신의 한산도대첩에 이어 김시민의 진주성전투에서 크게 패하면서 조선 점령 계획에 큰 차질을 빚게 되었다. 진주성전투의 패배는 일본에게 큰 치욕이었다.

김시민의 지휘 통솔로 이뤄 낸 승리는 임진왜란 최초의 육전에서의 승리였으며, 일본에는 진주성이 조선 최고의 성이라고 알려지는 계기가 되었다. 진주성전투의 승리는 조선 군인들의 사기를 높이는 데 큰 역할을 했으며 전투 역량을 크게 높였다. 또한 영호남 교통의 요충지인 진주성을 지켜 냄으로써 곡창지대인 호남 지역을 보전하여 일본군의 군량미 확보를 저지하고 보급로를 차단하는 성과를 거두었다.

진주대첩의 영웅 김시민 장군은 전투의 마지막 날인 10월 10일 오전, 부상당한 일본군이 쏜 총알에 왼쪽 이마를 맞아 10월 18일 39세의 나이로 순절하였다.

진주대첩도 김인화 화백이 그린 진주대첩 역사 기록화이다.

일본 문학 작품에 실린 김시민 장군

임진왜란 당시 일본의 기록을 살펴보면 진주성전투와 관련하여 모쿠소라는 단어가 등장한다. 이는 목사(牧使)라는 관직 이름에서 유래한 것으로 진주 목사를 지칭하는데, 모쿠소는 바로 김시민 장군을 뜻한다. 임진왜란 당시 김시민은 조선이나 일본에서 널리 알려진 인물이 아니었기 때문에 진주성의 최고 지휘자는 진주 목사라는 관직명만 알려졌던 것이다. 이는 일본군에게 진주성전투 패배의 충격과 피해가 얼마나 컸는지를 말해 준다.

18~19세기 일본의 문학 작품에도 모쿠소판관(牧司判官)이나 모쿠소관(木曾官)이라는 관직명이 나타나는데 이는 김시민 장군을 뜻한다.

모쿠소는 임진왜란 당시 진주 목사를 가리키는 좁은 의미에서 조선을 지키는 용맹스러운 장군의 이미지로 확대되고, 나아가 일본에 깊은 원한

김시민 장군 어록비문 독립기념관에 있는 김시민 장군의 어록비로 충의와 국가 중흥을 위해 결사항전 의 자세로 진주성을 지켜 낼 각오를 엿볼 수 있다.

을 품은 인물의 이미지로 바뀌었다. 김시민 장군이 조선에서는 충절의 이미지로, 일본에서는 일본에 원한을 가진 인물로 묘사되고 있는 것이다. 임진왜란 당시 진주성전투가 양국 모두에게 얼마나 큰 의미가 있었는가를 역설적으로 보여 주는 대표적인 사례라고 할 수 있다.

영원히 빛나는 김시민 장군의 충절

임진왜란이 끝나고 선조 당시 김시민 장군은 선무공신 2등에 올랐다. 그 후 포상 논쟁이 거듭되다가 숙종 때 영의정으로 추증되고, 충무공(忠武公)이라는 시호를 받았다. 김시민 장군은 현재 진주의 창렬사와 괴산의 충민사에 모셔져 있다. 생가지인 천안에는 1824년에 세워진 충렬사에 1825년에 추가로 배향되었으나 충렬사는 지금은 터만 남아 있다.

● **참고 문헌 및 사이트**

• 이해준 · 김경수 편저(2004), 『호국의 영웅 김시민 장군』, 천안문화원, 충무공김시민장군기념사업회.
• 충무공김시민장군기념사업회(2003), 『제2회 충무공 김시민 장군 선양 학술 심포지엄 자료집』, 충무공김시민장군기념사업회.

백성의 영원한 우상,
어사 박문수

   어사 하면 일반적으로 암행어사로 대표되지만, 어사에는 여러 종류가 있으며 그 역할도 각각 달랐다. 기근이 들었을 때 지방에 파견되어 지방 관들의 구제 활동을 감독하는 어사를 '감진어사'라 하고, 변란이 일어나거나 재해가 생겼을 때 해당 지역을 돌아다니며 사건을 해결하는 어사를 '순무어사'라고 한다. 또한 민란을 수습하기 위해 파견된 '안핵어사'도 있다. 그중 '암행어사'는 임금의 특명을 받고 지방관들의 부정과 비리를 밝혀내어 처벌하고 억울한 백성을 구제하는 어사이다. 그래서 암행어사는 정의의 사도요, 서민의 우상으로 우리에게 이런저런 많은 이야깃거리를 남겼다.

   조선 백성의 우상이었던 암행어사, 그 암행어사의 대명사가 된 박문수가 천안에 잠들어 있다.

설화 속의 어사 박문수

박문수 영정 보물 제1189호이다. 38세의 젊은 시절 모습으로, 공신상 초상화의 전형적인 형식을 갖추고 있다.

박문수는 조선시대를 통틀어 가장 유명한 암행어사일 것이다. 어사 박문수의 행적은 많은 사람의 입에 오르내려 마치 박문수가 평생을 어사로 지낸 듯한 착각이 들게 하기도 한다. 하지만 그가 암행어사로서 임무를 수행한 것은 충청도와 경상도 암행어사 딱 두 차례뿐이다. 그럼에도 암행어사 하면 박문수를 떠올리는 것은 가렴주구에 시달리던 조선의 백성에게는 그의 행적이 청백리의 표상이요, 정의로운 관리요, 억울한 이들의 눈물을 닦아 주었던 다정한 친구였기 때문이다.

실제로 박문수의 행적에 대한 이야기는 역사 기록보다 소설이나 설화에 훨씬 많이 등장한다. 박문수 관련 설화는 조선 후기에 기록된 『청구야담』과 같은 야담집에 십여 편 넘게 실려 있고, 최근에 정리된 『한국구비문학대계』 등 설화집에는 삼백여 편이 전해 오고 있다.

설화 속의 박문수는 암행어사라는 신분을 바탕으로 억울한 사람들의 사정을 헤아리고, 불법을 저지른 관리나 악인을 처벌한다. 또한 전국을 순행하면서 나이 많은 처녀와 총각을 중매해 혼인할 수 있도록 도와주기도 한다. 이처럼 상당수 설화에서 박문수는 절대적인 능력과 지혜를 가지고, 정의를 위해 몸을 던지는 관리의 표상으로 등장한다. 그런데 이렇게 철두철미한 카리스마를 지닌 인물이라면 백성의 친구가 되기 어렵다. 그래서 설화 속 박문수는 간혹 평범한 인물로 등장하거나 심한 경우 지혜가 부족한 사람으로 묘사되기도 한다. 자유분방한 요즘 젊은이들처럼 여인을 유혹하다가 혼쭐이 나기도 하고, 심한 경우 암행 중에 원두막에서 만난 처녀와 관계를 맺어 아이를 낳게 하기도 했다. 설화에 나오는 박문수는 정의의 사도인 동시에 조선 백성의 다정한 친구였던 것이다.

박문수 설화는 사람들의 입에서 입으로 전승된 이야기로서 역사적 사실로 받아들이기에는 무리가 있다. 실제 박문수가 암행어사로 활동한 지역은 충청도와 경상도 두 곳뿐이지만, 설화 속의 박문수는 조선팔도 어디든 다니지 않은 곳이 없다. 따라서 설화에 나오는 암행어사 박문수는 실존 인물 박문수 한 사람을 뜻하는 것이 아니라, 조선의 수많은 암행어사를 통칭하는 것으로 이해해야 할 것이다. 지배층의 가렴주구와 수탈에 신음하던 백성들은 박문수의 이름을 빌려 조선의 모든 암행어사 이야기에 자신들의 꿈과 염원을 담고자 했다. 그래서 박문수는 암행어사의 대명사가 된 것이다.

역사 기록 속의 박문수

역사 기록에 나오는 박문수는 어떤 인물이었을까. 박문수는 1691년(숙종 17년)에 아버지 박항한과 어머니 경주 이씨 사이에서 태어났다. 박문수는 32세(1723년, 경종 3년)에 증광시 문과의 병과에 급제하여 관직에 첫발을 내디뎠다. 보통의 과거 합격자에 비하면 이르지 않은 나이이나, 관직에 진출한 다음에는 누구보다도 중요한 직책을 많이 거치며 관리로서 능력을 인정받았다.

경종 때 과거에 합격한 박문수의 관직 생활은 대부분 영조 연간에 이루어진다. 박문수는 영조의 즉위에 반대하여 소론이 중심이 되어 일으킨 이인좌의 난을 진압한 공을 인정받아 경상도 관찰사가 되었다. 그리

낙조(落照)

박문수

낙조는 푸른 산에 걸려 붉은빛을 토하고, 찬 갈까마귀는 흰 구름 사이로 날아갔더라.   落照吐紅掛碧山 寒鴉尺盡白雲間

나루를 물어보는 나그네의 갈 길은 바쁘고, 절을 찾는 승려의 지팡이도 한가하지 않더라.   問津行客鞭應急 尋寺歸僧杖不閒

풀을 뜯는 소의 그림자는 길게 늘어져 있고, 지아비를 기다리는 누대 위의 첩은 고개를 떨구었네.   放牧園中牛帶影 望夫臺上妾低鬟

개울 남쪽 길 고목은 푸른 저녁 안개가 서려 있고, 머리 짧은 초동은 피리를 불며 오더라.   蒼煙古木溪南路 短髮樵童弄笛還

박문수 장원시 박문수는 32세 때(1723년, 경종 3년) 과거에 급제하였다. 시 「낙조」는 박문수가 과거에 급제할 때 썼던 시라고 한다. 특히 마지막 구절인 '단발초동 농적환'의 구절이 시험관 모두로부터 칭찬을 받아 과거 시험에 최종 합격했다고 한다.

고 정국 운영의 방향을 결정하는 삼사의 관리인 대사성 · 대사간과 도승지를 역임하였다. 또한 예조 참관과 병조 판서를 거치면서 두 차례나 청나라에 사신으로 다녀오기도 했다. 어영대장을 두 차례 역임하고 황해도 수군절도사를 지내는 등 무관으로도 활약하였다.

박문수는 호조 판서와 영남 균세사를 거치면서 세수 행정에도 능력을 발휘하였다. 벼슬은 예조 판서와 우참판까지 올랐으며, 영의정으로 추증되고, '충헌'이라는 시호를 받았다. 박문수는 어사로서만이 아니라 문무를 겸비한 능력 있는 관리였으며, 나라와 백성을 위한 청백리의 표상이었다.

정치적으로 소론에 속하였던 박문수는 영조가 탕평책을 시행할 때, 명문가 중심의 인사 정책을 지양하고 붕당을 가리지 말고 인재를 고루 등용할 것을 건의하였다. 1749년에는 영조에게 건의하여 『탁지정례』와 『국혼정례』를 편찬하였다. 그가 쓴 글씨로는 안성의 낙원공원에 있는 '오명항선생토적송공비'의 비문 등이 있다.

천안에 잠들어 있는 영원한 백성의 우상

　박문수의 묘소는 천안시 동남구 북면 은지리 은석산에 있다. 이곳에 묘를 쓰게 된 사연이 재미있다. 당시 충청도 어사였던 박문수가 병천 지방에 머물고 있었는데 방문객 중에 유명한 지관이 있었다. 박문수는 지관에게 자기가 죽으면 묻힐 묏자리 하나를 잡아 달라고 부탁하였다. 지관은 며칠을 돌아다니다 천안 북면의 은석산 중턱에 장군대좌형의 명당을 발견하였는데, 이곳은 장군만 앉아 있을 뿐 병졸이 없는 명당이었다. 그러자 박문수는 묏자리 아래쪽에 병천 시장을 만들었다. 병천 시장을 오가는 많은 사람들이 군사 역할을 하길 바랐던 것이다. 그 후로 후손들도 운이 트이고 복을 많이 받았다고 전해진다.

박문수 묘 동남구 북면 은지리에 있으며 충청남도 문화재자료 제261호로 지정되었다.

박문수 묘의 무인상 문과에 급제한 박문수의 묫자리는 풍수지리상 장군대좌형이라고 한다. 여기에 맞는 우람한 무인상이 매우 인상적이다.

그런데 일제강점기에 장소가 비좁다는 핑계로 시장을 다른 곳으로 옮기려고 하였다. 그러자 고령 박씨들이 남녀노소 할 것 없이 모두 주재소로 몰려가 반대 농성을 벌였다. 시장이 박문수 무덤 시야에서 사라지면 후손들의 복이 끊긴다고 믿었기 때문이다.

박문수는 어사로서뿐만 아니라 문무를 겸비한 조선의 관리였다. 백성들은 박문수의 이름을 빌려 자신들의 억눌린 삶이 해방되기를 꿈꾸었다. 지금도 많은 사람에게 어사 박문수의 이야기가 회자되는 이유는 무엇일까. 200여 년 전 조선 백성들의 꿈과 오늘날 우리들의 꿈이 크게 다르지 않기 때문은 아닐까. 조선 백성들의 우상, 어사 박문수가 지금 천안에 잠들어 있다.

● **참고 문헌 및 사이트**

• 권순학, 「박문수 생애와 업적」, 『불교신문』 2531호, 2009. 6. 10.

• 심재우, 『암행어사 이야기-박문수 설화를 찾아서』, 2007.

• 심재우, 『암행어사 이야기-마패와 유척』, 2007.

• 천안시 편, 『천안의 문화재』 천안시, 2005.

• 임명순, 『암행어사 박문수 이야기』, 아우내문화원, 2004.

「대록지」를 편찬한
목천 현감 안정복

오늘날 우리가 지역의 현황을 알아보고자 할 때 가장 많이 참고하는
것은 무엇일까. 예를 들어, 천안의 역사,
문화, 산업, 인구, 재정 등에 대해 알아보
려면 어떻게 해야 할까. 가장 손쉽고 빠
른 방법은 천안시청 홈페이지를 참고하
면 될 것이다. 천안시청 홈페이지에는
천안에 관한 웬만한 내용은 다 소개되어
있다. 그러면 컴퓨터도 인터넷도 없던
조선시대에 각 지역에 대해 알 수 있는
자료로는 무엇이 있었을까. 그것은 바로
읍지이다. 조선 후기 읍지의 표본이 되
었던 것이 실학자 안정복이 편찬한 목천
현의 읍지인 『대록지』이다.

『대록지』 1776년 65세의 늦은 나이에 목
천 현감으로 부임한 안정복은 부임하자
마자 읍지 편찬에 큰 의욕을 보였는데,
1779년에 이르러서야 『대록지』를 완성
하였다.

지역의 통치 자료이며 역사서인 읍지

안정복 목천 현감으로 있으면서 조선 후기 읍지의 표본인 『대록지』를 편찬하였다.

조선시대 각 지역의 사회 구조나 사회 관계, 재정 구조, 민속, 문화유산 등을 알아보려면 읍지를 참고하면 쉽게 답을 찾을 수 있다. 따라서 조선시대의 향촌 사회를 연구할 때 읍지는 항상 기본 자료가 된다. 지역의 통치 자료로 활용하기 위해 편찬된 읍지에는 건치 연혁, 재정 상황, 인구나 장정의 수, 토지 면적, 군사, 인물과 유력 양반, 학교, 풍속 등이 자세히 기록되어 있어 그 자체가 훌륭한 지역의 역사서이기도 하다.

원래 읍지는 국가가 주도하여 지리지의 형식으로 편찬하였고 16세기에 이르러서야 독립적인 읍지의 형식을 갖추게 되었다. 그러나 『대록지』이전의 읍지들은 대개가 이전의 지리지들을 답습하기 급급하였고 실증적이고 객관적 서술이 부족한 점이 있었던 게 사실이다.

지방지 편찬의 최고 전문가

순암 안정복은 남인 출신의 성리학자로서 어린 시절부터 학문에 매진하였으며, 스승인 중농학파 실학자 이익을 만나면서 학문의 깊이를 더해 갔다. 스승의 영향을 받아 실사구시의 실학적 면모를 보인 그는 실증적이고 객관적인 역사서인 『동사강목』을 저술하였다. 그런 그가 읍지의 표본이 된 『대록지』 편찬의 주인공이란 사실을 아는 이들은 그리 많지 않다.

안정복은 정조가 즉위한 1776년 65세의 늦은 나이에 목천 현감으로 부임하였다. 그는 현감으로 근무하면서 관리가 공무에 임하여 귀감이 될 만한 사항을 분류 편찬한 『임관정요』와 읍지인 『대록지』를 편찬하였다. 안정복은 부임하자마자 읍지 편찬에 의욕을 보였지만 1779년에 이르러서야 『대록지』를 완성하였다. 목천현의 읍지를 『목천현지』라고 하지 않고 『대록지』라고 명명한 이유는 목천 지역이 통일신라시대에 대록군으로 불렸기 때문이었다.

조선은 건국 초기부터 나라를 다스리기 위해 각 군현의 기초 자료를 수집하고 정리하는 데 공을 들였다. 그리하여 국가 주도로 『세종실록지리지』, 『팔도지리지』, 『동국여지승람』, 『여지도서』 등 전국적인 규모의 지리지를 편찬하였다. 안정복은 『동국여지승람』이 지나치게 시문에 치우쳐 있고 내용이 너무 간략하여 군현의 사정을 제대로 파악하는 데는 한계가 있음을 지적하였다. 또한 『대록지』 편찬 직전 시기에 각 군현의 읍지를 모아 편찬한 『여지도서』의 내용이 부실하여 읍지의 표준을 세울 수 있는 새로운 읍지 편찬의 필요성을 절감하였다.

안정복은 『대록지』 편찬 이전에도 『광릉지』와 『광주부지』 편찬에 참여하는 등 읍지 편찬에 지속적인 관심을 가지고 있었다. 그가 읍지 편찬에 적극적이었던 이유는 『동사강목』과 『열조통기』를 저술한 역사학자였다는 점에서 찾을 수 있다. 그는 읍지를 지방의 역사로 인식하고 나라에서와 마찬가지로 각 지방에서도 읍지를 편찬해야 한다고 생각했던 것이다. 또한 지방의 수령으로서 읍지를 직접 편찬하여 군현의 역사, 강역, 풍속, 산천, 토산, 인물 등 제반 사항을 사실적으로 파악하려고 했다. 실학자다운 면모를 읽을 수 있는 대목이다.

읍지의 표본이 된 『대록지』

안정복은 목천 현감 부임 직후부터 읍지 편찬에 강한 의지를 보였으나 건강 문제로 미뤄져 3년 후인 1779년에야 『대록지』 편찬을 마쳤다. 『대록지』 편찬에는 『여지도서』 편찬을 위해 만들었던 예전의 읍지를 참고하였을 것이나, 관내의 양반 유력자들에게 요청한 자료 목록을 보면 이전의 읍지와는 구분되는 전혀 새로운 읍지 편찬을 구상하였던 것으로 보인다. 『여지도서』에는 없는 총묘(塚墓), 잡사(雜事), 문한(文翰), 누정(樓亭), 학교(學校) 등의 새로운 항목을 추가했던 것이다.

또한 『대록지』는 『동국여지승람』이나 『여지도서』보다 항목을 한층 더 세분하여 상세한 항목을 설정하고 있다. 이것은 지역의 사정을 잘 파악하기 위한 지역 역사서로서의 성격을 고려한 것으로 보인다.

16세기 이후 만들어진 읍지는 인물에 대한 항목을 자세하게 구분하여 다루고 있는데 『대록지』도 이와 같은 경향을 이어받아 인물 부분의 항목을 더욱 세분화하고 체제 면에서도 틀이 잡힌 모습을 보인다. 인물 부분이 분량 면에서도 하권 전체를 차지하는 것은 인물을 중요시하는 조선 후기 읍지 편찬 추세를 반영하였다고 볼 수 있다. 이로써 『대록지』는 18세기 이후 읍지 편찬의 표본이 되었다.

『대록지』는 국가의 주도가 아니라 현감인 안정복과 지역의 유력 양반이 상호 협조하여 만든 개별 읍지의 성격을 띤다. 『대록지』를 편찬했던 18세기 당시에는 신분 질서의 문란, 부역을 부담해야 할 장정의 감소, 가구 수의 감소와 인구 이동, 기아의 발생 등으로 향촌 질서가 크게 위협받고 있었다. 향촌 사회의 동요를 막고 안정적인 지배 질서를 회복하기 위해 수령과 지방 유력 양반이 공동으로 대응할 필요성이 커지면서 『대록지』를 편찬하였을 것으로 판단된다. 『대록지』 편찬을 통하여 목천 지역의 실상을 정확하게 파악하고 문제점을 개선해 나가기 위해 지방에서 실질적으로 영향력을 행사하고 있는 두 세력 간의 협력이 필요하다는 의식을 공유했다고 볼 수 있다.

『대록지』에는 가구 수의 변화나 토지 면적의 변화까지도 기록하고 있어 조선 후기 향촌 사회의 변화를 사실적으로 파악할 수 있다. 또한 1779년 안정복이 필사본으로 편찬했던 『대록지』는 1817년 현감 조국인에 의해 증보 편찬되었는데,

안정복 선정비 목천 현감 안정복에 대한 선정비로, '현감안후정복영세불망'이라는 비문이 적혀 있다. 현재 독립기념관에 있다.

약 40여 년간 목천 지역의 변화를 파악할 수 있는 중요한 자료이다.

『대록지』는 애민정신의 결정판

실학자이자 역사학자인 안정복은 읍지를 지역의 소중한 역사로 인식하고 읍지를 통해 지방의 사정을 올바르게 파악하여 통치의 기초 자료로 삼고자 하였다. 65세라는 적지 않은 나이에 현감으로 부임하여 『대록지』 편찬에 열의를 불태웠던 안정복, 천안 지역을 거쳐 간 무수히 많은 지방관 중에서 우리가 그를 기억해야 하는 이유는 무엇일까. 그것은 수령으로서 그가 보인 지역에 대한 관심과 애정일 것이다. 18세기 이후 편찬된 읍지들의 훌륭한 교과서가 되었던 『대록지』, 그 속에는 목민관으로서 안정복이 가졌던 지역 사랑의 정신과 마음이 고스란히 녹아들어 있다.

● 참고 문헌 및 사이트

• 김경수,『영성지의 편찬과 그 성격』,『국역 영성지』, 천안문화원, 2003.

• 김준기 역주,『국역 대록지』, 아우내문화원, 2000 .

• 양보경,『조선시대 읍지의 체재와 특징』,『인문과학논집』 제4집, 강남대학교, 1997.

• 김수태,『안정복의 대록지』,『백제연구』 제18집, 충남대학교 백제연구소, 1987.

조선의 별이 된 천문학자,
담헌 홍대용

홍대용 하면 제일 먼저 떠오르는 이미지는 조선 후기 북학파 실학자로서 수학과 천문학에도 능한 과학자였다. 홍대용이 추구한 북학의 논리 속에는 청나라의 문물뿐만 아니라 서양의 자연과학도 포함되어 있었다. 홍대용은 직접 천문대를 설치하고, 자신이 관측한 하늘에서 세상을 구하는 법칙을 찾기까지 하였다.

또한 그는 악기 다루기에도 능해 비파 연주를 잘했다. 당대 실학자 대부분이 그러하듯 홍대용 역시 성리학, 천문학, 수학, 음악 등 다방면에 걸쳐 두루 능했던 만능인이었다.

그렇지만 우리는 북학파 홍대용은 기억할지 몰라도 천문학자 홍대용에 대해서는 잘 알지

홍대용 초상 청나라 선비 엄성이 그렸다. 얼핏 가냘픈 모습으로 보이지만 입과 눈매에서 심지가 곧고 학자다운 면모가 보인다.

못하고 있다.

우리나라 최초의 사설 천문대 탄생

홍대용은 1731년(영조 7년) 봄 천안시 동남구 수신면 장산리 수촌 마을
에서 아버지 홍역과 어머니 청풍 김씨 사이에서 태어났다. 그의 어린 시
절에 대해서는 자세히 알 수 없으나, 11세 되던 해에 평안도 삼화 부사로
부임하는 할아버지를 따라 관서 지방을 여행하였고, 12세 되던 해에 과
거 공부보다는 경학 공부에 매진하겠다는 뜻을 세우고 남양주의 석실서
원으로 김원행을 찾아 떠났다.

김원행은 석실서원의 원장으로 노론의 자제들을 인재로 길러 냈다. 김
원행은 정통 성리학자였음에도 밀려들어 오는 서구 문물에 대응하기 위
하여 과학 기술에 대해서 많은 관심을 두고 수학과 과학 등의 학문도 가
르쳤다. 이와 같은 김원행의 교육 방침은 홍대용이 수학과 과학에 대한
흥미를 갖고 꾸준히 연구할 수 있는 기반이 되었다.

홍대용은 25세를 전후한 시기에 나이 어린 벗 박지원을 만나 학문적
교감을 나누고 20대 후반에는 과학자로서 새로운 학문을 정립하였다.
29세에는 아버지가 나주 목사로 재직하던 호남 지방을 여행하면서 황윤
석의 소개로 나주에서 과학을 연구하던 나경적을 만났다. 그는 나경적의
지도와 도움을 받아 3년간의 노력 끝에 자명종 시계의 원리를 이용하여
스스로 돌아가는 혼천의를 만들었다. 홍대용은 이 혼천의에 하늘을 거느
리는 도구라는 뜻의 '통천의'라는 이름을 붙이고 완성된 기기들을 곧바
로 고향인 천안의 수촌 마을로 옮겼다.

홍대용은 자신의 집 마당에 연못을 파고 그 가운데 다락과 정자를 지
어 '통천의'를 설치하고 하늘을 관측했다. '농수각'이라는 조선 최초의

사설 천문대가 탄생한 것이다. 홍대용은 이곳에서 실제로 하늘을 관측하여 천체의 운행 법칙을 알아내고자 한 것이다.

홍대용이 고안한 혼천의 일부 홍대용이 고안하고 선비 나경적과 만든 혼천의의 일부로, 현재 숭실대학교 한국기독교박물관에 소장되어 있다.

당시의 학자들이 음양오행설에 따라 우주의 원리를 이해하려고 했던 것에 비해, 홍대용은 천문대를 설치하고 실제 별의 움직임을 관측해서 천문학을 이해하려고 하였다. 실학자다운 획기적인 발상이었다. 홍대용은 관측한 기록을 바탕으로 우주가 아주 넓고 무한해서 별들의 중심은 어디에도 없고 따라서 모든 별이 중심이 될 수 있다는 것, 즉 하늘은 평등하다는 사실을 보여 주었다. 이러한 하늘의 법칙은 사람에게도 마찬가지로 적용될 수 있어 사 · 농 · 공 · 상의 신분도 평등하다는 사민평등의 이론적 배경이 되었다. 홍대용은 하늘을 직접 관찰하고 하늘의 법칙을 열어 세상을 구하는 실용적인 학문을 구하게 된 것이다.

북학의 깃발

북학파 실학자였던 홍대용의 사상과 학문에 영향을 주었던 것은 무엇보다도 청나라 여행이었다. 그가 35세 되던 해에 9살 많은 작은아버지 홍억이 청나라에 연행사로 가게 되자 개인 비서 격인 자제 군관이 되어 청나라에 갔다. 1765년에 떠난 홍대용 일행은 여섯 달 동안 돌아다녔는

데, 이 여행의 기록이 한문본으로 된『담헌연기』와 순 한글 일기인『을병 연행록』이다. 홍대용은 연경에 머무는 3개월 동안 남천주당에 들러 선교 사들과 만나 천문학과 서양의 자연과학을 접하고, 과거를 보기 위해 유 리창 거리에 머물고 있던 청나라 선비 엄성, 반정균, 육비 등과 친교를 맺 었다. 이때 친분을 쌓았던 청나라 선비 엄성이 그린 홍대용의 초상화는 지금까지 전해지고 있다.

홍대용은 청나라 선비들과의 필담을 묶어『건정동 회우록』을 펴냈는 데, 이 책은 백탑(원각사지 10층 석탑) 아래 모여 살던 박지원의 제자들에게 큰 영향을 주었다. 이들을 백탑파라고 하는데, 박지원과 이서구를 제외 하고는 거의 서얼 출신으로 능력이 있어도 빛을 보지 못하던 사람들이었 다. 홍대용은 백탑파 젊은이들에게 과학에 대한 이야기를 많이 들려주었 는데, 무한 우주론을 바탕으로 한 사민평등의 주장은 신분적 한계에 속 박되어 있던 이들에게 힘을 주었다. 백탑파 젊은이들은 홍대용의『건정 동 회우록』을 통해 청나라의 사정과 선진 문물을 접하게 되었다. 홍대용 의 청나라 여행은 박지원, 박제가, 이덕무 등에게 영향을 주었으며, 훗날 북학을 정립하는 데 중요한 역할을 하였다.

학문의 집대성, 지구는 돈다

홍대용은 43세 때, 조선의 학자 허자와 의산에 숨어 사는 실옹의 대화 를 소재로 하여『의산문답』을 펴냈다. 실학에 대한 문답을 다룬 이 책은 홍대용의 사상을 집대성한 것이다. 30년간 성리학을 공부한 허자가 자 신의 학문을 자랑하며 다니다가 실옹을 만나 자신의 학문이 헛된 것임을 새롭게 깨닫는다는 내용을 담고 있다. 여기에서 실옹은 서양과학을, 허 자는 유교사상을 대변한다고 볼 수 있다. 홍대용은『의산문답』에서 "쓸

데없는 세속적 치장을 비판하고 실질적인 새로운 지식으로 탐구해야 한다."고 강조하였다.

그는 이 책에서 지구가 하루에 한 바퀴 돈다는 지전설, 무한 우주론 같은 천문학에 관한 자신의 생각을 표현했다. 특히 홍대용은 동양에서 최초로 지구가 자전한다는 지전설을 주장하였다. "대저 땅덩어리는 하루 동안에 한 바퀴를 도는데, 땅의 둘레는 9만 리이고, 하루의 시간은 12시진(1시진=2시간)이다. 9만 리의 넓은 둘레를 12시진에 도니, 포탄보다도 더 빠른 셈이다."라고 지구의 자전을 설명하고 있다. 지구의 자전을 사람들이 느끼지 못하는 이유에 대해서는 "땅이 돌면 하늘의 기와 부딪쳐 허공에서 쌓이며, 이것이 땅에 모이게 되어 상하로 세력을 갖게 되는데, 이것이 지면의 세력이다."라고 하여 오늘날의 중력과 같은 의미를 설명하고 있다.

또한 그는 무한우주론을 주장하였다. "하늘에 가득 찬 별 치고 하나의 세계가 아닌 것이 없으니, 성계로부터 본다면 지계도 또한 하나의 별이다. 한량없는 세계가 공계에 흩어져 있는데, 오직 이 지계만이 공교롭게도 중심이 된다는 말은 있을 수 없는 것이다."라고 하여 종전에 믿어 왔던 지구 중심설을 비판하였다.

나아가 모든 국가가 상대적으로 중심이 될 수 있음을 주장하여 중국 중심의 세계관을 부정하였다. 이는 박제가가 북학을 주장하는 데 이론적 기반을 제시하였다.

홍대용은 우주인의 존재에 대해서도 "무한한 우주 어딘가에 우주인이 있을 수 있다. 해와 달과 지구에 각각 생물이 있으나 그 특징은 아주 다를 수밖에 없다. 낮도 밤도 없는 뜨거움 속에서 사는 태양의 생물은 그 뜨거움을 알지 못하고, 달에 사는 생물은 얼음 속에 살면서도 그 추위를 모른다."라는 매우 혁신적인 주장을 펼치고 있다.

홍대용 묘소 및 묘비 동남구 수신면 장산리에 있으며, 충청남도 기념물 제101호이다. 홍대용과 그의 부인 한산 이씨가 함께 묻혀 있다.

이 밖에도 그는 실용적인 문제와 천문에 대한 문제를 계산하는 방법을 알려 주는 수학 서적인『주해수용』, 백성을 다스리는 정치적 경륜을 담은 『임하경륜』을 저술하였다.

그는 1774년 44세의 나이로 17개월간 세자 시절의 정조를 가르쳤고, 1776년 정조가 즉위한 이후 1780년 영천 군수로 승진하였는데, 1783 년 관직에서 물러날 때까지 내직 3년, 외직 6년 모두 9년간 관직에 있었 다. 고향으로 내려와 어머니를 간병하던 중 1783년 10월 22일 중풍으 로 갑자기 세상을 떠났다. 그는 충남 천안시 동남구 수신면 장산리 기슭 에 묻혔는데, 평생 지기였던 박지원이 묘지명을 지었다. 또한 청나라 항 주의 선비 반정균이 지은 묘갈명이 비석에 새겨져 전해지고 있다.

조선의 별이 된 홍대용

홍대용 생가지 동남구 수신면 장산리에 있다.

사설 천문대를 만들고 하늘을 직접 관측하여 우주의 원리를 이해하고 이를 실생활에 적용해서 중국 중심의 세계관을 비판하고 사민평등을 주장했던 홍대용, 그는 실학자이면서 천문학자였으며, 수학자였다. 2005년 국제천문연맹 산하 소행성센터가 화성과 목성 사이에 돌고 있는 새로 발견된 소행성을 '홍대용'이라고 명명하면서 홍대용의 천문학적 업적이 세계적으로 인정받았다.

현재 천안시에서는 홍대용 선생 생가지에 홍대용전문과학관 조성 사업을 추진하고 있다. 이로써 하늘을 열어 우주의 운행 법칙을 발견하고 실용적인 학문을 통해 사회의 모순의 해결하려고 한 홍대용의 실학사상은 더욱더 그 빛을 발하고 있다

● **참고 문헌 및 사이트**

• 김인규, 『홍대용』, 성균대학교 출판부, 2008.
• 이이화, 『세상을 위한 학문을 하라』, 김영사, 2008.
• 고진숙, 『홍대용』, 아이세움, 2008.
• 홍대용 글, 이숙경 · 김영호 공저, 『의산문답』, 꿈이 있는 세상, 2006.
• 박성순, 『박제가와 젊은 그들』, 고즈윈, 2006.
• 김문용, 『홍대용의 실학과 18세기 북학사상』, 예문서원, 2005.
• 김태준, 『홍대용』, 한길사, 1998.

우직한 독서광, 백곡 김득신

남만 못하다고 스스로 한계를 짓지 마라.

나보다 둔하고 어리석은 사람도 없겠지만

결국에는 이룸이 있었다.

모든 것은 힘쓰는 데 달렸을 따름이다.

-김득신이 스스로 지은 묘비명 중에서

타고난 둔재, 아버지의 믿음

백곡 김득신은 17세기 당대의 최고 시인으로 추앙받았던 사람이다. 그가 최고로 인정받기까지는 상당한 우여곡절의 세월과 피나는 노력이 있었다.

김득신의 집안은 당시 잘나가는 명문 사대부 가문이었다. 정3품 부제학을 역임한 그의 아버지 김치는 임진왜란 때 진주대첩의 영웅인 김시민 장군의 양자였다. 김득신은 동남구 병천면 가전리에서 태어났다. 그가 태어날 무렵, 그의 아버지는 노자가 나타나는 태몽을 꾸어 백곡의 아명을 '몽담'('담'은 노자의 이름)이라고 지었다. 신기한 태몽을 꾸고 난 아이라 하여 가문의 기대가 매우 높았지만, 그러한 기대와는 달리 백곡의 어린 시절은 암담함 그 자체였다. 겨우 10세가 되어서야 글자를 익히기 시작할 정도로 머리가 아주 나빴다. 오죽하면 아버지의 주변 사람들이 한결같이 "아둔한 아들을 포기하는 것이 어떠한가."라고 종용할 정도였다. 그러나 백곡의 아버지는 "나는 저 아이가 저리 미련하면서 공부를 포기하지 않는 것이 대견스럽다네. 하물며 대기만성이란 말도 있지 않은가."라고 자식에 대한 애정과 격려를 아끼지 않았다.

백곡은 아버지의 격려에 힘입어 노력을 거듭한 결과 20세가 되던 해에 드디어 혼자 힘으로 글을 짓는 데 성공하였다. 이때 아버지는 백곡에게 "더욱 노력하여라. 공부란 반드시 과거를 보기 위해 하는 것이 아니다."라며 공부에 더욱 정진하도록 격려하였다.

읽고 또 읽고, 계속 읽어

백곡은 기억력이 나쁘기로 유명했다. 오죽했으면 그의 하인조차도 백곡의 기억력을 되살려 주었을 정도이니 말이다. 그의 기억력 부족에 대한 재미있는 일화가 전해 내려오고 있다.

어느 날 백곡이 항상 따르던 하인과 길을 가고 있었는데, 어느 집 담 옆을 지날 때 백곡에게 익숙한 글소리가 들려왔다. 백곡이 하인에게 말했다.

"내가 듣기에 그 글이 매우 익숙한데, 어떤 글인지 도통 생각이 안 나는구나."

그러자 하인이 얼굴을 찡그리며, 백곡에게 말했다.

"대감마님. 이 글을 정말 모르신단 말씀이어유. 이 글귀는 마님께서 평생토록 읽고 또 읽고, 귀에 박히도록 읽은 내용이라 무식한 쇤네도 알겠구면요. 바로 사마천이 지은 『사기열전』 가운데 「백이열전(伯夷列傳)」이 아니고 뭔가유."

"허허허. 맞는구나, 네 말이 맞아."

머리가 나빠 기억력이 부족했던 백곡이 선택한 공부 방법은 매우 단순했다. 그것은 바로 끊임없이 읽고 또 읽고, 계속 읽는 방법이었다. 일화에서처럼 그는 사마천의 『사기열전』 「백이전」을 11만 3,000번이나 읽었다고 하니 정말 단순하면서도 우직한 방법으로 공부에 매진하였다.

충청북도 괴산읍 능촌리에는 지금도 백곡이 책을 읽었다는 취묵당이 남아 있다. 취묵당은 '취해도 침묵하는 집'이란 뜻인데, 이곳에서 백곡은 「백이전」을 비롯하여 웬만한 책을 만 번 이상 읽어야 직성이 풀렸다고 한다. 또한 그의 서재를 '억만재'라고 하였는데, 백곡의 단순하고 우직한 공부법을 엿볼 수 있는 이름이 아닌가.

복구정 동남구 북면 연춘리에 있다. 『백곡집』에는 병천과 목천에 대한 이야기도 많이 언급되고 있는데, 복구정은 김득신이 자주 드나들며 한시를 지었던 장소라고 전한다.

얼마나 책읽기에 매달렸는지, 백곡의 독서광적인 모습을 보여 주는 일화가 있다.

백곡이 혼례를 치르던 날, 그의 장모는 신랑이 신부에게 집중하라는 의미로 신방에서 모든 책을 치워 놓았다. 혼례를 마친 첫날밤에 백곡은 신부는 거들떠보지도 않고 읽을 책부터 찾았다. 여기저기 방을 뒤지던 백곡의 눈에 들어온 책은 책력(冊曆, 일 년 동안의 월일, 해와 달의 운행, 월식과 일식, 절기, 특별한 기상 변동 따위를 날의 순서에 따라 적은 책)이었다. 기다리기에 지친 신부는 그냥 곯아떨어지고, 백곡은 밤새도록 책력을 읽다가 닭이 우는 소리를 들었다. 그리곤 백곡이 한마디 중얼거렸다.

"무슨 책이 이렇게 재미가 없냐."

복구정에서 피리소리를 듣다	龜亭聞笛
평야의 끊어진 다리에 저녁햇살은 나직한데	斷橋平楚夕陽低
참으로 앞산에 새가 깃들 무렵이네	政是前山宿鳥棲
물 건너편에서 누가 몇 가락 피리를 부는가?	隔水何人三弄笛
옛 성 서쪽에는 매화가 다 떨어지네	梅花落盡故城西

당대 최고의 시인으로 추앙

백곡이 22살 되던 해에 그를 격려하길 아끼지 않던 아버지가 사망하였다. 삼년상을 치르고 탈상하던 해인 24살 때 백곡은 처음으로 시를 지어 주위 문인들로부터 인정받았다. 이에 자신감을 얻어 시 공부에 더욱 힘썼다. 그러나 아버지가 죽기 전에 "60세까지는 과거에 응시해 봐라."라고 말한 적이 있는지라, 수차례 과거에 응시하였으나 매번 낙방하였다.

이후 백곡은 천안의 은석사를 비롯해 전국의 여러 산사를 돌아다니면서 글공부에 매진하

『백곡집』 김득신의 문집으로 그가 평생 지은 1,610수의 시가 실려 있다.

취묵당 충북 괴산군 괴산읍 능촌리에 있다. 충청북도 문화재자료 제61호인 취묵당은 '취해도 입이 다물어 지는 집'이란 뜻인데, 이곳에서 백곡은 『백이전』을 비롯하여 웬만한 책을 만 번 이상 읽어야 직성이 풀렸다 고 한다.

였다. 39세 되던 해에 진사과에 합격하고 59세가 되던 1662년(현종 3년) 에야 비로소 문과에 합격하여 벼슬길에 올랐다. 결국 아버지의 유언을 지킨 셈이 되었다. 우여곡절 끝에 벼슬길에 오른 그였지만, 막상 출사하 자 관직에 흥미를 잃고 충북 괴산으로 낙향하여 시를 짓는 데 전념하였 다. 백곡은 취묵당에 칩거하면서 문학에 뜻을 담고 시를 짓는 것이 자신 의 삶을 보람 있게 보내는 일이라고 굳게 믿게 되었다. 『백곡집』에는 그 가 평생 지은 1,610수의 시가 실려 있다. 그 하나하나의 시 속에는 백곡 이 평생 겪은 삶의 경험과 고뇌가 녹아들어 있다.

용호   龍湖

고목은 찬 구름 속에 잠기고   古木寒雲裏

가을 산엔 소낙비가 들이친다   秋山白雨邊

저무는 강에 풍랑 이니	暮江風浪起
어부가 급히 뱃머리 돌리네	漁子急回船

이 시에 대하여, 조선의 17대 임금인 효종은 "용호는 당시(唐詩) 속에 넣어도 능히 부끄럽지 않다"라고 극찬을 아끼지 않았다. 또한 박세당도 "그는 옛글과 남의 글을 다독했음에도 그것을 그대로 인용하지 않고 자기만의 시어로 독창적인 시 세상을 만들었다."라고 평하였다.

김득신의 묘 충청북도 증평군 증평읍 율리에 있으며 증평군 향토 유적 제6호로 지정되었다. 백곡 김득신은 타고난 둔재였으나, 평생 그 약점을 극복하기 위한 노력을 게을리하지 않았고, 결국 당대 최고 시인으로 인정받았다.

그는 타고난 둔재였으나 평생 그 약점을 극복하기 위해 꾸준히 노력하여 국왕에게도 인정받은 당대 최고 시인이 되었다.

남들보다 늦게 시작해서 더디게 발전하고 있다고 하더라도, 포기하지 않고 끊임없이 노력하면 언젠가는 좋은 성과를 이루리라는 희망을 백곡 김득신의 일생에서 읽을 수 있다.

● **참고 문헌 및 사이트**

• 신범석,『국역 백곡집』, 파미르, 2006.

• EBS(지식채널e),『독서에 대한 새로운 생각』, 2006.

• 임동철,『김득신의 생애와 문학적 배경』, 충북대학교 중원문화연구소, 2004.

• 김창룡,『백곡 김득신의 산문 문학에 대하여』, 충북대학교 중원문화연구소, 2004.

• 이재복,『백곡 김득신의 시문학 연구』, 세종대학교 대학원, 1999.

영원한 구국의 횃불 소녀,
유관순

삼월 하늘 가만히 우러러보며
유관순 누나를 생각합니다.
옥 속에 갇혀서도 만세 부르다
푸른 하늘 그리며 숨이 졌대요.

　어린 시절 누구나 한번쯤은 불러 보았던 노래이다. 꼭 천안 사람이 아니더라도 천안의 마스코트, 횃불 낭자인 유관순 열사를 모르는 사람은 없을 것이다. 유관순 열사는 이제 천안을 대표하는 아이콘이 되었다. 또한 유관순 열사의 숭고한 애국정신을 기리기 위해 해마다 3·1절 전야에 열리는 아우내 독립만세운동 재연 행사인 아우내봉화축제와 매년 9월 28일 열리는 유관순 열사 추모제는 엄청난 인파가 몰리는 천안의 대표적인 행사가 되었다. 심지어 각종 스포츠 및 문화 행사가 열리는 충남 최대의 실내체육관 이름조차 '유관순체육관'이다. 열여덟 꽃다운 나이에 차디찬 감옥에서 죽었으나, 죽어서도 죽지 않고 뜨겁게 타오르는 영원한 횃불 소녀가 바로 유관순이다.

밝고 명랑했던 소녀

유관순은 1902년 12월 16일(음력 11월 17일) 지금의 충청남도 천안시 병천면 용두리에서, 아버지 유중권과 어머니 이소제 사이에서 3남 2녀 중 둘째 딸로 태어났다. 유관순이 태어날 당시는 천안에 철도가 부설되기 전이어서, 병천은 서울과 공주를 연결하는 교통로였다. 그래서인지 기독교 선교사들이 이 길을 따라 집중적으로 기독교를 전파하였으며, 교회가 생겨나기 시작하였다. 교통의 요지

유관순 열사 동상 동남구 병천면 탑원리에 있다. 유관순은 1919년 3·1운동 때 학생들과 함께 거리시위를 벌였고, 일제 총독의 명에 따라 학교가 휴교에 들어가자 고향으로 내려와 만세시위를 주도하다가 체포되어 옥사하였다.

인 병천에는 이미 1901년경에 교회가 들어섰다. 이러한 지리적 영향을 받아 본래 전통적인 유교 가문인 유관순의 집안은 조부인 유윤기와 숙부인 유중무가 기독교를 받아들이며 자연스럽게 기독교 집안이 되었다. 유관순의 부친은 기독교로의 개종을 거부하고 유교적 전통을 고수하고자 하였으나 자녀의 신교육만은 허용하였다.

어린 시절 유관순은 숙부가 일하는 교회가 집에서 매우 가까웠으므로 교회에서 놀기도 하고 공부도 할 수 있었다. 그러나 이 교회는 1907년 8월 국채보상운동에 참가하는 등 애국운동을 전개하여 일본군에 의해 그해 11월에 불타 없어졌다. 그 후 현재의 용두리 생가 옆에 교회를 재건하

유관순 열사의 학창 시절 모습 이화학당 학우들과 찍은 사진으로 뒷줄 맨 오른쪽이 유관순 열사이다.

여 유빈기와 조인원(조병옥의 부친), 그리고 숙부 유중무가 교회 운영을 주도하게 되었다.

유관순의 집안은 부모가 아우내 독립만세 운동에 참가했다가 순국했으며, 숙부 · 사촌 · 조카 등 3대에 걸쳐 9명의 독립유공자를 배출한 충절의 집안이다.

유관순의 친오빠인 유우석의 기억에 의하면, 어린 시절 유관순은 성격이 활달하고 한글을 혼자 익혀서 성서를 읽을 정도로 꽤 총명하였다고 한다. 또한 서울 서대문형무소 수형자 기록표에 따르면, 유관순의 키는 5자 6치(1자는 30.3cm), 즉 169.7cm로 당시 여학생의 키로는 상당히 큰 편이었다.

유관순은 공주를 중심으로 충남 일대에서 전도 활동을 하며 병천의 지령리 교회를 방문한 감리교 선교사인 샤프(R. A. Sharp)의 부인에게 총명한 아이로 강한 인상을 남겼고 그녀의 추천으로 1915년 4월 이화학당 보통과 2학년에 편입하였다. 이화학당 재학 중에 5년간을 같이 기숙사 생활을 했던 보각 스님(속명 이정수)의 증언에 의하면 유관순은 지기를 싫어하고 고집이 세며 웃음이 많고 장난기가 많았으며, 학교에서는 어려운 청소를 도맡아 하는 부지런하고 성실한 학생이었다고 한다.

영원히 꺼지지 않는 구국의 횃불

유관순이 재학 중이던 이화학당에서는 을사늑약 이후, 오후 3시만 되면 일제히 수업을 중단하고, 전교생이 시국과 사상에 대해 활발한 토론을 벌이던 이문회를 중심으로 애국심을 고취하였다. 그러던 중 1919년 1월 21일 고종의 서거로 국장이 예정되자 전국에서 애도의 인파가 서울로 몰려들었다. 이 기회를 놓치지 않고 천도교, 개신교, 불교 지도자로 구성된 민족대표 33인이 3월 1일 독립선언을 하고 학생, 시민이 독립만세를 부르며 시위를 벌였다. 이때 유관순도 친구들과 함께 학교의 제지에도 불구하고 독립만세운동에 적극적으로 동참하였다. 그러다 지금의 남산에 있었던 경무총감부로 붙잡혀 갔으나 외국 선교사들의 강력한 석방 요구로 곧 풀려났다. 일제가 학생들의 강렬하고 계속적인 시위를 잠재우기 위해 3월 10일 전국적인 휴교령을 내리자 유관순은 이화학당을 같이 다니던 사촌 언니 유예도와 함께 고향 병천으로 내려왔다.

천안시 일대는 한말 애국의병이 산화한 전적지가 비교적 많은 지역이다. 3·1운동 때에도 목천, 병천, 천안 시내 입장 등 천안의 각 지역에서 만세시위운동이 전개되었다. 이때 병천에서는 이종성이 주도하여 시위운동을 계획하였으나 사전에 발각되어 실행에 옮기지 못하였다.

고향에 내려온 유관순은 사촌 언니와 함께 아버지 유중권을 비롯하여 조인원·이백하 등 마을 어른들에게 서울의 정황을 설명하였다. 이에 4월 1일(음력 3월 1일) 병천 장날을 기해 만세시위를 전개하기로 하였다. 유관순은 만세시위에 사용할 태극기를 제작하였으며 인근의 수신면·성남면·동면 등지의 사람들에게 연락을 취하여 만세시위운동 계획을 알렸다.

거사 당일 수천 명의 군중이 모여들자 오후 1시경 이들은 준비한 태극

유관순 열사 죄수복을 입고 있는 모습이다.

기를 나눠 주고 조인원이 독립선언서를 낭독한 후 군중과 함께 독립만세 시위를 벌였다. 이날 일본 헌병 경찰의 발포로 유관순의 부모를 포함하여 19명이 사망하였으며, 30여 명이 중상을 입었다. 또한 16명이 재판에 넘겨졌으나, 일본 헌병의 인적 피해는 단 한 명도 없었다.

유관순은 병천 시장 만세시위운동의 주도자로 체포되어 공주감옥에 수감되었다. 이곳에서 재판을 받던 중 공주영명학교에서 만세운동을 주도하다 구속된 오빠 우석을 만났다. 1919년 5월 9일 공주지방법원에서 5년형을 선고받은 유관순은 중형을 받은 조인원, 유중무 등과 함께 항소하였다. 이는 일제의 부당한 판결에 저항하는 독립투쟁의 한 방법이었다.

유관순은 서대문형무소로 이송되었다. 경성복심법원에서는 공주지방법원의 부당한 판결을 일제도 인정하여 3년형으로 감형되었다. 함께 재판받은 사람들은 모두 고등법원에 상고하였으나, 유관순은 상고하지 않았다. 유관순은 서울 서대문형무소에 수감되어 있던 중에도 독립만세를 불렀으며, 당시 독립만세운동에 참여했던 어윤희·박윤덕 그리고 대동단 사건의 주모자로 투옥된 이신애 등과 함께 1920년 3월 1일 오후 1시를 기해 비밀리에 3·1운동 1주년 기념식과 함께 옥중 만세운동을 전개하였다. 독립에 대한 강한 신념과 의지는 옥중의 모진 고문에도 '대한 독립 만세'를 부르며 투쟁할 수 있는 힘의 원천이 되었다.

그 어떤 고문에도 굴하지 않고 자주독립의 뜻을 굽히지 않았던 유관순은 체포 당시 입었던 상처와 계속되는 일제의 가혹한 고문에 병이 깊어

초혼묘 동남구 병천면 탑원리에 있다. 서울 이태원 공동묘지에 안장되었던 유관순 열사의 시신은 일제가 군용기지를 만드는 과정에서 망실되었다. 따라서 영혼이나마 위로하기 위해 매봉산 기슭에 만든 묘이다.

져 그토록 목 놓아 외치던 조국의 독립을 보지 못한 채 1920년 9월 28일 18세의 꽃다운 나이에 어두운 감옥에서 순국하였다.

넋이라도 편히 쉬소서

유관순의 시신은 이화학당에 인도되어 스승과 동문들의 손에 의해 이태원 공동묘지에 안장되었다. 그 후 시신은 이태원 공동묘지가 일제의 군용기지로 전환됨에 따라 이장되는 과정에서 없어져 버렸다. 이에 유관순 열사의 외로운 넋이라도 편히 쉴 수 있도록 하고자, 1989년 10월 12일 충남 천안시 동남구 병천면의 매봉산 기슭에 유골이 없는 채로 혼백을 모신 초혼묘에 봉안하였다.

유관순의 독립만세운동으로 알려진 아우내 독립만세운동은 호서 지방

유관순 열사 추모각 동남구 병천면 탑원리에 있다. 유관순 열사의 영정이 모셔져 있는 추모각으로, 충청남도 기념물 제58호로 지정되어 있다.

을 대표하는 3·1운동이자 충청남도에서도 그 규모가 크고 격렬한 운동이었다. 그뿐만 아니라 전국적으로도 가장 피해가 컸던 독립만세 시위운동의 하나로 평가되고 있다. 열여덟의 꽃다운 나이에 3·1운동의 대명사로 남은 유관순 열사의 애국 충절의 정신은 우리 가슴속에 꺼지지 않는 횃불이 되어 영원히 타오르고 있다.

● **참고 문헌 및 사이트**

• 천안시, 『유관순 열사의 발자취』, 2006.

• 김기창, 『유관순 연구』 제4호~제5호, 2005.

• 이정은, 『유관순: 불꽃같은 삶, 영원한 빛』, 류관순열사기념사업회, 2004.

• 독립유공자공훈록편찬위원회, 『3·1운동』, 국가보훈처, 1991.

대한민국임시정부의 정신적 지주, 석오 이동녕

대한민국임시정부 하면 백범 김구를 생각한다. 그도 그럴 것이 김구는 1919년 대한민국임시정부가 수립될 때부터 문지기를 자임해, 광복 직전엔 주석의 자리에까지 올랐고, 한인애국단을 조직하여 이봉창, 윤봉길 열사의 의거를 지휘하였으니 그런 김구가 대한민국임시정부의 대표적인 인물이라 해도 과언은 아닐 것이다. 그런데 김구의 대중적인 지명도에 가려 많이 알려지지는 않았지만, 실상 대한민국임시정부를 만들어 내고 목숨이 다하는 날까지 대한민국임시정부를 지키며 정신적 지주의 역할을 했던 인물이 있다. 바로 천안이 낳은 독립운동가 석오 이동녕이다.

이동녕은 대한민국임시정부가 분열되고 혼란한 시기에도 꿋꿋이 그의 호처럼 돌 같은 버

이동녕 동남구 목천읍 동리에서 태어난 석오 이동녕은 대한민국임시정부의 정신적 지주였다.

팀목이 되었던 독립운동가이다. 이동녕은 1940년 중국에서 병사하여 광복을 맞이하지는 못했지만, 만약 그가 살아 있었다면 광복 후 새로운 국가 건설에 중추적 역할을 했을 것이 분명하다.

애국운동에 투신

이동녕은 1869년 충남 천안시 동남구 목천읍 동리에서 태어났다. 이동녕은 의성 군수와 영해 군수 등을 지낸 이병옥의 맏아들로서 어릴 적부터 총명하고 식견이 넓었다. 부친이 영해 군수로 재임 중일 때는 부친의 행정을 보조하여 '작은 군수'라는 별칭을 얻기도 하였다. 이때부터 이동녕은 양반의 특권 의식에 반감을 가지기 시작하였다고 한다.

이동녕은 17세 되던 해 가족과 함께 서울로 올라가 정착하였고, 24세에는 과거시험의 1차 시험에 해당하는 진사과에 합격하였다. 28세에는 독립협회에 가담하여 만민공동회의 운영위원으로 활동하는 등 구국운동의 일선에 나섰다가 이승만, 이준과 함께 투옥되었다. 1898년 출옥 후에는 『제국신문』의 사설을 집필하며 국민계몽사상 보급에 앞장섰다.

이후 이동녕은 1902년 YMCA 활동을 시작으로 본격적으로 민족운동을 시작하였다. 1904년에는 제1차 한·일협약에 분노하여 상동청년회에 가입하였다. 상동청년회는 상동교회의 전덕기 목사와 이회영 등이 중심이 되어 만든 국민계몽단체였다. 1905년 일본이 을사늑약을 체결하자 이동녕은 상동청년회원들과 함께 조약 철회를 주장하며 대한문 앞에서 연좌시위를 벌였다. 이때 일본군에 체포되어 고문을 받았다.

이동녕은 안창호의 조언으로 한인들이 많이 사는 북간도로 망명하였다. 그곳에서 이상설과 함께 민족교육을 위하여 북간도 최초의 한국인 학교인 서전서숙을 세웠다. 하지만 자금난과 더불어 1907년 이상설이 헤이그 만국평화회의 특사로 임명되자 서전서숙을 폐교하고 국내로 돌아오게 되었다.

국내로 돌아온 이동녕은 안창호, 양기탁 등과 함께 비밀 항일투쟁 단체인 신민회를 조직하였다. 이동녕은 신민회에서 총무를 맡아 적극적인 활동을 하였다. 그러나 날이 갈수록 일본 경찰의 독립운동 지사들에 대한 감시와 탄압이 심해지자 국외 독립운동 기지 건설을 위해 1910년 랴오닝성 삼원보에 정착하였다.

이동녕은 그곳에 거류민의 자치기관인 경학사를 설치하였고 부속기관으로 신흥강습소를 개교하여 초대 소장이 되었다. 신흥강습소는 신흥무관학교로 발전하였다. 경학사는 낮에는 일하고 밤에는 민족교육을 실행하는 기관이었는데, 후에 서로군정서로 발전하였다.

1914년에 이동녕은 이상설, 이동휘 등과 함께 대대적인 항일 독립투쟁을 위해 연해주에서 대한광복군정부를 조직하였다. 또한 그는 이상설의 알선으로 러시아의 시베리아 총독 보스타빈이 약속한 한국군관학교 설립을 추진하다가 제1차 세계대전이 일어나자 체포되어 3개월간의 감옥 생활을 겪기도 하였다. 그 무렵 이동녕은 나철이 창시한 대종교에 입교하였다.

대한민국임시정부의 주석

1919년 3·1운동 중에 각지에서는 임시정부 수립 움직임이 활발하게 일어났다. 이때 이동녕은 상하이에서 명망이 있는 독립운동가들을 모아 상하이 대한민국임시정부를 조직하고, 그 첫 번째 과정으로 헌법을 제정하기 위한 임시의정원을 구성하였다. 1919년 4월 10일 장장 12시간의 회의 끝에 이동녕이 임시의정원의 초대 의장으로 추대되었다. 이후 이동녕은 임시정부의 국호와 연호, 관제와 임시 헌법을 선포하고 각료를 선임하였다.

이즈음 국내외에 성립된 임시정부가 총 6개에 이르러서 임시정부의 통합이 큰 과제로 등장하였다. 결국 1919년 9월 2일 상하이 임시정부를 구심점으로 삼아 연해주의 대한국민의회정부와 서울의 한성임시정부가 통합되었다. 이동녕은 통합임시정부의 내무총장에 임명되었다.

하지만 상하이 대한민국임시정부는 독립운동 계파 간 갈등과 여러 가지 문제점으로 분열하였다. 특히 1920년 독립운동의 방법을 놓고 드러난 독립운동가들 사이의 갈등과 모스크바에서 지원한 독립운동 지원 자금의 유용 문제로 국무총리였던 이동휘가 사임하면서 분열이 가속화되었다. 이때 이동녕은 국무총리 대리를 맡아 임정의 위기를 극복하였다. 이후에도 국민대표회의 소집 등 임시정부에 대한 불신이 표면에 나타나자 시사책진회를 조직하여 대동단결을 호소하였다.

이동녕은 독립운동을 위한 최선의 방법으로 상하이 대한민국임시정부의 유지, 본국 독립운동의 지원·통제, 해외 동포들의 생계유지 및 독립운동 지원, 국제적인 지원과 선전, 최후의 건국방략 수립 등을 표방하고 강력하게 추진해 나갔다.

1924년 그는 국무총리로 정식 취임하여 군무총장을 겸임하였으며, 이승만이 위임 통치 요구 문제로 탄핵당하자 주석이 되어 임정의 혼란을 수습하였다. 이 시기에 미국 등 각지에서 보내오던 재정 지원이 중단되어 임시정부를 이끌어 가는 데 많은 어려움을 겪게 되었다. 이때 조선총독부에서 한국인 관리 홍승균을 시켜 이동녕에게 귀화를 권유하였으나 즉석에서 홍승균의 뺨을 치고 내쫓아 버렸다. 이로 말미암아 그의 부친이 투옥되기도 하였다.

이동녕은 민족유일당 운동과 활발한 신간회 활동과 더불어 민족진영

의 결속을 위해 고군분투하였
다. 이러한 노력에도 임시정부
의 내분이 지속되자 주석을 사
임하고, 민족진영의 결속력이
강한 정당을 결성하기로 작정
하였다. 1928년 김구 등과 함
께 한국독립당을 조직하여 이
사장으로 추대되었다. 다음 해
이동녕은 세 번째로 의정원의

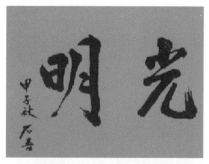

이동녕 유묵 '光明(광명)'이라는 이동녕의 글씨에서
민족의 독립에 대한 강렬한 의지를 읽을 수 있다.

의장에 선출되었고, 11월에는 국무위원회 주석을 겸임하게 되어 실질적
인 임시정부의 최고 지도자가 되었다. 그 후 임시정부의 존폐 위기를 극
복하고, 다시 한 번 민족진영의 대동단결을 주창하였다.

　1931년 만주사변의 발발과 함께 일제의 중국 침략이 본격화되자 이
동녕은 김구와 함께 한인애국단을 조직하여 일제 및 친일파 처단과 그
기관의 파괴를 계획하였다. 이와 같은 배경에서 일어난 사건이 바로 이
봉창과 윤봉길의 의거였다. 이로 말미암아 일본의 극심한 탄압을 받게
되었고, 민필호 등의 주선에 따라 임정 요인과 함께 중국의 절강성 가흥
으로 피신하였다.

평생을 민족의 대동단결과 자주독립에 헌신

　이동녕은 대한민국임시정부 수립에 참여한 후 자기 몸을 돌보지 않은
채 반평생을 해외에서 조국 광복을 위하여 투쟁하였다. 그는 1940년 3
월 13일 72세의 나이로 사천성 기강에서 과로에 의한 급성 폐렴으로 서
거하였다.

이동녕 기강 거주지 1939년 4월부터 1940년 10월까지 대한민국임시정부 청사가 있었던 장소로 임시정부 주석이었던 이동녕이 순국한 장소이다.

그는 눈을 감는 순간까지도 민족의 대동단결과 정당의 통합을 위한 민족적 화합을 거듭 강조하였다. 1940년 3월 17일 임시정부의 조촐한 국장으로 장례를 치렀으며, 광복 후인 1948년 9월 22일 김구의 주선으로 유해를 봉환하여 사회장으로 효창 공원에 안장하였다. 정부에서는 그의 공훈을 기리기 위하여 1962년 건국훈장 대통령장을 추서하였다.

충절의 고장 천안에서 태어나 자란 이동녕은 그 기운을 물려받아 한평생을 민족과 조국의 독립을 위해 살다 간 인물이다.

민족의 대동단결과 자주독립을 위하여 투쟁하고, 임시정부를 지키고자 노력하였던 이동녕은 대한민국임시정부의 정신적 지주이다.

석오 이동녕 기념관 동남구 목천읍 동리 이동녕 생가 옆에 있으며 2010년 2월 23일 개관하였다.

김구는 이동녕을 평가하기를 "선생은 재덕이 출중하나 일생을 자기보다 못한 동지를 도와서 선두에 내세우고, 스스로는 남의 부족을 보충하고 고쳐 인도하는 일

이동녕 선생 생가 동남구 목천읍 동리에 있다.

을 일생의 미덕으로 삼았다."라고 했다. 이동녕은 항상 자신을 낮추며 조
국과 민족을 위하여 한평생을 살았던 인물이었다.

● 참고 문헌 및 사이트

• 이현희, 『대한민국임시정부 주석 이동녕과 그 시대』, 동방도서, 2002.

• 민병달, 『천안독립운동사』, 천안문화원, 1995.

• 이현희, 「석오 이동녕의 독립운동과 임시정부의 정책방략」, 『동양학』 15호, 1985.

• 한국학중앙연구원 홈페이지(http://www.aks.ac.kr).

• 국가보훈처 홈페이지(http://www.mpva.go.kr).

독립군 장교에서 초대 국무총리가 된
철기 이범석

천안은 역사적으로 애국 충절의 인물이 많은 고장이다. 독립기념관이 자리 잡은 흑성산 자락은 진주대첩의 명장 김시민, 어사 박문수, 독립운동가 이동녕과 유관순 열사, 이승만 시절 야당의 대통령 후보였던 조병옥 등 대한민국 국민이라면 누구나 그 이름을 알고 있을 만한 걸출한 인물들과 관련이 매우 깊다. 이범석 장군은 애국 충절의 기운이 가득한 천안에서 자라 청산리전투를 대승으로 이끌었으며 한국광복군을 조직하였다. 대한민국 건국 후에는 초대 국무총리까지 올랐다.

철기 이범석 독립군 장교에서
초대 국무총리를 역임하였다.

강철 같은 천리마, 철기

이범석은 1900년 충남 천안시 동남구 목천

읍 서리에서 태어나 어린 시절을 보냈다. 1907년 그를 친동생처럼 보살 피던 집안 머슴 출신인 대한제국 군인이 일제의 군대 해산에 저항하다 참살당하는 것을 보고 항일운동을 결심하게 되었다고 한다.

그 후 경성고등보통학교(현 경기고등학교) 3학년에 재학 중이던 1915년 에 외삼촌의 친구인 여운형을 만나 감화를 받고 중국으로 망명하였다. 이듬해 신규식의 주선으로 쑨원의 추천을 받아 중국군 정규 사관학교인 윈난육군강무학교에 입학하여 수석으로 졸업하였다. 이때 기병과 구대 장이었던 서가기가 '강철처럼 강한 천리마와 같은 인물이 되라.'는 의미 로 자신의 이름 중 천리마를 뜻하는 기(驥) 자 앞에 철(鐵) 자를 덧붙여서 '철기'라는 아호를 지어 주었다.

청산리대첩, 또 하나의 영웅

1919년 조국에서 3·1운동이 일어났다는 소식을 들은 이범석은 중국 군을 떠나 신흥무관학교의 교관으로 오게 되었다. 그러던 중 1920년 김 좌진의 초청으로 북로군정서 사관연성소 교관 겸 교수부장으로 부임하 여 독립군 사관 양성에 힘썼다. 북로군정서는 대종교 계통의 민족주의자 들과 신민회 계통의 민족주의자들이 모여 만든 독립운동단체로, 서일이 총재로 있었으며 총사령관은 백야 김좌진 장군이었다.

3·1운동 직후 편성된 30여 독립군 단체 중에서 독립군 편성과 동시 에 처음부터 사관연성소를 설립하여 장교를 길러 내고 사병들을 훈련한 독립군 단체는 북로군정서뿐이었는데, 사령관 김좌진이 서간도의 신흥 무관학교로 이범석을 초빙하였다.

당시 북로군정서는 제1차 세계대전 때 러시아 연해주에 출병했다가 철수하는 체코군으로부터 중화기를 포함한 대량의 무기와 탄약을 헐값으로 입수하여 완전무장을 갖추고 있었다. 북로군정서군은 지린성 청산리 계곡에서 독립군 토벌을 위해 만주에 출동한 일본군 부대와 치열한 격전을 벌여 대승을 거두었는데, 이 전투가 그 유명한 청산리대첩이다.

이범석은 완전무장을 갖춘 제2제대 연성대장으로 1920년 10월 22일부터 사흘 동안 600여 명에 불과한 독립군을 지휘하여 일본군을 격파하고 큰 승리를 거두었다. 이들은 청산리 계곡의 산악 지역에 매복한 후, 일본 정규군 병력 3,000여 명을 기습 공격하여 전멸시켰다. 청산리대첩은 시들어 가던 한민족의 항일 투혼을 다시 한 번 일깨워 준 계기가 되었다.

청산리대첩을 계기로 김좌진과 이범석은 깊이 신뢰하는 동지가 되었다. 둘 사이의 두터운 신뢰를 알려 주는 일화가 있다.

어느 날 며칠 동안 이범석으로부터 아무런 소식이 없자 김좌진은 이범석의 안위가 걱정되어 숙소로 직접 찾아갔다. 당시 이범석은 식량이 다 떨어져 끼니를 걱정할 정도로 어려운 상황에 처해 있었는데, 이를 본 김좌진은 아무 소리 없이 떠나 잠시 후 식량과 함께 마차에 건초 더미를 가득 싣고 되돌아왔다. 되돌아온 김좌진은 처음 입고 왔던 두꺼운 털 코트를 입고 있지 않았다. 털 코트를 팔아서 이범석에게 식량과 건초를 사다 준 것이었다.

고난은 계속되고

청산리대첩 이후 이범석은 일제의 탄압을 피해 러시아 연해주로 이동하여 고려혁명군의 기병대장으로 항일전을 계속하였다. 하지만 러시아 적군파가 갑자기 한국 독립군의 무장을 해제하자 러시아를 탈출하여 중국으로 귀환하였다.

1932년 윤봉길 의사의 상하이 훙커우 공원 의거를 계기로 중국 장제

스 정부는 대한민국임시정부를 전폭적으로 지원하였고, 이 덕분에 1933년에는 임시정부의 요청으로 낙양군관학교가 창설되었다. 이범석은 이곳에서 한국군의 훈련을 맡은 교육대장으로 활동하였다.

이 무렵 대한민국임시정부에서는 사관학교 생도 중 지원자를 선발하여 윤봉길 의사의 의거를 이어 꾸준히 의열 활동을 벌이자는 논의가 활발하였다. 이범석은 인재 육성의 중요성을 들며 귀중한 인재의 희생에 반대하였다. 이러한 의견 대립이 빌미였는지 여부는 알 수 없지만, 이후 이범석의 반대파 중 누군가가 이범석이 과거 러시아 연해주에서 고려혁명군 기병대장으로 근무했던 전력을 들어 "이범석은 위험한 공산주의 사상 신봉자"라고 모함하였다. 당시 이범석을 크게 신뢰하였던 낙양군관학교 교장이 어느 날 이범석을 은밀히 불렀다. 그리고 공산주의 혐의가 있는 이범석을 즉시 해임하고 비밀리에 암살하라는 중앙정부의 비밀 지령서를 보여 주며, "책임은 내가 질 터이니, 즉시 이곳을 탈출하여 피신하라."고 귀띔해 주었다. 이범석은 휘하 장교와 훈련 중인 생도들과 작별 인사도 나누지 못한 채 낙양군관학교를 탈출하였다.

한국광복군 참모장

이범석은 대한민국임시정부의 한국광복군 창설에 동참하여 한국광복군 참모장에 취임하였으며, 1942년에는 한국광복군의 주력 부대인 제2지대장이 되었다.

한국광복군은 창설 당시 항일애국단체의 대동단결을 위하여 제1지대장은 의열단장인 김원봉, 모병을 담당했던 제3지대장은 김학규를 임명하였다. 사실상의 전투 주력 부대는 이범석이 지휘하는 제2지대였다.

이범석은 미군의 중국 방면 군사령관 웨드마이어 장군과 만나 광복

군과 미군의 연합작전을 성사시켜 광복군 제2지대 장교들에게 미군의 OSS 특수훈련을 시키는 등 국내 진공 작전을 준비하였다.

1945년에는 한국광복군 참모장으로 복귀하여 국내 정진군 사령관에 취임하였다. 일본이 연합군

이범석과 한국광복군 가운데 줄 가운데가 이범석 장군이다.

에게 항복하자 한국 주둔 일본군의 항복을 받아 내기 위해 미군과 함께 여의도로 입국하였지만 일본군의 완강한 저항으로 항복을 받아 내지 못하고 다시 중국으로 돌아가게 되었다.

광복 후 우익 진영의 중심인물

1946년 봄, 이범석은 한국광복군 중장이 아닌 개인 자격으로 귀국하였다. 그 후 국방경비대의 고문직을 5개월간 맡았다. 그는 청년들을 조국의 역군으로 조직하고 훈련하기 위하여 미군정의 지원을 받아 '국가 지상, 민족 지상'의 구호를 내건 우익 민족청년운동단체인 조선민족청년단을 창설하였다.

1948년 5·10 총선거 때 강원명이 조봉암을 도와 달라며 이범석을 찾아왔으나 이범석은 '조봉암은 공산주의자'라며 거절하였다. 그 후 이범석의 총리 인준 시에 무소속 의원들이 조봉암에게 협조를 부탁하자, 조봉암은 '이범석은 군국주의자이자 파시스트'라며 냉담한 반응을 보였

다고 한다.

1948년 10월 21일, 여수·순천 사건이 일어나자, 이범석은 기자회견을 통해 김구가 공산당과 결탁해 벌인 정치적 음모라 주장하였다. 이로 인해 시중에는 여순사건에 김구의 선동이 작용하였다는 소문까지 나돌았다. 이범석은 6·25전쟁이 일어나자 한강 철교 폭파를 건의하기도 하였다.

조선민족청년단 규약 조선
민족청년단은 이범석이 1946
년 서울에서 조직하였던 청년
운동단체이다.

초대 국무총리가 된 이범석

1948년 7월 국회가 이윤영에 대한 총리 인준을 거부하자 이범석이 총리에 지명되었고, 후에는 국방부 장관을 겸임하였다. 이때 이범석은 참회하는 뜻으로 조국 군대에 봉사해야 한다면서 일본 육사를 졸업한 친일파 장교들을 한국군에 참여시켰다고 한다.

1949년 이승만 대통령은 이범석이 이끄는 조선민족청년단의 해산을 요구하였다. 이범석은 이 명령을 거부하여 결국은 국방장관에서 해임되었다. 1950년 말부터 1951년까지는 중국 대사를 역임하였다.

1952년 자유당이 창당되자 부당수가 되었다. 1952년 이승만 대통령이 부통령 선거에서 개헌의 일등 공신이자 조선민족청년단 계열의 지도자인 이범석을 부통령에서 떨어뜨리고 함태영을 당선시키는 데 앞장서자, 이승만과 멀어졌다. 이범석은 경찰이 선거에 깊이 개입한 사실을 규탄하며 국무총리 장택상과 내무부장관 김태선을 고발하였다.

1956년 선거에서 무소속으로 다시 한 번 부통령 후보에 입후보하였지만 낙선하였다. 1960년 참의원 선거에서는 자유연맹 소속으로 충남

제1선거구에 출마하여 당선되었다. 1960년 민족청년단 계열 일부 인사와 함께 군사정변을 모의하였으나, 사전에 정변모의설이 확산되면서 실패하였다. 그 뒤 '국민의 당' 창당에 참여하여 최고위원이 되었다가 1963년 탈당하고 국토통일원 특별 고문에 임명되었다.

이범석은 1972년 5월 11일 서울성모병원에서 한마디 유언도 남기지 못한 채 급서하였다. 5월 17일에 서울 남산 공원에서 국민장으로 장례가 거행되었다.

천안이 낳은 위대한 독립운동가 철기 이범석은 청산리대첩을 최선두에서 지휘하여 대승을 이끈 인물이다. 또한 대한민국임시정부의 한국광복군 창설에 앞장서서 광복군의 사실상 주력군인 제2지대를 이끌었다.

광복 후의 그의 행적에 대해서는 여러 가지 평가가 있을 수 있겠으나 분명한 것은 대한민국의 초대 국무총리 겸 국방부 장관으로 역사에 자취를 남겼다는 것이다. 이범석은 천안이 낳은 자랑스러운 독립운동가이자 국가 지도자이다.

● 참고 문헌 및 사이트

• 민병달, 『천안독립운동사』, 천안문화원, 1995.
• 이범석장군기념사업회, 『이범석 평전』, 삼육출판사, 1992.

농민 문학의 새로운 지평을 연
민촌 이기영

2008년 10월 천안 갤러리아백화점 오아시스 홀에서 민촌 이기영의 작품전이 열렸다. 민촌의 대표적 소설과 그의 작품 배경인 근대 천안의 풍경을 담은 사진이 전시된 이 작품전에는 민촌 문학을 사랑하는 많은 시민이 찾아와 관람하였다. 그런데 민촌 이기영은 천안 시민에게조차 여전히 생소한 작가이다. 민촌 이기영은 일제강점기 천안을 배경으로 식민지 농민의 삶과 투쟁을 소설로 그려낸 작가로서, 1930년대 우리 문단을 대표하는 작가였다.

가족을 잃고 문학에 심취

민촌 이기영은 1895년 5월 충남 아산시 배방읍 회룡리에서 이민창과 밀양 박씨의 장남으로 태어났다. 부친 이민창은 충무공 이순신의 11대 손으로 1892년 무과에 급제한 후 관직을 얻기 위해 자주 서울에 머물렀고, 이 때문에 민촌은 어린 시절을 어머니에게 의지하며 보냈다. 그런데 나이 11살에 장티푸스로 어머니를 잃고, 석 달 후 여동생마저도 사망하면서 비교적 낙천적이던 소년 이기영은 절망에 빠졌다.

그는 외로움을 달래기 위해 고대 소설을 읽기 시작했다. 소설 탐독을 통해 '삶과 죽음이란 무엇인가', '양반과 상민의 차별은 왜 생겨나는 것일까'를 고민하던 어린 이기영은 나름대로 해답을 얻었고, 가족을 잃은 슬픔과 괴로움을 잊을 수 있었다. 고대 소설을 섭렵한 이기영은 신소설을 탐독하기 시작하였다. 상실감을 달래기 위해 시작한 독서 생활은 문학 수업의 기초를 탄탄하게 쌓는 계기가 되었다. 이렇듯 개인적으로 불행한 사건이었던 가족의 죽음은 이기영이 작가의 길을 가게 된 가장 큰 동기로 작용하였다.

이기영은 아산에서 태어났지만 3세 무렵 천안군 북일면 중엄리(현, 천안시 동남구 안서동)로 이사하면서 유년 시절 대부분을 천안에서 보냈다. 중엄리는 천안에서 불과 10리 떨어진 곳이었지만 주민 대부분이 화전민과 소작농인 마을이었다. 이곳에서의 생활은 그의 자서전적 소설인 『봄』의 배경이 되었다. 부인 사망 후 문객 생활을 접고 고향에 정착한 이기영의 부친은 금광에 손을 댔다가 파산하고 이기영은 할머니와 함께 큰고모 대이 있는 천안군 상리면 유량리(현, 동남구 유량동)로 이사하였다. 이곳은 이기영의 대표적인 소설 『고향』의 무대가 되었다.

삶의 길을 잃고 방황

이기영이 15세부터 더부살이를 시작한 유량리는 유년 시절을 보낸 중엄리와 달리 전주 이씨 일가들이 모여 사는 양반촌이었다. 이곳에서 양반과 평민의 차별 구조를 피부로 느낀 이기영은 양반들의 무위도식하는 삶에 혐오감을 품기 시작하였고, 이런 자각은 이후 그의 작품에 커다란 영향을 주었다.

> 안참령 집은 일 년 열두 달 삼백육십여 일 동안을 어느 날 하루 부족함이 없이 세월 가는 줄 모르고 잘 먹고 잘 지낸다. 그들은 의식주와 일상생활에 있어 모든 것이 풍족하였다. 그들은 손톱 하나 까딱하지 않아도 안팎 종과 하인들이 말이 떨어지기가 무섭게 여율령시행한다. 그러나 한편, 원근 각처의 많은 작인들은 이 집에 공물을 무시로 실어 온다. 실로 이 집 식구가 금의옥식에 싸여서 호강을 만판 하는 반면에 수많은 작인들은 얼마나 헐벗고 굶주리며 노역에 허덕거리는가. 물론 그들은 피차의 환경에서 서로 그것을 당연히 알고 있었던 터이라 불평을 말하는 사람은 없었다.
>
> -『봄』 중에서

이기영은 14세 되던 해인 1908년, 할머니의 회갑을 맞아 조병기와 결혼하였다. 부모들의 결정에 따라 애정 없는 결혼을 하게 된 이기영은 조혼에 강한 반감을 갖게 되었다. 그는 여러 작품에서 서로 얼굴도 모르는 남녀를 결합하는 중매결혼에 대해 줄기차게 비판하였다. 양반 동네에서의 거북한 더부살이와 원치 않던 결혼 생활은 이기영으로 하여금 일탈을 꿈꾸게 했고, 결국 여러 차례 가출하였다. 18세에 처음으로 가출을 시작하여 3~4년 동안 삼남 일대의 광산, 토목 공사판을 전전하며 노동자 생활을 하거나 약장사를 하기도 하였다. 이러한 경험은 그의 작품에 훌륭한 소재가 되었다.

여러 차례의 가출은 이기영의 의도와는 달리 늘 실패로 끝났다. 부친의 손에 이끌려 다시 고향으로 돌아온 후에는 기독교에 심취하여 논산의 영화여학교에서 교편을 잡았다. 그러나 1년여 동안의 종교 체험으로 오히려 기독교에 대한 환멸과 반항심을 갖게 되었고 이는 반종교적 소설을 쓰는 계기가 되었다.

이기영은 할머니와 부친의 사망을 계기로 교사직을 사직하고 귀향하였으나 의탁하고 있던 큰고모 댁에서 쫓겨나 벌말로 이주하면서 가족의 생계를 책임지게 되었다. 군청과 은행에 근무하며 비교적 풍족한 삶을 살았던 그는 1919년 3·1운동에 참여하였다. 3·1운동의 기운이 퇴조하고 자신이 기대했던 '봄'이 멀어지자 유학을 꿈꾸게 되었다.

외래 자본에 의하여 민족 경제가 여지없이 파멸을 당하고 인민들이 식민지 노예로 전락되어 가는 환경 속에서 근로 인민들은 대중적 실업과 기아 선상에 헤매게 되었다. 뜻이 있는 사람은 이러한 악현실을 제거하기 위하여 불공대천의 원수인 왜놈들을 조국의 강토에서 몰아내야 하겠다고 절치부심할 것이 아닌가! 내가 취직을 한 것은 물론 절박한 가정 형편을 차마 볼수 없어서 호구지책을 취한 것이었지만 나는 언제까지 죄악적이며 구복의 노예가 되는 그 짓을 하고 싶지는 않았다. 그때 나의 생각은 가족의 생계를 일시 돌보아 주고 다른 한편으로는 나의 종래 계획을 준비하려는 데 목적이 있었다.

－『이상과 노력』 중에서

이기영은 29세인 1922년에 은행 일을 그만두고 도쿄로 향했다. 낮에는 대서소에서 일하고 밤에는 세이소쿠가쿠엔(正則學院) 영어학교 야간학부를 다녔다. 유학 생활을 통해서 세계 문학을 접하고, 특히 러시아 문학에 심취하였다. 유학 생활을 1년 남짓 보낸 1923년에 관동대지진이 발생하였다. 일본인들은 "조선인들이 고의로 방화하였다."라고 유언비어를 유포하면서 조선인에 대한 학살을 자행하였다. 그는 결국 일본 유학 생활을 접고 귀국하였다.

문단에 등단

1924년 봄, 이기영은 『개벽』 창간 4주년 기념 현상 작품 모집에 단편 소설 「오빠의 비밀편지」가 3등으로 당선되면서 등단하였다. 그 다음 해 「가난한 사람들」을 발표하고, 『조선지광』의 편집 기자직을 얻게 되면서 본격적인 작가 생활을 시작하였다. 그러나 문단 데뷔 이후에도 여전히 경제 상황은 어려웠고, 소설은 생계의 수단이 되지 못하였다.

이기영은 1925년 최서해, 이상화, 송영, 한설야 등과 함께 카프(KAPF, 조선프롤레타리아예술가동맹)를 창건하였다. 그는 카프 활동으로 1931년과 1934년에 체포되어 옥고를 치르면서 일본 경찰과 검찰의 표적이 되었다. 이러한 상황에서도 1936년에 소시민 지식인의 과대망상증과 당대 사회제도의 불합리성을 폭로한 『인간수업』을 발표했고, 같은 해 10월에는 대표작인 『고향』을 단행본으로 출판하였다. 1940년에는 봉건제도의 몰락과 새로운 근대사상을 가진 세대의 성장을 보여 주는 자전적 장편소설 『봄』을 동아일보에 연재하기 시작하였다.

이기영의 소설 『고향』 표지 1936년 출판된 『고향』은 식민지시대 농민의 형상을 전형적으로 창조하여 농촌 현실을 구체적으로 형상화한 사실주의 소설로 평가받고 있다.

1930년대 농촌계몽소설의 대표적인 3대 작품으로 동아일보에 1932년 4월부터 이듬해 9월까지 연재된 이광수의 『흙』, 1933년 11월부터 1934년 9월까지 조선일보에 연재된 이기영의 『고향』, 그리고 동아일보에 1935년 9월부터 연재된 심훈의 『상록수』를 들 수 있다. 민촌은 오로지 생활고를 타개하기 위해서 『고향』을 썼다고 토로하고 있다.

나는 소설 『고향』을 쓰기 위해서 고향인 천안으로 내려가려고 여비를 변통했는데 겨우 돈 2원을 구했습니다. 천안까지의 차비가 1원 53전과 마꼬(담배) 한 값을 제하고 일금 40전이 남았습니다. 나는 이 돈 40전을 아내에게 주면서 어떻게든 살아가라고 부탁을 하고는 천안으로 떠났습니다. 그때 고향에는 변상권이라는 나의 친구가 살았습니다. 그는 진보적인 지식청년으로서 농촌에서 계몽운동을 하며 농민들에게 계급의식을 선전하고 있었습니다. 그가 바로 『고향』의 주인공인 김희준의 원형이었습니다. …… 나는 그의 주선으로 그곳에서 5리 상거되는 성불사에 기숙하면서 『고향』을 쓰기 시작했습니다. 이 성불사란 바로 소설 『고향』에 나오는 일심사입니다. 내각 먹을 식량으로 변 동무는 보리쌀 몇 말을 절간에 가져다주었습니다.

-「작가의 학교는 생활이다」 중에서

광복 이후 평양에 정착

광복 이후에는 일부 가족들을 데리고 평양에 정착하였고, 북한 문학사상 첫 장편 소설인 『땅』을 시작으로 『농막 선생』, 『두만강』, 『붉은 수첩』 등을 발표하며 활발한 문학 활동을 전개하였다. 1961년 61세에 조선문학예술총동맹 결성대회에서 중앙위원을, 69세에는 조선문학예술총동맹 중앙위원회 위원장을 역임하는 등 북한 문예계의 중심인물로 활동하였다. 이기영은 1984년 90세의 나이로 평양 애국열사릉에 묻혔다.

이기영은 농촌 현실의 발견과 새로운 인물 유형의 창조를 통해 농민

문학의 새로운 형식을 창출해 넘으로써 사실주의 소설의 가능성을 열었다. 1930년대 우리 문단을 대표하는 작가였음에도 분단과 월북, 전쟁과 이념의 대립으로 우리에게서 잊혀야만 했던 이기영과 그의 작품은 정치적인 관점에서 벗어나 문학적 · 예술적 관점에서 다시 평가되어야 할 것이다.

『민촌 이기영 평전』 표지
저자는 이기영의 차손인 이성렬 씨로 민촌의 문학적 업적과 인간적인 매력에 빠져 평전을 썼다고 한다.

한국문인협회 천안시지부는 민촌 이기영을 천안의 대표 작가로 자리매김하기 위해 2005년부터 민촌백일장을 개최하고 있다.

● **참고 문헌 및 사이트**

• 『위클리 경향』 817호(2009. 3. 24).

• 『위클리 경향』 818호(2009. 3. 31).

• 이성렬, 『민촌 이기영 평전』, 심지, 2006.

시대의 요구에 부응한 정치인,
유석 조병옥

천안을 대표하는 근현대의 인물 하면 사람들은 대부분 유관순을 떠올린다. 조병옥은 유관순보다 조금 앞선 시기에 천안에서 태어나 우리나라 근대와 현대를 아우르며 살아간 천안의 또 다른 대표 인물이다.

유석 조병옥은 미국 유학 1세대로서 일제 강점기, 광복과 건국, 그리고 4·19혁명이라는 역사적 격변의 현장에서 항상 그 시대의 요구에 부응하며 살아온 정치 거목이었다.

유석 조병옥 천안 출신으로 역사적 격변의 현장에서 항상 그 시대의 요구에 부응하며 살아온 정치 거목이었다.

미국 유학으로 박사가 된 조병옥

조병옥은 1894년 3월 천안시 병천면 용두리에서 조인원의 맏아들로 태어났다. 1894년은 동학농민운동이 일어나고 갑오개혁이 한창 진행되던 시기였다. 그의 어린 시절은 1904년 러·일전쟁, 1905년 을사늑약, 1910년 한·일 강제병합이 이루어진 역사적 격동의 시기였다.

조병옥은 13세까지 가정교사에게 전통 서당교육을 받았다. 그러다가 그가 살던 동네에 미국인 감리교 선교사가 전도를 오면서 인생의 전환기를 맞게 되었다. 아버지 조인원은 기독교 신자로서 유관순의 숙부인 유중무와 함께 지령리 교회(현, 매봉교회)의 운영을 주도적으로 이끌었다. 조인원은 아들 조병옥을 공주의 영명학교로 보냈다.

조병옥은 공주의 영명학교를 거쳐 평양숭실중학교를 졸업하였다. 그는 나라가 망하는 역사적 사건을 경험하면서 강한 민족의식을 갖게 되었다. 그는 평양숭실중학교에서 수사학을 가르쳤던 김규식에게 많은 영향을 받았다. 조병옥은 신학문을 배우기 위해 미국 유학을 결심하고 배재전문학교에서 영어를 공부하였다. 1914년 21세의 나이로 미국 유학길에 올랐다.

1914년 하와이에 도착한 조병옥은 외교독립을 주장하는 이승만과 무장투쟁을 주장하는 박용만 등을 만났지만 이러한 독립 방법에 대해 의문을 가졌다. 그는 일본을 꺾고 독립을 쟁취하기 위해서는 오직 민족의 실력 양성이 우선되어야 한다고 생각하고 안창호의 흥사단에 가입하여 충청 대표로 활동하였다.

이후 조병옥은 펜실베이니아주 킹스턴의 와이오밍 고등학교에 입학하였다. 광부, 식당 종업원 등의 일을 하며 고등학교를 졸업하고 컬럼비아대학 경제학과에 입학했다.

뉴욕에 머무는 동안 조병옥은 뉴욕시의 한인 거류민, 학생을 중심으로 한인회를 조직하여 고국의 정치 사정과 소식을 전하였다. 이즈음 3·1운동에 참가한 아버지와 동생의 구속 소식을 접하였으나 귀국하지 않고,

3·1운동의 진행 상황을 한인들에게 널리 알리고 미국 정부, 정당, 사회 단체 등을 대상으로 3·1운동의 진상을 알리는 호소문을 발송하였다.

그의 자서전인 『나의 회고록』에 따르면, 1925년 『한국의 토지제도』라는 논문으로 컬럼비아대학에서 박사학위를 받았다고 한다. 명문 대학인 컬럼비아대학에서 세계 최고의 교수들에게 지도를 받을 정도로 그의 학문적 수준이 매우 높았음을 알 수 있다. 조병옥은 미국에서 유학하여 서구 문물을 공부하고 온 신지식인으로 당시 몇 명 안 되었던 '박사'로 세인들의 존경을 받은 것으로 보인다.

교수, 독립운동가로 실력 양성 운동에 매진

1925년 조병옥은 연희전문학교 교수로 초빙을 받아 귀국하였다. 그는 『나의 회고록』에서 귀국한 이유를 민족의 각성과 실력 양성을 위해서라고 밝히고 있다. 조병옥이 귀국한 1920년대는 일본이 소위 문화통치를 하던 시기로 국내외에서 민족의 실력 양성 운동이 활발하게 전개되었다. 또한 일제의 민족 분열 통치로 말미암아 일부 민족주의자들이 일본과 타협하려는 움직임을 보이자 사회주의 계열과 민족주의 계열이 연대하기도 하였다.

조병옥은 연희전문학교 교수로 재직하면서 경제학과 재정금융학, 사회학 강좌를 맡았다. 그는 주로 시장 경제를 중심으로 한 미국 경제 이론을 강의하였는데 일본에서 사회주의 경제 이론을 공부한 백남운 교수 등과 마찰을 빚기도 하였다. 이때 학생들이 무신론자인 백남운, 이순탁 교수를 반대하며 동맹휴학을 벌였는데, 뒤에서 선동하였다는 논란에 휘말리자 1년 뒤 사직하였다.

이후 조병옥은 기독교청년회 이사로서 비밀리에 신우회를 조직하고

실력 양성 운동을 전개하였다. 또한 국내의 사
회주의 계열과 민족주의 계열이 합작하여 결
성한 신간회에도 참여하였다. 조병옥은 신간회
중앙본부의 재정 총무직과 경성지회의 책임자
로 활동하였다. 1929년 광주학생항일운동이
전국적으로 확산되자 일제가 신간회 간부들
을 그 배후 세력으로 검거하였다. 이때 조병옥
도 검거되어 3년 동안 감옥살이를 하였다.

『나의 회고록』 표지 자서전
적 성격의 책으로 1959년 민교
사에 펴냈다.

신간회 활동을 통해 사회주의 계열과의 연
대를 주장했던 조병옥이 미군정 시기에 철저한 반공주의자로 변하게
된 이유는 무엇일까. "코민테른의 지령이라면 꼼짝 못하는 공산주의자
들이 신간회를 해소하라는 코민테른의 명령에 무조건 추종하여 신간
회는 해소되고 말았다. 이것을 보고 그 뒤 나는 공산주의자들과 합동
작전을 펴서 일하는 것을 단념했다."라는 회고록을 보면 그 이유를 짐
작할 수 있다. 신간회 간부들이 수감되어 있는 사이 코민테른의 지시를
받은 사회주의 계열이 신간회 해소를 주장하자 반감을 갖게 된 것으로
보인다.

조병옥은 출옥 후 기울어진 가세를 회복하기 위해 조선일보를 인수하
고 전무 겸 영업국장에 취임하였다. 그는 흥사단과 수양동우회 활동에
연루되어 다시 2년 동안 감옥살이를 하였다. 이후 조병옥은 일제의 온갖
회유와 압박을 피해 은둔하였다가 눈병 치료를 위해 서울에 올라와 있는
동안 광복을 맞이하였다.

어제의 동지가 오늘의 적

광복 이후 일본군의 무장 해제를 빌미로 38도 선을 경계로 북에는 소련이, 남에는 미군이 주둔한 가운데 각 단체가 정부를 구성하려는 노력을 쏟고 있었다. 그중 여운형, 안재홍 등이 결성한 건국준비위원회가 있었다. 조병옥은 이 단체를 소련의 지령으로 만들어진 조직이라 판단하고 이에 대항하기 위해 한국민주당 창당에 적극적으로 참여하였다. 이 무렵 한국민주당 수석총무 송진우의 추천으로 미군정청 경무국장에 취임하였다.

경무국장 조병옥은 '미군 진주 환영대회'를 주관하였다. 그는 민간인 자격으로 귀국했던 이승만을 단상 맨 앞자리에 앉히는 등 이승만을 적극적으로 지지하였다. 조병옥은 치안 확보를 위한 경찰력 강화 방안으로 일제에 협력했던 경찰, 군인, 사법부를 그대로 인수하였다. 이 과정에서 광복 후 도망쳤던 친일 경찰이 다시 규합하였다. 이 경찰들은 반공 이데올로기로 무장하여 좌익 세력을 제거하는 데 앞장섰다. 이들은 반공이라는 이름으로 민중을 억압하기도 하였고 민족청년단, 서북청년단 등의 청년단체를 육성하여 남조선노동당을 제거하는 데 이용하기도 했다.

1948년 8월 15일 대한민국정부가 수립되었다. 조병옥은 이승만 정부의 초대 내각에는 포함되지 않았으나, 수석 정치고문으로 임명되어 유럽을 순방하고 파리 유엔 총회에 참석하였다. 귀국 후 이승만이 문교부 장관 자리를 제의했으나 거절하고, 1949년에는 군사 원조 요청을 위해 미국에 갔다가 그해 말 귀국했다.

조병옥은 6·25전쟁 중인 1950년에 내무부 장관으로 임명되었다. 국군이 600명의 양민을 학살한 거창양민학살사건이 일어났다. 당시 국방부장관 신성모는 "학살이 없었다."고 이승만에게 보고하였다. 이에 조병옥은 신성모 국방부 장관의 인책과 진상 규명을 요구하였다. 조병옥은 이 요구가 받아들여지지 않자 1951년 5월 "민주정치를 시행해 달라."고 요구하면서 내무부 장관을 사임하였다.

이즈음 한국민주당 세력은 초대 각료 인선에서 배제되자 이승만의 정치 노선에 적극적인 반기를 들었다. 한국민주당은 대한국민당과 손잡고 지청천 등 해외 독립운동가 세력을 끌어들여 '친일파 정당'이라는 이미지를 벗고자 민주국민당을 결성하였다. 이때부터 조병옥은 야당인 민주국민당에 입당하여 내각책임제를 주장하며 반이승만 투쟁을 주도하였다. 어제의 동지가 오늘의 적이 된 것이다. 이승만도 한국민주당 세력이 등을 돌리자 지지 세력을 바탕으로 자유당을 창당하였다. 1953년 이승만이 반공포로를 일방적으로 석방하여 물의를 일으켰다. 조병옥은 이승만과의 면담을 위해 서울에 갔다가 이승만 지지 세력으로 추정되는 사람들에게 쇠뭉치로 얻어맞는 테러를 당하기도 하였다.

1954년 이승만 대통령의 3선 제한 철폐를 핵심으로 하는 사사오입 개헌이 통과되자 의원 60여 명을 포함한 야당 세력들과 신당 창당을 결의하고, 국회 교섭단체인 호헌동지회를 구성하여 이승만 독재와 자유당 부패에 대항하였다.

1960년 선거에서는 민주국민당 대통령 후보로 선출되었으나 선거를 1개월 앞두고 미국의 월터리드 육군병원에서 심장마비로 사망하였다. 장례는 국민장으로 엄수되었으며, 서울 강북구 수유동에 묻혔다.

조병옥의 죽음으로 단독 출마하게 된 이승만의 대통령 당선이 확실시되는 상황에서 1960년 3월 15일 부통령에 자유당의 이기붕을 당선시키려는 부정선거가 대대적으로 자행되자 이에 저항하여 4 · 19혁명이 일어났다.

조병옥 생가 동남구 병천면 용두리에 있으며 근처에 유관순 열사 생가가 있다. 조병옥이 나고 자란 곳으로, 1995년 문중의 고증으로 기와로 변형되었던 집을 초가로 복원하였다.

역사에 가정은 없다고 하지만 만약 조병옥이 살아 있었다면 우리의 현대사는 어떻게 전개되었을까. 반이승만, 반독재 투쟁을 전개하던 조병옥이 대통령에 당선되었다면 4·19혁명이나 5·16군사정변도 의미 없는 사건이 되었을지 모를 일이다.

천안을 대표하는 정치 거목

조병옥은 천안에서 태어나 어릴 때는 한학을 공부하였다. 감리교 선교사의 도움으로 공주영명학교와 평양숭실중학교에서 신학문을 접하였다. 미국 유학 후 귀국하여 민족의 독립을 위해 실력 양성 운동을 전개하였다. 미 군정기에는 경무국장을 지내면서 반공을 내세웠다. 이승만 정부에서는 내무부 장관에 임명되어 활동했으나 이승만 독재에 저항한 정치인이었다.

조병옥은 우리 역사의 격동기를 살아오면서 그 시대가 요구하는 바에 부응하는 삶을 살았던 인물로 천안을 대표하는 정치 거목이었다.

● 참고 문헌 및 사이트

• 이이화, 『끝나지 않은 역사 앞에서』, 김영사, 2009.

• 강혜경, 『조병옥, 반공 전선에 앞장선 구국경찰』, 내일을 여는 역사, 2006.

• 이형, 『조병옥과 이기붕』, 삼일서적, 2002.

• 이상일, 『미국 유학시절 유석 조병옥의 활동과 근대의 수용』, 서울시립대학교 국사 학과, 2001.

• 조병옥, 『조병옥 나의 회고록』, 해동출판사, 1986.

살아 있는 지역의 삶을 기록하라

원고 집필과 감수에
도움을 주신 분들

원고 집필에 도움을 주신 분들: 천안아산역사교사모임

권혜경(운천고 교사)

김윤경(천안신당고 교사)

김종민(천안두정고 교사)

노희철(성환고 교사)

오연수(안곡고 교사)

윤지영(천안여고 교사)

윤혜정(온양여중 교사)

이명희(태안고 교사)

이수원(천안쌍용중 교사)

이원근(천안오성고 교사)

이주연(천안성성중 교사)

최영(온양여고 교사)

원고 감수에 도움을 주신 분들: 천안학 주관 교수

권석환(상명대 교수)

김준연(나사렛대 교수)

신건권(호서대 교수)

안기수(남서울대 교수)

이정기(백석대 교수)

이종수(단국대 교수)

홍선표(한국기술교육대 교수)